・日中対訳・

忘れられない
中国留学エピソード

難忘的中国留学故事

近藤昭一・西田実仁 など48人［著］

段躍中［編］

日本僑報社

序文

中華人民共和国駐日本国特命全権大使　程　永華

今年の中日国交正常化45周年にあたり、日本僑報社が「忘れられない中国留学エピソード」をテーマとする初の留学卒業生のエピソード・コンクールを開催され、入選作品集を出版されますことに、心よりお慶びを申し上げます。出版にあたりましては、多くの留学卒業生の積極的なご参加と、日本僑報社のご尽力に謹んで敬意を表します。

１９７２年の中日国交正常化以降、とくに１９７９年に両国政府が留学生の相互派遣で合意してから、両国留学生の交流は長足の発展を遂げてきました。これまでに中国は累計約23万人の日本人留学生を受け入れており、来日した中国人留学生は累計１００万人を超えています。留学生の交流は、両国国民間の相互理解と友好交流協力の促進に積極的な働きをなし、それぞれの国の発展のために重要な貢献を果たしています。

コンクール参加者は、国会議員、政府官僚、外交官、大学教授、会社社長、そして一般従業員や学生、さらには退職された年配者もおられるなど各界にわたっており、うれしく拝見いたしました。そこからは、皆さんの中国留学生活への深い思い、中国の人々への友好的な気持ちがうかがえ、読後に非常に親しみを覚えました。そして、全ての応募作に一つの共通点があることに気付かされるのです――作者は真の実感をもって、生き生きとした筆致で、それぞれの留学体験を描いている。しかもその留学した年代は半世紀近くにわたり、留学先大学は中国の各地に及び、一つひとつのエピソードが寄り集まって、興味深い作品集を作り上げている。それは23万の日本人留学卒業生の縮図をなし、中日両国関係の時代の変遷を反映しており、さらには一つひとつの側面から中国の改革開放以降の発展の道を反映している、ということなのです。

中日国交正常化45年来、両国の各界の人々の共同努力のもと、中日関係は大いに発展を遂げ、両国と両国国民に大きな利益をもたらしました。ここ数年、中日関係は困難を経てきましたが、平和協力、世代友好は両国国民の共通の願いであり、両国の必然的な選択であります。私たちは中日間の四つの政治文書と四項目の原則的共通認識の精神に基づき、さらに両国関係の改善と発展を推進しなければなりません。未来を展望して、双方は大局的かつ長期的な立場に立ち、互いに相手国を的確に認識した上で、各分野・レベル・形式における二国間と多国間の協力を継続して推進し、共同利益のパイを大きくし、友好協力・ウインウインの新たな枠組み構築のために努力し、両国関係の更なる発展を推し進め、両国国民に恩恵をもたらすべきです。

１９７０年代初め、私は中日国交正常化後初めての中国政府派遣の留学生として日本に留学しました。私にも留学卒業生の皆さんと同じように、忘れられない日本留学エピソードがあります。そして留学生が交流を深めることが、中日両国にとって非常に重要な意義があることを学びました。現在、中日両国はともに大規模な留学生受け入れ計画を立てています。中国はすでに日本第一の留学生派遣元の国となっており、しかもアジア最大、世界第三の留学目的国となっています。私はさらに多くの日本の若者たちが中国に留学し、中日友好の仲間に加わってくださることを期待しています。

序　言

中华人民共和国驻日本国特命全权大使

程永华

值此中日邦交正常化45周年之际，日本侨报社以“难忘的中国留学故事”为题成功举办首届留华毕业生征文大赛，并将获奖文章集结出版，可喜可贺。在文章付梓之际，谨对广大留华毕业生的积极参与、日本侨报社所做努力表示敬意。

1972年中日邦交正常化以来，特别是1979年两国政府就互派留学生达成协议后，两国留学生交流取得了长足发展，至今中国累计接受了约23万日本留学生，来日本的中国留学生累计超过了100万人。留学生交流为增进两国人民间的相互了解、友好交流合作发挥了积极作用，为各自国家的发展建设均作出了重要贡献。

我高兴地看到，参加征文比赛者来自社会各界，有国会议员、政府官员、外交官、大学教授、公司社长，也有普通职员和学生，还有已经退休的老人，从中感受到大家对留学中国生活的深切思念和对中国人民的友好情意，读来感到十分亲切。不难发现，所有投稿文章都有一个共同点——笔者以真情实感用生动的笔触描写了各自的留学经历，而因作者留学的年代跨越了近半个世纪，留学大学遍及中国多省，由一个个小故事汇集而生的文集相映成趣，构成了23万日本留华毕业生的缩影，既反映出中日两国关系的时代变迁，也从一个个侧面反映出中国改革开放以来的发展历程。

中日邦交正常化45年来，在两国各界人士的共同努力下，中日关系取得了长足发展，给两国和两国人民带来了巨大利益。近年来中日关系虽然历经风雨，但和平合作、世代友好是两国人民的共同愿望，是两国必然选择。我们要根据中日间四个政治文件和四点原则共识的精神，进一步推进两国关系的改善和发展。展望未来，双方应立足大局和长远，彼此树立正确的相互认知，在此基础上继续保持和推进各领域、层次和形式的双多边合作，做大共同利益的蛋糕，努力塑造友好合作、互利共赢的新格局，推动两国关系不断向前发展，造福于两国人民。

上世纪70年代初我作为中日邦交正常化后首批中国政府派遣的留学生留学日本，我和各位留华毕业生一样，也有我难忘的留学日本故事，也深深懂得加强留学生交流对中日两国都具有十分重要的意义。如今中日两国都提出了大规模接受留学生计划，中国是日本第一大留学生来源国，而且中国已成为亚洲最大、世界第三的留学目的国，我期待着有更多的日本青年到中国留学，加入到中日友好的行列。

序文

元内閣総理大臣　福田　康夫

日中国交正常化四十五周年記念、第一回「忘れられない中国留学エピソード」入選作品集のご出版、誠におめでとうございます。

日中両国はこの四十五年間にわたり、幅広い分野で交流と協力を重ねてきました。両国関係も中国のめざましい成長に伴い、大きく変化・発展しています。今や中国は世界第二位、日本は第三位の経済力を持つ国であり、両国はアジアひいては世界の平和と安定に対し、いっそう大きな責任を果たすことが期待されています。

この数年、日中関係に高波が打ち寄せることもありましたが、両国はいまそれを乗り越え、改善の歩みをしっかりと進めています。両国関係にとってこのような重要な時期に、段躍中さんの日本僑報社が「忘れられない中国留学エピソード」を広く募集し、一冊の書籍にまとめられたことは称賛に値します。

私は本書を手にとり、喜ばしく思いました。一つひとつの作品からは、日本の留学生の皆さんが中国各地でさまざまな体験をなされ、中国の人々と真の交流を深められたこと、そしてその貴重な体験が現在の日中関係を支える大事な「礎」、大きなパワーの源となっていることがうかがえ、いつしか胸がいっぱいになりました。

このような記念企画にご参加いただいた全ての皆様に、ここで感謝の意を表したいと思います。

未来の日中関係構築のためには、やはり国民同士の交流が欠かせません。日本人が中国を知るには、留学をはじめ旅行、研修、ビジネスなどの方法で中国と実際におつきあいすることが重要だと考えます。そしてそれは本書の入選作によって十分に証明されています。

中国側が受け入れた日本人留学生はこれまでに約二十三万人と聞きましたが、本書にも実にさまざまな職業や社会的立場の方が登場されます。政治家、外交官、ジャーナリスト、会社員、日本語教師、主婦、現役の留学生など……。こうした皆さんの活躍ぶりを知り、また過去の得難い体験を知り、次の世代の若者たちも勇気と希望を持って日中関係発展のために尽力してくれることを期待するものです。

今年は日中国交正常化四十五周年、来年は日中平和友好条約四十周年の節目の年に当たります。

振り返れば、約四十年前の一九七八年、私の父・福田赳夫は総理として、来日された鄧小平副総理との間で、日中平和友好条約の批准書を交わしました。その父の言葉を借りれば、国交正常化の日中共同声明によって両国間に「吊り橋」が架けられ、日中平和友好条約によってそれが「鉄橋」に架け替えられたのです。

また私自身も総理在任中の二〇〇八年、胡錦涛国家主席の来日を迎えて日中関係の第四の文書と呼ばれる「日中の戦略的互恵関係の包括的推進に関する共同声明」を締結し、両国間の架け橋をそれまで以上に強固なものにできたのではないか、と自負しております。

こうしてこの架け橋を多くの両国国民が渡り続け、今や二国間の貿易総額は約二七〇〇億ドルに達し、また最近、日本を訪れた中国人観光客は史上最高となる年間約六百万人に達しています。

日中間で交わされた「四つの政治文書」は両国関係の改善と発展の土台であり、この諸原則の精神を遵守してこそ両国関係の長期的かつ安定的な発展を実現することができると考えます。これは地域ひいては世界の安定と平和、友好に重要な意義があります。

日中両国は今後、この基本的な考え方を守りながら、双方にとって利益のある新しい関係を築いていかなければなりません。また両国国民間の相互理解をさらに深め、交流を促進するため、官民を挙げて引き続き努力する必要があります。

日中両国の佳節に当たり、改めて「忘れられない中国留学エピソード」のご出版をお祝いします。また、この場をお借りして、これまで日中関係発展のために尽力されてこられた全ての皆様に、心からの感謝を申し上げます。

本書の刊行が、日本と中国の相互理解促進の一助になりますことを、またご関係の皆様が日中の平和と友好のためにいっそう活躍されますことを期待して、私の推薦の言葉といたします。

序　言

原日本内阁总理大臣
福田康夫

值此日中邦交正常化45周年之际，首届“难忘的中国留学故事”征文入选作品集隆重出版发行，我谨对此表示诚挚的祝贺。

45年来，日中两国在众多领域展开了交流与合作。两国关系也伴随着中国显著的成长，发生着巨大的变化，并获得了长足的发展。如今，中国是世界第二大、日本是世界第三大经济体，两国对于亚洲乃至世界的和平与稳定，应当肩负起更大的责任。

这几年，日中关系虽几经波折，但与此同时，两国为共度难关，谋求关系改善的步伐也在稳健推进。在两国关系如此重要的时期，段跃中先生的日本侨报社以“难忘的中国留学故事”为主题广泛征文并结集出版，此举实在令人称赞。

我本人在读到这本书的稿件时，也倍感喜悦。通过阅读书中一部分作品，充分了解到日本留学生在中国各地经历的各种体验，以及与中国老百姓深入开展的真挚交流，并感受到这些宝贵的体验正在成为支撑当今日中关系的重要基石，是一股强劲的力量，文章的字里行间让人为之感动。

在此，我谨对参加本次征文活动的各位，表示由衷的感谢。

构筑未来的日中关系，两国人民之间的交流终归是不可缺少的。日本人民想要了解中国，除留学之外，通过旅游、研修、商务等多种途径，与中国展开务实的互动，我认为这是十分重要的。这一点通过本书中的入选作品，也得到了充分的证明。

当前中国接收的日本留学生已达约23万人，本书中出现的面孔，也来自各行各业，遍布社会的各个角落。政治家、外交官、记者、公司职员、日语教师、家庭主妇、在校留学生等等。能够看到各位活跃在不同的舞台，了解到各位过去难能可贵的留学经历，我对怀有勇气和希望的下一代年轻人能够为日中关系发展贡献力量，充满了无限的期待。

今年是日中邦交正常化45周年，明年将迎来日中和平友好条约缔结40周年。

回首过去，大约在40年前的1978年，我的父亲福田赳夫时任日本首相，与访日的邓小平副总理签署了日中和平友好条约批准文书。借用我父亲的话来说，通过邦交正常化的日中联合声明，两国之间拉起了吊桥，而日中和平友好条约的缔结，则又将它变成了一座铁桥。

另外，我本人在2008年担任日本首相期间，也接待了来日访问的胡锦涛前国家主席。签署了被称为日中关系第四个政治文件的《日中关于全面推进战略互惠关系的联合声明》，我敢坦言，两国之间的桥梁由此也得到了更进一步的强化与稳固。

这座桥梁惠及了众多的两国人民，如今两国间的贸易总额已达2700亿美元，且最近访问日本的中国游客也上升至600万人次，创下历史新高。

日中两国之间签署的“四个政治文件”是两国关系改善和发展的基础，我认为只有遵守各项原则的精神，两国关系的长期稳定才能得以发展。这对于地区乃至世界的稳定、和平、友好具有重要意义。

日中两国今后应当坚守这个基本原则，构建有利于双方的新关系。同时，为进一步深化两国人民之间的相互理解、促进交流，也应当“官民共举”并为之付出不断努力。

值此日中两国邦交纪念的好日子，再次恭祝《难忘的中国留学故事》一书出版。另外借此机会，我也想对一直以来致力于日中关系发展的各位人士表示衷心的感谢。

希望本书的发行能够为促进日中两国相互理解增添一份力量，也希望各位人士能继续为日中和平与友好做出更大贡献。

目次

二等賞（15名）

三等賞（20名）

特別掲載

特別寄稿

私にとって中国留学とは何だったのか？

衆議院議員　近藤　昭一（北京語言大学）

社会制度や習慣の違う国を見てみたい。多くの人が関心を持ち、海外旅行をするきっかけでもあると思います。私は日本を見つめるため、自分自身を見つめるため、じっくりと、ほかの国に住んでみたいと思いました。

それを実現するため、私は、大学時代に休学をして、一九八一年九月から一九八三年二月まで北京に留学しました。当時は、まだ中国に留学する学生は多い時代ではありません。一方で、英語圏などと異なり、外国からの学生を受け入れる学校も多くはなく、限られた学校に集中していました。また、私の場合は語学留学ということもあり、当時も今も外国人への中国語教育で最も優れた学校のひとつである北京語言学院（現在の北京語言大学）に留学しました。

私が中学生だった頃、国交正常化が実現し、全国で記念物産展が開かれ、空前の中国ブームが起こりました。毛沢東語録がはやり、多くの人が関心を持つ、ある意味で神秘の国でした。なぜ、それまで国交がなかったのか。共産主義の国の人はどんな生活をしているのか（失礼な話ではあります）、多いに興味を持ちました。

留学した私は、極力授業だけではなく、多くの中国の人と接したいと思いました。同時に、この機会を利用して、他国からの留学生とも交流したいと努めました。シリア、タイ、カンボジア、ペルー等々、ＰＬＯの学生も来ていました。

しかし、当時の中国は、文化大革命の余韻もまだあり、外国人に、日常の生活をさらしてくださるような方はなかなかいません。そんな中、北京に到着した、その日から、親身に付き合ってくださったのが顧士元さん一家です。元々、北京の美術彫塑工場の技術者の方で、我が家との関係は、南京—名古屋の友好都市提携記念で南京市から名古屋市に「華表」（石柱、標柱）が贈られたのがきっかけでした。これは、同市の郊外にある梁朝（六世紀）時代のものの複製ですが、製作されたのは北京の工房で、その技師として来日したのが顧士元さんでした。顧さんが、留学のため中国に渡った私を北京空港に迎えに来てくださった時のことは、一生忘れられません。実は、私の中国語は、第三外国語で一年勉強しただけですから、会話は全く通じず、とても、顧さんと話が出来るようなものではありませんでした。ですから、顧さんがクルマで迎えに来てくださり、日本語の出来る先生が同乗してきた学校手配のマイクロバスに乗る他の留学生の人たちと離れるのは大いに不安だったのです。

万里の長城に登った筆者
万里长城留影

　そんなクルマ（当時、中国で多かった「上海」）の中、話題もなく、中国語も出来ない私が、何か話さなければと、発したのが「这是你的汽车吗？」（これは、あなたのクルマですか？）でした。よく考えれば、わかったはずなのですが、共産主義の中国では、当時、個人所有のクルマは存在しませんでした。その時の顧さんの戸惑った表情は今も鮮明に思い出されます。

　顧さんは、「中国には、個人のクルマはない。個人的に運転免許を持っている人もいない。このクルマは会社のクルマであり、運転しているのは会社のドライバー、今日は休みをとって来てもらった」と。ただ、中国語のほとんど出来ない私は何を言っておられたのか、その時は分からず、後日、顧さんのおうちに招かれた時に分かったのでした。一緒に行ってくれた、日本人の友人が通訳してくれて、一同、大笑いとなりました。その友人は、暫く北京にいた後、浙江省の美術学院に移って行ったのですが、大いに助けられました。

　顧さん一家には本当に家族同様に大事にかわいがってもらいました。泊まりにも行きましたし、顧おじさんと、二人で自転車をこいで夕涼みに天安門広場などに行きました。もちろん、帰国する際には、家族総出で送ってくださいました。実は、中国では、一度会えば、老朋友（古くからの友人）とされて、人によっては、なんだと言われる方もおられるのですが、中国では、真の友人を「自己人」と呼びます。顧さん一家と私たちは、まさしく自己人でした。私が帰国した後、顧さんの息子さん、お孫さんが、日本に留学した際には、父が保証人を務めました。

　留学から帰国した後、新聞社時代、政治家になってからと、時々、中国に訪問するのですが、毎回、必ずホテルに会いに来てくださり、母へのお土産をくださるのです。また、都合がつく時には、食事に呼んでくださいます。しかし、驚くのですが、私の留学生時代は、共産主義の中国では、個人経営などの民間レストランは皆無で、人民中国が成立する以前からある、いわゆる老舗の店が、国営である他は、数少ない簡素な食堂があるだけでした。それも、夜はほとんど営業していなかった気がします。それが、今では、先進国と言われる多くの国と変わらない、おしゃれな民間レストランが溢れ、そうしたお店の個室で顧さん一家がもてなしてくださるのです。そして、私が北京に着いたばかりの時に恥ずかしい思いをした、個人所有のクルマで迎えに来てくれるのです。正直言って、こんなに早く経済的な発展を遂げるとは想像だにしていませんでした。地方と都会の格差が課題ではありますが、その急速な経済発展には目を見張るばかりです。鄧小平さんの進めた改革開放政策の成果とそれにこたえた人々の力なのだと思います。

　留学から、三十年以上が経ちました。きっかけをつくってくれた父はいませんが、顧さんとの交流は、世世代代と続きます。これからも、日本人と中国人との関係がｗｉｎ－ｗｉｎの関係で深く発展していくように、頑張っていきたいと思います。

近藤 昭一（こんどう しょういち）

衆議院議員（八期）、立憲民主党副代表、リベラルの会代表世話人、立憲フォーラム代表。環境副大臣（菅第一次改造内閣・菅第二次改造内閣）、衆議院総務委員長、衆議院懲罰委員長等を務めた。

一九五八年五月二十六日愛知県名古屋市中村区生まれ。愛知県立千種高等学校、上智大学法学部法律学科卒業。大学時代には、中国の北京語言学院へ留学。卒業後、中日新聞社に入社した。

近藤 昭一

中国留学的意义

很多人出国旅行是为了体验不同的社会制度和文化风俗。至于我，出国则是为了从旁观者的角度，更清醒地来认识日本、审视自我。

为了实现这个愿望，我在大学期间选择了休学，于1981年9月至1983年2月去北京留学。当时，去中国留学的人并不多。一方面，那时中国与欧美国家不同，全国仅有几所高校接受留学生。而且，我去中国留学也有学习汉语的目的，于是选择了在对外汉语教育方面声名卓著的北京语言学院（现北京语言大学）。

在我中学时期，中日两国实现了邦交正常化。当时，有关中国特产的主题展在全国巡回举办，整个日本社会都掀起了空前的“中国热”。中国，在当时的日本人眼中是一个人手一本毛泽东语录、备受瞩目的神秘国度。为什么现在才和中国建交呢？共产主义国家的人民又在过着什么样的生活呢？这些疑问激发了我的好奇心，并促使我踏上了赴中国的留学之路。

我留学的初衷并不为了拼命学习，而是想尽量多和中国人接触、多和来自其他国家的留学生们交流。除我之外，还有很多从叙利亚、泰国、柬埔寨和秘鲁、巴勒斯坦等国来的留学生。

然而，在文化大革命残留的影响下，当时的中国人在日常生活中并不怎么和外国人接触。在那样的情况下，我有幸从到达北京的第一天起就受到了顾士元先生一家像亲人般的对待和照顾。我与顾先生的相识也颇有缘分。之前，南京和名古屋结为友好城市时，南京曾向名古屋赠送过一件“华表”。名曰“华表”，事实上是在北京郊外发掘的梁朝（公元6世纪）文物的复制品。曾是北京美术雕塑厂技术员的顾先生受制造方的委派来了日本，因此与我们家相识。刚到北京那天，顾先生来机场接我的情景我一生难忘。其实，汉语作为我的第三外语，仅仅学习了一年，完全达不到和顾先生口语交流的程度。因此，当顾先生载着我和会说日语的一位老师坐上小轿车、而其他留学生上了小巴士的时候，我的内心十分忐忑。

在车上，为了打破沉默我总想找话题聊些什么。但碍于汉语水平有限，思来想去，结果问了一句“这是你的汽车吗？”问完转念一想，在共产主义的中国，私人应该是没有汽车的。顾先生也给我弄糊涂了，他疑惑的表情我至今仍记忆犹新。

顾先生告诉我："在中国，私人是没有汽车的。驾照也不单独发给个人。这车是我们单位的，平时开车的司机今天正好休息了，所以我来开。"但由于我当时几乎不懂汉语，所以不知道他说了什么。直到几天后，在顾先生家做客时，同去的日本同学帮我翻译后我才明白顾先生的意思，于是大家都笑了起来。那位帮了我大忙的同学，在北京短暂停留后去了浙江省美术学院。

顾先生一家一直把我当家里小辈一样疼爱。不仅让我在他家留宿，顾先生还曾带着我一起骑车去天安门广场参观。当然，在我回国之际，顾家更是全家出动将我送到机场。在中国，有些人会称呼仅见过一面的人为"老朋友"，但只有真正的朋友才会被称为"自己人"。顾先生一家对于我来说就是"自己人"。后来，顾先生的儿子、孙子先后来日本留学，都是我父亲作的担保人。

回国后，我进入报社工作，最终成为了一名政治家。期间，每次去中国时，顾先生都会来宾馆看我，还买礼物让我捎回来给我母亲。有空时，还会邀我一起聚餐。记得在我留学的时候，中国的大街上只有历史悠久的"老店"和国营饭店，除此之外就是些简朴的食堂，而且夜里也不营业。令人惊讶的是，如今大街上时髦的餐厅鳞次栉比，和发达国家没什么两样。顾先生就常常在这样精致的餐厅包厢里请我吃饭。这让我想起了刚到北京时，以为顾先生是开着"私家车"来接我的事。老实说，中国能取得这样高速的发展实在超出了我的想象。虽然在城乡经济差距问题上还任重道远，但这样伟大的经济成就实在令人瞠目结舌。这一切，应该都是邓小平所倡导的改革开放所带来的成果。

留学归来已是三十载有余。当年鼓励我去留学的父亲虽已西去，但我们家和顾家的交往还会世世代代传承下去。今后，我将继续为日中两国人民的互惠友好，为两国关系的深入发展，贡献自己的一份力量。

近藤昭一

1958年5月26日出生于爱知县名古屋市中村区。爱知县立千种高等学校、上智大学法学院法律系毕业。大学期间前往北京语言学院留学。大学毕业后进入中日新闻社工作。八次当选众议院议员，现任立宪民主党副代表。曾任环境副大臣（菅直人第一、第二次改造内阁），众议院总务委员长，众议院惩罚委员长等职务。

特別寄稿

留学の思い出は貴重な「宝」

参議院議員　西田　実仁（北京語言大学）

日本僑報社の段躍中代表から、中国留学のエピソードの依頼があってから、悩むことしきりだった。もう三十五年も前の北京留学、しかもわずか八カ月ほどの短期留学のエピソードが、これから留学しようという方々の何の役に立つのだろうか、と。ただ、他ならぬ段さんからのお願いである。断り切れず、栄えある「第一回」のエピソード集に駄文を寄せることにした。

留学したのは、私が慶應義塾大学経済学部の二年生の夏。十九歳だった。留学先は、北京語言学院。当時、海外からの留学生は皆ここで学んでから、志望する各大学へと送り込まれていたため、世界中の各国からの留学生で溢れていた。

中国に留学したいという思いは、高校時代からだろうか。私の母が十歳まで旧満州で育ち、戦争に敗れて逃げ帰ってくるときに、現地の中国人に食べるものや着るものなど、大変に世話になった、と幼い頃から聞いていた。もし、母がそこで亡くなれば、今の私は存在しないわけで、自らのルーツともいうべき中国大陸に渡って、中国の人々と中国語で話ができるようになりたい、という素朴な思いからだった。

だが、実際に中国への留学を実現するには、両親の理解はもちろん、大学の指導教授の物心ともの支援がなければ、ありえないことだった。当時、父が経営する町工場は、大きく傾いていたからだ。

初めての海外が中国・北京。一九八二年の夏だった。両親と離れて一人暮らしをするのも初めて。薄暗い洗い場で、衣服を手洗いするのも初めて。初めて尽くしの中国留学は、想定をはるかに超えて多くの成果が得られたことは間違いない。その思い出は、年を重ねるごとに、より膨らみ、私にとって貴重な「宝」となっていることを実感する。

大学を卒業して、東洋経済新報社という出版社で経済記者をしながらも、その「宝」は年々、成長しているように感じた。私が所属した「週刊東洋経済」でも、中国

留学時代の仲間たちとの写真
与留学时代的好友合影

への取材旅行がたびたび重なり、やがて特集を組むようにもなった。中国の政財界の要人へのインタビューも数多く、一九九七年には浮上する中国経済の現場レポートを書籍にまとめるまでになった。

二〇〇四年、国政に初めて挑戦してからも、今度は政界において、日中の諸問題に直接、携わる機会も得た。二〇一三年一月には、まだ国家主席になる前の習近平氏に、わが党の山口代表とともに約七十分間、会談する場に陪席させてもらった。二〇一五年十月にも同代表とともに中国北京へと渡り、安倍総理からの親書を手渡しするなど、中国との交流窓口として、働かせていただいている。

それもこれも、あの三十五年前の留学がなければ、到底、ありえないことだ。今日までの私の人生に欠かせないエピソードとして、中国留学がある。

当時の思い出話は、楽しいことばかりである。語言学院の前の五道口の商店で、当時はまだ配給制だった肉票や布票を使って、肉や洋服を買ったこと、ちょうど二十歳になったお祝いに、同班同学と気の抜けたビールで乾杯したこと、まだ郊外には馬車でわらを運ぶ農家がいて、その鞭に当たりそうになったこと、などなど。きりがない。

中国留学が「宝」となったのはなぜなんだろう。そんなことは、普段はあまり考えたことがないが、改めて、この文章を書きながら思った。それは、当時の中国の皆さんと同じ空気を吸い、生活したからなんだろう、と。観光やビジネスでの訪中も、もちろん、別の意義があるが、やはり日々の生活を中国の中でする、しかも、世界中から留学生が集まり、語学を勉強する、同年代の中国人学生と一緒に、キャンパスで生活させてもらったことが、何よりも大きいのではないか。

中国での生活は、中国を知り、日本、日本人である自分を知る大事なきっかけとなる。留学の効用はもちろん、語学の上達にあるだろうが、人生にとっての効用といえば、アジアの中の日本、そして日本人である自分を知ることにあると思う。長い交流のある隣国・中国での生活は、そんな不思議な「場」である。

それは、留学中の人との出会いを通じて培われる。

私にとって、キャンパスで知り合った、ある初老の大学教授との出会いがそれだった。中華人民共和国が誕生して三十三年、それまでの様々な出来事を振り返りながら、先生の自宅で夜の「互相学習」の時間がとても心地よかった。目的は、日本語と中国語を相互に学びあうことだったが、実際にはほとんど中国語による会話となった。ご自身の息子に当たる年齢の私にときに諭すように、ときに嘆き、ときに笑い、そして期待を込めて、話しかけてくれた優しい眼差しは今も忘れていない。当時の中国を、そして日中関係を深く考えるきっかけとなった。

もう一つ、やはりキャンパス内で中国人学生との交流は、若い同世代どうし、楽しい思い出である。なかでも、複数の日中の学生が集まって、誰かの誕生日に「餃子会」として称して、宿舎内で（禁じられていた電炉を使用して）、いろんなものを餃子の皮に包んで食べた思い出は昨日のことのように思い起こす。

その時に、校庭でバドミントンを一緒に楽しんだり、学校の体育館で仲間と一緒に映画を見た中国の友人と、つい数年前にネット上で再会した。いまは、アメリカで大学の先生をしているらしい。中国留学での出会いは、本当に一生ものだと思う。

とりとめのない文章になってしまった。結論はとくにない。少しでも役に立てれば嬉しいが、食わず嫌いはよくない。中国に留学できれば最高だが、旅行でも、仕事でも、とにかく触れ合うことから始まる。引っ越すことのできないお隣の国だから。

西田 実仁（にしだ まこと）
昭和三十七年八月二十七日東京都田無市（現西東京市）生まれ。昭和六十一年三月慶應義塾大学経済学部卒業。昭和六十一年四月㈱東洋経済新報社入社。「会社四季報」記者、「週刊東洋経済」副編集長を経て、平成十五年四月退職。参議院内閣委員会理事、憲法審査会幹事など、公明党参議院幹事長、同広報委員長、同埼玉県本部代表。著書「人民元・日本侵食」、「日本元気宣言」、「まことの『底力』宣言」

中国留学是人生的宝贵财富

此次受日本侨报社段跃中代表之邀撰文回忆我在中国留学时的故事，着实让我寝食难安了一回。且不说我是早在35年前去的北京，仅仅八个月的短暂留学经历又能为正准备去留学的同学们提供多少有用的帮助，我心里也没个底。然而，段先生的盛情实在难却，于是送上小文一篇，算是为熠熠生辉的“第一届难忘的中国留学故事征文”抛砖引玉。

我是在19岁那年的夏天去北京留学的。那时我正在庆应义塾大学经济学系读大二，留学的大学是北京语言学院（现北京语言大学）。那个时候，外国留学生们为了能考上心目中理想的院校，都聚集在此学习，校园里到处是留学生的身影。

来中国留学的想法是从高中开始的。我的母亲出生于中国东北（日本称“旧满洲”），10岁之前都在那里度过。从小，母亲就常对我说，当年在日本战败后逃难回国的途中，年幼的她受到很多当地老百姓的衣食接济和照料。如果当时母亲没能活下来，也就没有今天的我了。因此，也可以说中国是我的根。那时起我就萌生了一个朴素的想法——有朝一日去中国大陆，和中国人用汉语交流。这便是我决定来中国留学的初衷。

然而，想法之所以能成为现实，除了有父母的支持外，更离不开当时指导教授的善解人意和鼎力相助。毕竟，当时父亲经营的街道工厂已是摇摇欲坠，困境之中能让我去中国留学实为不易。

于是在1982年的那个夏天，我第一次离开日本，第一次来到中国、来到北京。第一次离开父母独自生活，第一次在昏暗的盥洗室用手洗衣服。留学生活里这么多的人生第一次，这么多前所未有的新鲜体验，带给我的收获也是始料未及的。这些回忆，经历过岁月的陈酿，愈久弥香，已成为我人生无比珍贵的宝藏。

大学毕业后，我进入了东洋经济新报出版社做经济记者，留学带给我的珍贵回忆似乎也在随我一同成长。我所供职的《东洋经济周刊》里，去中国采访的任务越来越多，后来还推出了中国特辑。之后，我们对中国政经两界多位知名人士的采访逐渐受到瞩目，最终在1997年，这些对中国经济的“现场报道”被结集出版。

2004年，我开始踏入政界。到今天，我已有幸直接处理有关中国的各项事务。2013年1月，我所属的公明党山口代表与即将担任国家主席的习近平先生进行了一场约70分钟的会谈，我有幸陪同出席。2015年10月，我和山口代表一同前往北京递交了安倍总理的亲笔信。能作为日中交流的纽带，为日中友好尽些绵薄之力，我感到十分荣幸。

凡此种种，若没有35年前的那次留学，便皆无从谈起。如今，在中国的留学经历已是我人生不可或缺的一部分。

现在回想起来，浮现在脑海中的都是快乐的记忆。记得在语言学院大门前的五道口商店里，我们用分配到的布票、肉票买西装、买肉。记得20岁生日那天，和同班同学用跑了气的啤酒来一起干杯庆贺。还记得一次在郊外，遇到一位农民在赶着马车运秸杆，当时那马鞭差点抽到我们。诸如此类，不一而足。

为什么说中国留学经历会成为我珍贵的“财富”呢？之前虽然很少思考到这个问题，但此次执笔之际，我不由得深思起来。或许，是因为曾经和中国人在同一片天空下呼吸，在同一片土地上生活过吧。诚然，来中国观光或工作也很有意义，但在我看来，在中国实实在在地生活，尤其是和各国的留学生相聚一堂，共同学习汉语，和年轻的中国朋友们共度校园时光，才显得更有意义。

正是在中国的生活，让我更加了解中国、日本，以及身为日本人的自己。留学的作用，不仅仅是语言技能的提高，更是人生感悟的收获。正是留学的经历，让我充分认识了身处亚洲之中的日本，让我更深入地了解了自己。想不到，在友好邻邦中国生活竟有如此不可思议的收获。

这一切，都是通过留学期间人与人的交流实现的。

其中的一位贵人是在校园里认识的一位50岁左右的老师。那是一段愉快的时光，每到夜晚，老师就邀我去他家，一边教我汉语、同时向我学习日语，还一边为我介绍新中国成立33年来的发展变化。虽说目的是学习外语，但实际上我们几乎都是用汉语在交谈。老师与我时而争论，时而叹息，时而谈笑风生。由于我和他的儿子年龄相仿，老师每次看着我说话时那充满期待的、慈祥的眼神，令我至今难忘。这一切，都让我开始更深刻地去思考两国间的关系。

另一群难忘的人，就是学校里的中国年轻伙伴们。记得当时，我们日中两国的好几个学生常聚在一起活动。当中要是有谁过生日，大家伙就借着办饺子宴的名义，一起在宿舍里使用电炉等违禁物品，一起擀面、包饺子。这段趣事，至今仍如昨日般清晰。

那时候，我常和一位中国同学一起在校园里打羽毛球、在体育馆里看电影。几年前，我们终于在网上取得了联系。现在，他好像已是在美国的大学当老师了。这些在中国留学期间的相遇相知，将是我一辈子的财富。

泛泛地谈了许多，也没说出个所以然来。如果我的经历能对现在的学生朋友们有些启发的话，算是荣幸之至了。世间万事，不食其味，何言喜恶？能去中国留学的话固然是最好，不能成行的话，旅行也好，工作也好，总之让我们从最简单的接触开始去了解中国吧。因为，日中两国是搬不了家的邻居。

西田实仁

1962年8月27日出生于东京都田无市（现西东京市）。1986年3月毕业于庆应义塾大学经济系，同年4月进入东洋经济新报社工作。曾任《公司四季报》记者，《东洋经济周刊》副总编辑，2003年4月辞职。2004年7月首次当选参议院议员，现任参议院内阁委员会理事，宪法审查会干事，公民党参议院干事长，宣传委员长，公民党琦玉县总部代表等。著有《人民币・日本侵食》，《日本元气宣言》，《真正的“底力”宣言》。

一等賞

解き放たれた時

―明日への記憶

大学教授　堀川　英嗣（太原師範学院）

手を挙げた瞬間、場は凍りついた。クラスメートたちの好奇に満ちた視線、先生のしかめっ面が痛かったが、構わず口を開いた。長い長い三分間が始まった。

ぼくが留学したのは山西省太原市にある太原師範学院書法科。クラスの人数に因んで「十八羅漢」クラスと呼ばれた。留学生は一人だけ。三年間、ほとんど日本に帰ることもなく、朝から晩まで、時には徹夜で山西方言に埋もれながら教室で書道に熱中し、週末はライフワークとして各地で碑刻調査に勤しんだ。

山西省に留学したのには訳があった。大学時代から明朝遺民・傅山の書を研究していたからだ。それが高じて日本傅山研究会の立ち上げに参画し、学部卒業とともに太原へと渡った。そんなある日の出来事だった。

「今晩、傅山研究の権威である老先生を訪ねる」。そんな噂が実しやかに聞こえてきた。胸が高鳴った。以前から老先生の論考を繰り返し読み、既に何本かを日本語に翻訳し紹介していたからだ。憧れの人だった。

しかし同時にこんな声も聞こえてきた。「老先生はかつて八路軍の一員として抗日戦争にも従軍していた。だから今でも日本人に嫌悪感を抱いている」と。著作から気性の激しい方だと窺えたし、人づてに武勇伝も耳にしていた。しかし、実感は湧かなかった。ぼくたちの世代からすれば、戦争はあまりにも遠い過去であり、教科書の一ページというだけであったから。

学問的な交流ならば問題はないだろうと判断し、一緒に連れて行ってくれるよう引率担当の先生にお願いしたところ、「日本人だとばれたら機嫌を損ねる。何もしゃべるな」と釘を刺された。そう語る眼が少しも笑っていなかったことが印象的だった。

やはり権威は権威だ。その日の夜、圧倒的な存在感を醸し出しながら書を講じられる姿に、その学識の高さに、ぼくたちはただただ敬服するだけだった。やがて、クラスメートたちがポツリポツリと質問を始めると、ぼくはうずうずした。「しゃべるな」という先生の言葉が頭を過ったが、憧れの人に出会えた感動、質問への衝動はそうそう抑えきれるものではなかった。そこで冒頭の場面となったのだ。若さが恐れを凌駕した瞬間だった。

2006年、山西省太原市の孔子廟にて、卒業展の一隅
2006年，山西省太原市孔庙内的毕业展一角

拙い中国語で質問をすると、老先生は「出身はどこですか」と仰った。緊張のためか嫌な臭いの汗が出てきた。僕は相手への刺激を最小限にくい止めようと、ぼそぼそと「東京です」と答えた。嘘はつきたくなかったし、日本という言葉はあまりにも直接的過ぎると感じたからだ。声が上ずった。老先生は「東京……」と繰り返した後に少々考え込み「日本か」とつぶやいた。

場が緊張に包まれ、一同は息をひそめて事の成り行きを見守っていた。

その時のことだ。事態は思いがけない方向へと進んだ。何と、老先生は立ち上がり「日本の若者よ。よく来たね。私の本を読んでくれてうれしいよ」と、高らかに笑いながらぼくに手を差し伸べたのだ。この光景に皆が安堵の溜息をもらしたことは言うまでもないだろう。

この地では、「日本」「日本人」という語に対峙したとき、人々は多かれ少なかれ過去の戦争を追憶する。日本人というだけで、むやみと非難されたりすることもあった。そして、知らず知らずのうちにそれらを無難にやり過ごす術を身につけ、いつからか「国家同士のことですから、もう私たち民間人がどうこうできる問題ではない」というフレーズが口癖になっていた。自分の身に戦争の話題が降りかかることにうんざりしていたし、国家に棚上げすることで難を逃れようとした。もちろん親族の方等が被害に遭われたという話を聞けばそれなりに残念だと感じたが、常に沈黙を貫いた。ぼくは書道を研究するためにこの場所にいるのであって、彼ら自身も体験していない戦時の恨みつらみを聞くためにいるのではないとさえ思った。

しかし、当事者の器は誰よりも大きかった。学問を通じてかつての仇敵である日本人との交流を受け入れてくれた。思い起こせば、逆に従軍体験のない世代の方が、歴史を忘れるなとスローガンを掲げ、時にはあたかも自身が直接の被害者であるかのような物言いで非難の言葉を口にする。爆買いがニュースになる今日においてもそれは変わっていない。そこには様々な背景が絡み合い、二律背反の感情を形成している。ぼくはそれらの行為を否定する気はないし、どうこういう資格も興味もない。

しかし一つだけ言える。それは、老先生があの日、あの場所にいたぼくたち全員を、豪快な笑いと懐の深さで「戦争の記憶」という呪縛から解き放してくれたということだ。

帰国を考え始めた頃、山西大学からの誘いを受け、中国で教壇に立つことを選んだ。「今に生きる日本人の姿を中国の若い世代に知ってもらいたい」という単純な動機だった。

あの日から十数年が過ぎ去った。今でも、卒寿を過ぎた老先生と学問談義に花を咲かせる日々は続く。

堀川 英嗣（ほりかわ ひでつぐ）
昭和五十三年、東京都に生まれる。文学博士。山西大学外国語学院日本語科教授。『傅山書法名選集』『傅山墨翰』『傅山墨寶』『傅山拓本選集』（東京文物出版社）、『傅山全書』二〇巻（中国・山西人民出版社）、『章太炎、姚奠中師生書藝』（中国・三晋出版社）、『瀛海掇英』『鯤島遺珍』（台湾・国立清華大学出版社）、『江戸時代の漢字書』『近代日本の書』（日本・藝文書院）他の執筆、編集、翻訳に携わる。

堀川英嗣
1978年出生于东京都。文学博士。山西大学外国语学院日语系教授。曾执笔、编辑、翻译过《傅山书法名选集》、《傅山墨翰》、《傅山墨宝》、《傅山拓本选集》（东京文物出版社），《傅山全书》20卷（中国・山西人民出版社），《章太炎，姚奠中师生书艺》（中国・三晋出版社），《瀛海掇英》，《鲲岛遗珍》（台湾・国立清华大学出版社），《江户时代的汉字书法》，《近代日本书法》（日本・艺文书院）等。

获得解脱的一刻 —献给明天的回忆

我举起手的瞬间，周围的空气突然就凝固了。同学们充满好奇的目光，领队老师眉头紧锁的痛苦表情，但我还是不为所动地开口了。接着，漫长的三分钟开始了。

我去留学的是位于山西省太原市的太原师范学院书法系。因为班级人数的关系，我们班被称为“十八罗汉”班，留学生只有我一个人。在这三年里，我几乎没有回过日本，从早到晚，有时甚至通宵达旦地泡在充斥着山西方言的教室里，沉醉于书法研究。周末则为了我的终身事业而奔走各地做碑刻调查。

我选择去山西省留学是有理由的。我从大学时代开始研究明朝遗民傅山的书法，之后逐步参与了日本傅山研究会的成立。因此在大学毕业的同时，我就去了太原。于是，在某一天发生了这样的事。

“今晚我们要去拜访一位研究傅山的权威老先生”。传言听起来似乎有板有眼，我的心情马上激动起来。因为很久以前我就反复地阅读过这位老先生的研究论文，而且已经把其中几篇译成日语、在日本做了介绍。这位老先生是我一直崇拜的学者。

但同时我也听到过这样的声音：“老先生曾经作为八路军的一员参加过抗日战争，所以直到现在也厌恶日本人。”我从他的作品中隐约地能窥探到他是个有脾气的人，而且还听闻过他的英雄故事。但是我完全没有感觉，因为对我们这个年代的人来说，战争实在是太遥远的过去，只不过是教科书里的一页。

我暗自思忖如果只做学问交流的话应该没有问题吧，于是就请求领队老师带我一起去，老师吩咐我说：“如果他知道你是日本人，老先生会不高兴的，所以见面后你就不要说话了。”老师说这话时没有丝毫的笑意，给我留下了深刻的印象。

权威到底是权威啊。那天晚上，老先生那种给我们讲授书法的威严神态和渊博学识，都让我们敬重、佩服不已。不久，在同学们陆续地开始提问后，我也憋不住了。脑子里闪过了老师“不要说话”的吩咐，但是在自己仰慕已久的人面前想提问的冲动，不是那么容易抑制的。这时便发生了本文开头的一幕，也就是那个举手的场面。

当我用拙劣的中文提问后，老先生问道：“你是哪里人啊？”不知道是不是因为紧张，讨厌的臭汗开始冒了出来，我想尽量不要刺激他，便小声地回答说：“东京。”我不想撒谎，但又觉得日本两个字实在过于直接了。我紧张得声音都颤抖了。老先生反复了几次“东京”，后想了想嘟哝到“哦，日本啊”。

现场充满了紧张感，大家都凝神屏息地观望着事态的发展。

就在那时，事态朝着意外的方向发展了。没有料到老先生突然站了起来，一边爽朗地笑着向我伸出手，一边说“日本的年轻人呵，来得好。我很高兴你读了我的书啊。”不用说，这情景让所有在场的人都松了一口气。

在这片土地上，一提到“日本”或“日本人”，人们多少都会回忆起过去的战争。之前也遇到过，一说自己是日本人，就会遭到不分青红皂白的责难。后来在不知不觉中我就掌握了安全应对的方法。不知从什么时候开始，“这是国家之间的事情，根本不是我们这些平民百姓想怎样就能怎样的问题”这样的话语成了我的口头禅。我早已厌烦了战争的话题落在自己的身上，所以就把这话题推给国家而选择了逃避。当然，听到有谁的亲属等遇害过时也会感到一定的遗憾，但是多数时候是保持沉默的。我甚至认为我是为了研究书法而在这里的，不是为了听他们唠叨那些连他们自己都没经历过的战争所带来的仇恨的。

但是，当事人要比所有的人都器量大，他通过学术交流接受了与当年的仇敌——日本人的交流。回想起来，反而是没有参军体验的一代人高举着不要忘记历史的标语，有时还会以似乎是直接受害者的口吻说一些责难的话。直到中国人在日本的爆买成为新闻的今天，这种情况也未曾有变化。其背后有各种力量的纠葛，形成了二律背反的感情。我并不想否定那些行为，也没有指责的资格和兴趣。

但是有一点是可以肯定的，那就是老先生那天用豪爽的笑声和宽广的胸怀把我们大家从“战争的回忆”这一咒语的束缚中解脱了出来。

正开始考虑回国的时候，山西大学给我发来了邀请，我选择接受邀请，站上了大学的讲台。“要让中国的年轻一代了解现在的日本人”，是我单纯的动机。

从那天到现在已经过去了十几年。和那位已过“鲐背之年”（九十）的老先生交流学问的日子，还在继续着。

一等賞

活到老　学到老

大学特聘教授　五十木　正（北京大学）

もう秋だというのに窓の外の夏虫がうるさい教室、教壇にはすでに一時間以上も熱弁をふるい続ける教授、語るは現在の中国の政治経済体制の表裏、こんな話をしてもよいのかと耳を疑うほどの微妙な内容だけに我々学生も咳払い一つせず手に汗し聴き入っていた。そのときに、いきなりドアが大きな音と共に開けられた。「誰か、闖入者か?!」と同学が叫んだのでクラス全員が音の方向に目をやると、お盆にポットとグラスを載せた可愛らしい学校事務職員が現れ一瞬にして緊張が解けた。

ここは北京大学経済学院、噂にたがわずリベラルな校風で、教授陣は若く気鋭の学者たちだ。実は私は還暦を二歳も過ぎてから当学院のＥＭＢＡ（Executive MBA）コースに入学したのだ。二〇〇四年に勤務先で中国ビジネスを担当して以来十年以上も中国と日本を往来しているのに、中国に関する知識は局所的且つ断片的で人から訊かれても体系的に説明できないもどかしさに悩んでいた。そんなときに中国人社員から中国の諺「活到老　学到老」をノートに書いて教えられた。すでに老境に差し掛かっているわが身には沁みる六文字ですっかり目に焼き付いてしまった。早速インターネットで私のような高齢者を受け入れる中国の教育機関はないかと検索し、希望にマッチしたこのコースを見つけたときには欣喜雀躍した。晴れて二〇一三年九月に入学することになったが、東京にも仕事を抱えていたので国境を越えて通学することにした。毎月一回、土・日曜日二日間の集中講義のために前日夜に東京から北京入りし受講翌日の朝一番のフライトで帰国、その間に論文を毎月一本ずつ完成させなければならない。働きながらの国際通学はさすがに辛かったが、幸い家族と職場が理解してくれ無事修了できた。

このＥＭＢＡコースでたまたま日本語学科の教授に講

義を受ける機会があり、休憩時間に教授に素朴な質問を投げかけてみた。「北京大学のような一流大学の日本語学科卒業生は皆、一流日本企業に就職するのでしょうね？」と。答えは意外なものだった。中国の最高学府なので就職先一番人気は国家公務員または国営企業であることは理解できるが、なんと期待していた二番人気は欧米への留学であり、日本企業就職は三番人気だと聞き愕然とした。欧米留学を選択するということはせっかく学んだ日本語を捨てるという意味である。即ち日本語を専門に勉強した学生にとって日本企業就職には魅力を感じていないという現実がそこにあった。中国でもかなり以前から日本の年功序列制度の弊害や賃金の男女差別などが知られており、最近では〝ブラック企業〟〝過労死〟〝大企業の粉飾決算〟などが連日報道され、そのニュースだけを見ている中国人学生からすれば日本企業を懐疑的に思うのは当然のことである。そこで教授に北京大学日本語学科で日本企業の本質を一時間でいいから私に語らせてほしいと打診したところ、しばらくすると大学から許可がおり日本語通訳翻訳修士課程でとりあえず一回だけ講演することになった。講演テーマとして、日本人は中国人と比べてなぜ転職が少ないのかを取り上げ次のように解説した。戦後の日本経済を復興するための労働力確保として、地方の中学生・高校生を集団就職で東京や大阪、名古屋などの都会に集め終身雇用を約束したうえで職業訓練を施し一人前に育て上げなければならなかった。その終身雇用制度を維持させるために年功序列と社内ジョブローテーション（配置転換）が生まれた。学生たちはこれらの歴史的背景を聴くとようやく日本企業で

2015年6月、北京大学の教え子たちと
2015年6月，与学生们一起北京大学留影

は転職、ジョブホッピングはマイナスイメージで、同一企業内でローテーションしながら永年勤続することこそ美徳という文化があったことを理解してくれた。もちろんこの仕組みは現在ではかなり変化し必ずしも美徳ではないことも付け加えたが。

最初の講演が図らずも評判を呼び、シリーズで講義してほしいとの声が大きくなり二〇一四年の春節明けから通年で開講することになった。講座名「日本企業文化論」は必修科目となり、なぜ日本は老舗企業数が世界一多いのか、日本企業はグローバルで勝てるのかなどをEMBA同学でもある北京駐在の日本人ビジネスマンをゲストに招き講義を展開している。これまでの三年半で百八十分間講義を二十五回実施した。開講前は当修士課程修了者の二割しか日本企業に就職しなかったが、現在では五割を超えるようになった。この講座の準備にかなりの時間と労力をかけているが、これこそが私自身のための勉強である。したがってまだ心の中では留学が継続しており、いつ留学を終わるのかとふと考えることがある。しかし、命ある限りは終えられない。なぜなら私の古びたノートには「活到老　学到老」の墨蹟があるから。

五十木 正（いかるぎ ただし）

一九五一年　群馬県生まれ。一九七四年　慶應義塾大学法学部卒業。二〇〇四年　IBMを三十年勤務後にワークスアプリケーションズに転職、以降現在まで同社中国法人（上海）董事長。二〇一三年九月　北京大学経済学院EMBA入学。二〇一四年六月　同上修了。二〇一四年九月　北京大学外国語学院特聘教授就任。二〇一六年三月　上海外国語大学日本文化経済学院特聘教授就任。

五十木正

1951年出生于群马县。1974年毕业于庆应义塾大学法学系。2004年离开工作了30年的IBM前往株式会社万革始应用软件任职，之后任中国上海万革始应用软件有限公司董事长至今。2013年9月就读北京大学经济学院EMBA课程，并于2014年6月毕业。2014年9月就任北京大学外国语学院特聘教授。2016年3月就任上海外国语大学日本文化经济学院特聘教授。

五十木 正

活到老 学到老

虽然已进入秋天了，但窗外的夏日虫鸣依然令人心烦。教室里的讲台上，教授还在慷慨激昂地继续着已持续了一个多小时的阐述，说的是当代中国政治经济体制的表象和内在。因为内容微妙到令人担心这话是否适合公开讲，瞠目结舌的学生们连大气也不敢喘，手心里都捏了一把汗，但都聚精会神地听着。就在那时，伴随着很大的响声、门被突然打开了。“是谁闯了进来?!”全班同学的目光扫向了发出响声的方向。却只见可爱的办事员端着一个盘子走了进来，盘子上还放着暖水瓶和玻璃杯，顿时大家都松了一口气。

这里是北京大学经济学院，有着传说中的自由校风，教授们都是朝气蓬勃的年轻学者。实际上，我是在花甲过去两年后才来到这个学院攻读EMBA课程的。自2004年我在公司负责中国业务以来，往返于中国和日本之间已经有10年以上了，但是有关中国的知识却一直是局部的、零星的，常会因为无法对他人的提问做出系统性的说明而着急苦恼。就在那时，一位中国员工在我的笔记本上写下了“活到老 学到老”几个字，并教会了我这个中国的谚语。对于当时已年届高龄的我来说这六个字可谓有切肤之感，所以留下了非常深刻的印象。我马上就上网搜索中国有没有教育机构能接受像我这样的高龄者。当我找到正合我期翼的这个课程时，我真是欣喜若狂。就这样，2013年9月我正式入学了。但是，因为当时在东京还有工作，所以我就只能跨国境上学了。每月一次，为了周六、周日两天的集中讲义，我要在前一天晚上从东京赶到北京，听完课后再坐第二天早上的首班飞机回东京。在那期间，每个月还必须完成一篇论文。边工作边跨国境上学确实很辛苦，所幸家人和公司都很理解我，总算顺利完成了学业。

在这个EMBA课程里，有一次偶然听了日语系教授的课。休息时我就试着提了个简单的问题：“像北京大学这样一流大学的日语专业毕业生，是否都能到一流的日本企业工作呢？”殊不料教授的回答出乎意外。因为是中国最高学府，最有人气的是公务员或国营企业这是可以理解的，但是我所期待的人气排行第二却是去欧美留学，当我听说去日本企业就职是人气排行第三时，我真的愣住了。选择去欧美留学，便意味着好不容易掌握的日语却要扔掉了。也就是说，这背后蕴藏了对日语专业的学生来说去日本企业就职并没有什么魅力这一现实。在中国，大家也很早就知道日本企业年功序列制度的弊端和男尊女卑等问题了，而最近则连日都是“失信企业”、“过劳死”、“大企业的报表粉饰”等问题的报道，对于只看那些新闻的中国学生来说，对日本企业持怀疑态度是当然的了。我当即向教授打听能否允许我在北京大学日语系就日本企业的本质为大家做一个一小时左右的介绍。不久，学校批准了我的请求，首先在日语翻译硕士课程做一次演讲。我把演讲的题目定为“为什么与中国人相比日本人跳槽的比较少”，并做了以下的解说。

第二次世界大战后，为了复兴日本经济，作为确保劳动力的手段，对各地的中学生、高中生实行集体就业后把他们都召集到了东京、大阪和名古屋等大城市，在约定终身雇佣的基础上还必须实施职业培训把他们培养成优秀的人才。为了维持终身雇佣制度，又确立了年功序列制度和企业内部的工作岗位轮换制度。学生们听了这些历史背景后终于理解了日本的企业文化，在日本企业换工作和跳槽会带来负面印象，在同一家企业内通过换岗等坚持长年工作才被认为是美德。当然我也补充说明，这种模式现在己经有了很大的变化且并非一定是美德了。

没想到这第一次演讲获得了好评，很多学生表示希望能听系统的课程，因此从2014年开始就变成了全年开讲的课程。这个名为“日本企业文化论”的课程成了必修科目，有关为什么日本会有全世界最多的历史悠久的老铺企业、日本企业能否在全球胜出等内容，我更是请来了同为EMBA同学且长驻北京的日本商务人员作为嘉宾，拓展了课程内容。至今为止的三年半里，这个180分钟的课程共开了25次课。这个课程开始之前，只有两成的硕士毕业生去日本企业就职，而现在这个数字已经超过了五成。为了准备这个课程我花费了相当的时间和精力，但这才是对我真正有益的学习。因此，在我的心里我的留学还在继续着，偶尔也会闪过“我的留学什么时候结束呢”这样的念头。但是，生命不息就学习不止，因为我陈旧的笔记本上“活到老 学到老”的墨迹依然清晰地留在那里。

一等賞

時を越え 伝えよう

大学日本語教師　中村 紀子（北京外国語学院）

一九八九年六月、十九歳の私はテレビの前で釘付けになった。テレビの中のうねるような人民のパワーが、目の中に飛び込んでくる。「北京が私を呼んでいる」。その願いがかなったのは、それから約八カ月後のことだ。

一九九〇年二月、北京の街はどこかほの暗く、バブル真っ最中の日本から飛んできた私には、見るものすべてが、おばあちゃんの昔話のようで珍しい。

当時、私は自分の名前も言えなかったが、一学期前に始まったクラスに編入され、それは大変な毎日だった。日常生活でもパスポートや自転車を盗まれ、市場ではナイフでカバンをざっくり切られるなどいろいろあったが、自分なりにどう対処すればいいか、生きる力がかなり養われたと思う。夏休みに入ると、私はすぐに旅に出かけ、西はウルムチ、南は海南島まで足を伸ばし、見るもの聞くもの食べるもの、すべての中国を体中に吸収していった。

その旅での出来事である。北京に戻る寝台列車の中で、孫を連れたおじいさんに出会った。子どもの名前は欣欣ちゃん、九歳の元気な女の子だった。片言の中国語と筆談で楽しく話していると、彼女は突然、私を指さし、「日本鬼子」と笑った。少々驚いたものの、子どもの冗談、全く気にしなかった。

ところが、次の瞬間、バシッと大きな音が辺りに鳴り響く。それまでにこやかに笑っていたおじいさんが、欣欣ちゃんの頬を激しく平手打ちしたのである。大声で泣き出した彼女を見て、おろおろする私に、おじいさんは静かにこう言った。

「この子はまだ幼く、自分の言葉の重さがわかっていない。あなたは戦争には全く関係がない若い人だ。どうか許してほしい。このことで、中国が嫌にならないでほしい」

言葉の重さがわかっていなかったのは、私だった。おじいさんは二度と会うこともない日本人の私の心を思いやり、かわいい孫の顔をたたいたのだ。

「私は大学卒業後、歴史の教師になるつもりです。たくさんの言葉を話す人生になりますが、一つひとつの言葉の重みを感じながら話していきます。そして、今日のことを決して忘れません」。つたない中国語で、一生懸命におじいさんに伝えた。

あの日からもう二十七年が過ぎた。留学生活を終え、北京から帰国した私を待っていたのはバブル崩壊と厳しい現実。結局、高校世界史の教師にはなれなかった。

1990年、北京、万里の長城にて
1990年，北京万里长城留影

そんな時、私は再び中国に出合う。中国地方都市で一生懸命に日本語を学ぶ学生の姿を追ったドキュメンタリー番組だった。またもや一瞬にして心に火が着く。「中国が私を呼んでいる」。私はその日から、日本語教師になる準備を始めた。

そして、二〇〇三年三月、三十三歳になった私は、再びこの国にやってきた。高度経済成長のど真ん中にあった中国は、何もかもが生き生きとして、はち切れんばかりだった。

身をもって味わったこの十五年間は、北京五輪、上海万博を挟み、中国が影響力を高めていく一方で、日本との軋轢や衝突が幾度も発生する日々でもある。特に二〇〇五年の反日デモの時は、日本人教師の身の安全を守るため、大学の授業が休講になるほどの大騒ぎだった。

そのさなかに、私はある大学の日本語講座に招かれた。普段なら和やかに進む講座だが、その日は笑い声など出るわけもない。どこからか「鬼子」と罵声が聞こえ、心に突き刺さる。「皆さん、自分が発する言葉の力とその与える痛みをどうか忘れないでください」。私はあのおじいさんの話を学生たちに語り始めた。

対決姿勢だった教室のムードは、明らかに変わり、最後には大きな拍手が沸き起こった。私は自分が何をすべきか、はっきりわかり、それから様々な場所の教壇に上がるたびに、学生たちにおじいさんの心を伝えている。

そして、インターネットの目覚しい発達は、私に無限の舞台を与えてくれた。ネットラジオアプリを使った「中村ラジオ」である。私の言葉を世に届けたいと訴えてきた教え子の張君恵と、二〇一四年八月に第一回をこの世に送り出した。ニューメディアが世にあふれ、言葉が独り歩きをし、容易に恐ろしい凶器となる現代だからこそ、私たちは一つひとつの言葉を吟味し、しっかり考えていかなければいけない。正しく、温かい言葉をこの世の中に伝えていかなければならないのだ。

ありがたいことに徐々に反響が広がり、リスナー登録数は合計五万人、総再生回数も四百万回を超えた。毎日、全国のリスナーから数多くのメッセージが届き、小さな日中交流がどんどん広がっている。私を広い世界に連れ出した張君恵は、昨年、中国最大の「中国人の日本語作文コンクール」で、私の言葉と中村ラジオについての作文「私を変えた日本語教師の教え」を書き、全国一等賞をいただいた。

おじいさん、二十七年前にあなたから受け取った言葉の重みは、日本人の私を経て、時を超え、中国の若者に広がっていますよ。私はこれからも世の中に明るい言葉を届けていきます。どこかで見ていてくださいね。ありがとうございました。

中村 紀子（なかむら のりこ）

一九九〇年北京外国語学院（現在の北京外国語大学）に語学留学。大学卒業後、個別指導塾へ就職するが、中国での生活を選び、日本語教師として二〇〇三年武漢市の世達実用外国語学校に赴任。二〇一一年より現職の中南財経政法大学で教鞭をとる。二〇一四年に教え子の張君恵と始めたネットラジオ「中村ラジオ」が大人気で、総再生回数四百万回を突破。ウィーチャット購読アカウント数が一万五千人に成長するなど、現在ニューメディアでも活躍中。千葉県出身。

中村纪子

出生于日本千叶县。１９９０年留学北京外国语学院（现北京外国语大学）。大学毕业后曾有意在日本的培训机构就职，但是最终选择了到中国工生活，２００３年开始担任武汉市世达实用外国语学校日语教师。２０１１年起至今执教于中南财经政法大学。２０１４年携手爱徒张君惠创办网络台“中村Ｒａｄｉｏ”，电台总播放次数已突破４００万。此外，微信公众号关注总人数已达１万５０００人，活跃于各种新媒体平台。

穿越时光 为你讲述

1989年6月，19岁的我曾一动不动地守在电视机前。电视中人潮涌动，那种排山倒海般的力量吸引了我的眼球，“北京正在呼唤我”！这个愿望终于在八个月之后，成为了现实。

1990年2月，北京的街头显得一片昏暗朦胧，而日本则沉浸在泡沫经济当中。我就这样造访了这座城市。呈现在我眼前的景色，就仿佛在听老奶奶讲着过去的故事，稀奇而新鲜。

我当时连自己的名字都不会说，竟然被插编到了一个一学期之前就已经开课了的班级里，为此，我每天都倍感压力。日常生活中，护照及自行车接连被盗，在菜市里，还被人用刀在背包上划了个大口子。种种经历让我尝尽了苦头，但却又教会了我如何自己去处理这些问题，培养了我的生存能力。一放暑假，我便选择了旅行。西到乌鲁木齐，南至海南岛，足迹遍布中华大地，无论见到的、听到的，还是品尝到的，中国的一切都融入了我的体内。

这是发生在旅途中的事情。在返回北京的卧铺车厢中，我遇到了一位带着孙女的老爷爷。记得小孩的名字叫做欣欣，是一个9岁大的活泼小女孩。正当我一边写字，一边用蹩脚的中文在车内聊得高兴时，小女孩突然用手指着我，并笑着从嘴里蹦出了一句：“日本鬼子！”当时虽有些惊讶，但心想童言无忌，也并没有往心里去。

不过，紧接着的一个瞬间，只听见啪地一声，通透的声音回荡在耳边。刚才还一直和蔼可亲冲我微笑的老爷爷，竟硬生生地向自己的孙女抽了一记耳光。我惊慌失措地望着嚎啕大哭的小女孩，老爷爷却语重心长地对我说了这样一番话。

“这孩子还小，说话不知轻重。你是个跟战争没有任何瓜葛的年轻人。就原谅她吧，可千万不要因为这点事儿，让你对中国留下了不好的印象。”

说话不知轻重的，应当是我。我一个日本人，或许这一辈子与他仅有这一次谋面，为了这样的我，他竟伸手扇了宝贝孙女一巴掌。

“大学毕业以后，我要成为一名历史老师。人活一辈子要讲许许多多的话，但我希望我讲的每一句话都有分量。今天发生的事情，我一定不会忘记。”我的中文虽然不流利，却一个劲儿地想把自己的意思传递给老爷爷。

光阴荏苒，从那天起转眼已经过去了27年。我结束了留学生活，从北京回到日本，而此时等待着我的，却是泡沫经济的崩溃以及严峻的现实。最终，我也没有当上一名历史老师。

这时候，我又一次与中国邂逅。那是一部电视纪录片，里面讲述了活跃在中国地方城市努力学习日语的学生们的故事。面对此景，我的心中又一次燃起了火焰。“中国正在呼唤我”，从那一天开始，我便决心成为一名日语教师。

就这样，2003年3月，已经33岁的我又一次踏上了这片土地。经济高速腾飞的中国，精神抖擞，处处都焕发着活力。

我亲身感受了在中国的15年，伴随着北京奥运、上海世博的召开，中国的影响力在逐步提升。与此同时，与日本之间的摩擦与冲突也屡屡发生。特别是2005年的反日游行时，为了保障日本外教的人身安全，大学里甚至一度停课。

就在这样的情况下，我应邀来到某大学进行日语讲座。平时本该是气氛和谐的讲座，这一天却没有笑语欢声。时不时听见台下传来“鬼子”等骂声，心里很不是滋味。“大家千万不要忘记你们讲出的每一句话，这其中有的会给人力量，有的也许会给他人带来痛苦”，我开始向他们讲起了那位老爷爷的故事。

教室里剑拔弩张的氛围渐渐缓和了下来，进而响起的，是一片雷鸣般的掌声。我心里十分明白什么是自己应该做的，今后每当我站在讲台上，我都会为台下的学生介绍那位老爷爷的故事。

网络的飞速发展为我提供了无限的舞台。依托网络电台APP，“中村Radio”得以创办。我的学生张君惠说，要把老师说的话传播到世界上的每一个角落。就这样，2014年8月，我与她第一次将我们的声音传递给了大家。在新兴媒体膨胀发展的当下，一些语言与它们的本意背道而驰，稍有不慎就会化作伤人的凶器。对于每一句话，我们有必要细细揣摩与品味，认真地进行考量。要确保能够把充满正能量、能够让人们感受到温暖的话语，送到每个人的心房。

值得欣慰的是，电台创办的反响十分热烈。收听人数已达5万，总播放次数也已超过400万。每天，都会收到许许多多来自全国各地听众的来信，一个小小的互动都在加深中日交流。带我走进如此广阔世界的张君惠，去年参加了中国最大规模的“全中国日语作文大赛”。她将我说的话，以及中村Radio的故事写进了题为《日语老师的教导改变了我》的作文中，并荣获了一等奖。

老爷爷，27年前从您那儿感受到的话语的分量，经过我这个日本人，穿越时光，已传递到中国年轻人的心田。我会继续向世界传递给人力量的话语。您也会在某个地方看着我吧，谢谢您。

一等賞

交流の力

大学教師　小林　雄河（陝西師範大学）

二〇一三年の初夏、まだ前年九月に起きたデモの余波が残る中、私の西安・陝西師範大学での一年間の語学学習はすでに後半に入っていた。私の彼女が通っていた外国語学院は当時はまだ、市街地から路線バスで南に三十分ほどの新キャンパスにあった。私の在籍していた国際漢学院は旧キャンパスにあるので、周りから中国語で「跨校区恋愛」などとからかわれていたのが懐かしい。

その夜も私は六〇〇路（バス路線名）に乗って新キャンパスを訪ねていたが、ちょっとした手違いで時間が十一時を回ってしまった。ここが始発の六〇〇路は十一時ちょうどに終バスが出る。近くの外国語大学から出る六一六路の終バスもすでに通過してしまっていた。当時の私はまだ日本的な感覚で、タクシーは高価なものというイメージが抜けず、語学面での不安と相まって、中国ではそのときまでに二～三度しか乗ったことがなかった。それもすべて他の人と一緒にである。

そのため、私はあくまでもバスに乗ろうと考えを巡らした。無理をして五キロ東にある韋曲まで歩き、そこから十二時終発の二一五路に乗ることも考えたが、あえなく彼女に却下された。これも日本的な感覚で、私は夜道の危なさを分かっていなかったのだ。結局、彼女の意見に従ってタクシーで韋曲のバス停へ向かうことにした。学内で車を探していると、ちょうど運よく、目の前に学生を降ろしたばかりの市内タクシーが現れた。他に先を争う学生もなく、すんなり乗ることができた。

実はもう一つ、タクシーに関して心配していることがあった。そして、それは運悪く初めて独りで乗車したときに現実となってしまった。日本人に対する乗車拒否だ。

運転手は若い男性であった。車に乗ってすぐ活発な会話が始まり、「さっきのはお前の彼女だな」などと愉快に話していた。その流れの中、大学の正門を出るか出ないかのところで「あんたはどこの出身だい？」と聞かれた。もちろん、彼が聞いているのは「中国の」どこかということだ。私は一瞬戸惑ったが、これから先五キロも嘘をつき通すのは気が引けたので、正直に「日本人だ」と言ってしまった。すると運転手の顔はみるみるうちに曇り、無言になってしまった。こうなってはもう取り返しがつかない。私は何も起こらないことを願っていたが、彼はまるで、戸惑いながら何かを考えているようだった。

車がほとんど消えた夜の大通りの真ん中を、タクシーは快走している。いくつか信号を越えたところで、彼は重い口を開いた。

2013年10月、陝西師範大学旧キャンパスにて
2013年10月，陕西师范大学老校区留影

「本当なら、お前を降ろしていたところだ」

やっぱりか。彼は続けてこうも言った。

「俺は、以前日本人の女二人を降ろしたことがあるんだからな」

返事に困っていると、彼はこう続けた。

「お前はどうしてそんなに中国語が上手なんだ。てっきり南方の出身かと思ったのに」

このときやっと、彼が戸惑い、無言でしばらく考えていた理由が分かった。もし私の中国語が下手だったなら、私が日本人だと分かった瞬間に即座に車を止めていたはずである。

こうして、私の心には少しばかりの余裕が生まれた。そして、彼が思い直して車から降ろされないように、私は必死になって話題を探した。すると、彼女のことが思い浮かんだ。

私は左の運転席に座る彼に、私の彼女のことを少しずつ説明した。出身地、出会いのきっかけ、普段どちらの言語で会話するか、などなど。それでも彼は日本政治の問題点を織り交ぜながら返事をしてくるので、やはり気まずい雰囲気が残った。そこで、私はこれからの将来計画を話した。この話題を通して、私はこれからの中国と真剣に向き合っていくんだ、という熱意を伝えるために。

そうこうしているうちに韋曲に着いた。まだバスには間に合う。私が降りる準備を始めると、思いがけないことに彼はこう言ったのだ。

「市内まで乗っていかないか？ どうせ俺もこれから帰るんだ。師範大までなら二十五元で行ってやる」

私はその申し出に乗り、結局大学の斜向かいに借りた部屋までタクシーで帰った。テレビ塔を過ぎ、横断歩道のすぐそばで車を止めてもらった。精算を済ませ、車を降りた後、走り際に彼はこう言った。

「祝你好運！」

彼は、私に向かって「幸運を祈る」と言ってくれたのだ。日本・日本人嫌いの彼が。

こうして、私は危うい中で「交流」がもつ力を体験することができた。西安暮らしは今年で六年目になる。あれから西安を訪問した日本人の付き添いで何度もタクシーに乗ったが、運転手はみな好意的に接してくれた。私は昨年修士課程を修了してから、一年だけという無理を了承していただき、現在は長安大学の日本語学科でお世話になっている。教え子たちとの別れはつらいが、今年から母校・陝西師範大学に戻って博士課程に進学するつもりだ。今までの経過と将来設計は大方、あの日タクシーの中で彼に話した通りに進んでいる。現在日本に留学中の張紅と、ここ西安で暮らせる日を夢見ながら、一歩一歩着実に進んでいきたい。

小林 雄河（こばやし ゆうが）

一九八九年新潟市生まれ。奈良大学地理学科を卒業後、西安・陝西師範大学での一年間の語学学習を経て、二〇一三年から中国政府奨学金を受けて同大学の修士課程に進学、歴史地理学を専攻し、十七世紀以来の北東アジアにおける台風活動の復原研究を行った。二〇一六年七月に修了後、同じ西安の長安大学外国語学院日本語学科で外国籍教員として日本文化や作文などを担当。二〇一七年九月に陝西師範大学に戻り博士課程に進学。

小林雄河

１９８９年出生于新泻市。奈良大学地理系毕业后，在陕西师范大学留学一年。２０１３年获得中国政府奖学金，开始攻读陕西师范大学硕士学位，专业为历史地理学，主要进行17世纪以来东北亚台风活动的重建研究。２０１６年7月毕业后，在长安大学外国语学院日语系担任外教，教授日本文化和作文等课程。２０１７年9月回到陕西师范大学攻读博士学位。

小林 雄河

交流的力量

2013年初夏，前年九月闹得满城风雨的反日游行尚未平息，我在陕西师范大学为期一年的语言学习已经过半。我女朋友所在的外语学院当时还位于新校区，从市区乘公交向南边走，得花上30多分钟。而我所在的国际汉学院位于老校区，所以身边的人经常打趣地说我们是“跨校区恋爱”，如今想起还历历在目。

一天夜里我照常乘坐600路公交前往新校区，但因为临时出了点事情，打算回去时已经是夜里11点多了。600路公交的末班车已经在11点开走，附近的616路末班车也赶不上了。当时的我还是日本思维，觉得叫出租车会很贵，对自己的语言水平又没信心。更何况，那时我在中国只坐过两三次出租车，还都是跟别人一起坐的。

如此一来，我琢磨着还是坐公交最为妥当。想着索性走到向东5公里开外的韦曲，从那里坐12点的215路末班车，但这个想法被女朋友否决了。同样还是因为我的日本思维：我当时并不知道在中国走夜路很危险。最后，还是听从了女朋友的意见，决定坐出租车到韦曲的公交站。正在校园里找出租车时，恰好看到一辆从市区方向来的车，几名学生刚从车上下来，我看没其他学生抢，就坐上了。

关于坐出租车这件事，其实我还有一个顾虑，可偏偏在那会儿我第一次一个人坐车时碰上了，那就是拒载日本人。

司机是一个年轻小伙，在我上车后马上就跟我愉快地攀谈起来：“刚才在你旁边那个是你女朋友吧？”车子正要开出大学正门的时候，他问我道：“你是哪儿的？”当然，他问的“哪儿”指的是中国的哪个地方。我不知道如何应答，这前面的5公里路一直撒谎也过意不去，最后还是老老实实回答：“我是日本人。”话音刚落，司机的脸色瞬间变难看了，之后再也不说一句话。开弓没有回头箭，我只能默默地祈求接下来千万不要发生什么事，而司机仿佛一直在思考些什么，一脸犹犹豫豫、有口难开的样子。

出租车飞驰在午夜几乎看不到其他车辆的大马路上。过了几个红绿灯以后，司机终于打破了沉重的气氛。

“说真的，本来是准备赶你下车的。”

果真如此啊。

“我以前就把两个日本女人给轰下去过。”

我一时语塞，只听他继续说道，“不过你的汉语怎么能讲得这么溜呢，老实说我刚开始还以为你是南方人呢。”

这时，我终于明白他刚才一言不发，犹豫不决的原因了。如果我的汉语说得不好的话，司机一发现我是日本人，就会直接把我赶下车去吧。

这样一来，我心里紧绷着的弦终于得到了一丝缓解。为了不让他改变想法，把我赶下车去，我拼命地寻找起话题。突然，我的脑海浮现出了我的女朋友。

我开始慢慢地对坐在左边驾驶席的他，讲起了我女朋友的故事：老家在哪儿、两人如何相识相知、平时用什么语言进行交流等等。但他回应我的话语中还是夹杂着很多关于日本政治的问题，气氛依然很紧张。我则一股脑儿地讲述着自己将来的计划。希望通过这个话题，让他感受到我渴望日后在中国一展身手的热情。

说着说着车子到了韦曲，还能赶上公交。正当我准备下车的时候，司机说了一句令我意想不到的话：

“干脆坐我的车到市内得了。反正我也要回去，师大的话，给25块钱就好了。”

我接受了这份好意，坐出租车回到了在大学斜对面的出租屋。我让司机开过电视塔，停在了斑马线旁边，结完账后我走下车，正准备离开时，听到司机对我说道，

“祝你好运！”

这句话，竟然出自一名如此讨厌日本、讨厌日本人的中国司机的口中。

就这样，我在危机中，体验了一把“交流”带来的力量。今年是我在西安生活的第六年。六年间我因为接待来访西安的日本朋友，坐了很多次出租车，遇到的司机都很友善。去年我获得硕士学位后，来到了现在的长安大学日语系任教，虽然只呆了短短的一年，离开自己所教的学生也十分不舍，但我还是打算今年重返母校、回陕西师范大学攻读博士学位。至今为止我的经历以及将来的规划，都像那天出租车上跟司机描绘的一样顺利进行着。

我与现在在日本留学的女朋友张红，怀揣着今后能够在西安共同生活的梦想，一步一个脚印地向前努力着。

一等賞

追憶 ～忘れられない中国留学があったから今がある～

大学職員　山本　勝巳（中央戯劇学院）

二〇〇七年九月の北京はまだ茹だるような暑さが残っていたのを覚えている。翌年に控えたオリンピックに向けて、中国人と外国人が共に様々なパフォーマンスを披露するイベントが開催され、私は日本代表として参加した。

披露したのは中国ゴマ。日本の曲に合わせて、コミカルな動きを加え、観客と一緒に楽しめる工夫を凝らした。出番が近づくにつれ、その暑さを忘れるくらい、胸の鼓動が高鳴った。ステージに立った時の記憶は、残念ながらあまり覚えていない。鮮明に覚えているのは、演技終了後に観客から浴びた盛大な拍手と熱い握手だ。

拍手の雨の中、「よかった」と称賛の声が飛び、握手を求められ、揉みくちゃになりながら花道を去るのが自分であるという事が信じられなかった。待機場所に戻り、ひどく喉が渇いた事に気が付き、水を一気に飲み、照りつける太陽の暑さを思い出し、汗まみれになったカンフー服を脱いだ。

一番印象に残っているのは会場を去る時だ。実は数日前にホテルで盗難にあっており、警察にお世話になったのだが、会場警備担当の警官がその際の担当者で、帰る私を見つけて「とても良かったよ」と言って、近寄って来て握手してくれた。親切な警官の粋な対応に、気持ちが弾けた。

もうひとつ印象に残っているのが、ＣＣＴＶのドラマ撮影に出演者として参加した事だ。人生でドラマの収録に参加した事などなかったのだが、映画「硫黄島の手紙」に出てきた若者に似ているという監督の一言で、面接を通過し、あれよあれよという間に出演が決まった。

撮影前は不安もあった。初めて出るドラマで要領を得ない上に、台本は全編中国語で、役柄は日本兵である。歴史的な背景もあり、ぞんざいに扱われるのではないかという言いようもない不安と緊張に包まれていた。

2007年、北京オリンピックイベントでの
中国ゴマパフォーマンス
2007年，在北京迎奥活动上表演中国抖空竹

　しかし、それらの不安は杞憂に終わった。スタッフや俳優達はいい作品にしたいと、積極的にコミュニケーションを取ってくれ、日本人の視点、考えやスタンスも受け入れて、作品に投影してくれた。朝から晩まで寝食を共にする中で、自然とチームワークが形成され、問題に飛び込む前からあれこれ悩み、迷っていた自分を恥じた。

　撮影で印象に残っていることがある。ロケ地となった山西省の田舎町で「バカヤロ」と子供に怒鳴られた事だ。「バカヤロ」は彼らが知っている唯一の日本語であり、テレビに映る日本人像を垣間見た気がした。初めて見る外国人で、しかも日本人。撮影現場という物珍しさもあり、子供達は好奇心いっぱいの視線を向けていた。その瞳に吸い込まれるように、私は子供達に歩み寄り話しかけた。

　子供達は家の軒先に突然やってきた日本人が中国語を話した事に驚いた表情を見せた。顔を見合わせ、何かを確認したかと思うと、矢継ぎ早に質問攻めにあった。質問の多くが日本のアニメについてであり、日本に興味がある事が伝わってきた。その後も短い時間ではあるが、交流を深めた。別れ際、「謝謝」と大きな声で小さい手を大きく振りながら見送ってくれた事が嬉しかったし、意味深い「シエシエ」であると感じた。これは忘れられない思い出のひとつだ。

　この二つのイベントに参加したきっかけは、留学先である北京・中央戯劇学院の紹介による所が大きい。大規模大学とは異なり、アットホームな雰囲気の中、留学部の先生や本科に留学している先輩との繋がりができたこと、それに一芸に秀でた世界各国の留学生に刺激をもらえた事が多分に影響している。

何の経験も実績もない私を受け入れ、素晴らしい体験をさせてくれた中国。成功体験に味をしめ、帰国後は一時タレントを志したが、あっけなく破れた。結果的にこの時の忘れられない中国留学を通じて、私が選んだ進路は大学職員になる事であった。海外留学という、大きな決断をした日中の若者のサポートをしたいと思ったからである。

縁あって大学に就職し、今は中国人留学生の学生募集や国際交流業務に携わっている。具体的に入国・在留カード、市役所の手続きや履修登録から病院対応の通訳、中国での募集説明会や入試実施等、業務内容は幅広であるが、密に学生達と接する事ができ、やりがいを感じている。

先日も中国人留学生達が事務室で、「いつもありがとうございます。誕生日おめでとうございます」と言って誕生日を祝ってくれた。職務上、日本と中国・学生と教員の板挟みにあい、苦しい事も多いが、この瞬間に苦労が報われた気がして、こちらこそありがとうと言いたいところだ。互いに尊敬と感謝があり、相手を思い敬っているので、飾り気のない素直な言葉が胸に響く。

様々な問題で騒がれる日中関係であるが、交流の最前線は日常生活の中にあり、その一端を見る限り、悲観すべき未来はない。情報が溢れる社会で、両国の見聞は広まったかも知れないが、本物の「知識」を有した日中の留学経験者達が両国の関係発展に寄与する事を信じ、中国留学中の思い出を胸中に、今日も学生対応に全力を尽くす。

山本 勝巳（やまもと　かつみ）

愛知大学現代中国学部卒。在学中の二〇〇七年三月から二〇〇八年一月の間、中国・北京にある中央戯劇学院に留学。語学だけでなく、趣味である中国雑技や武術を学びつつ、映画やドラマの撮影にも挑戦。留学後は自身の留学体験を踏まえて、日中関係に貢献できる人材を育てたいと思い、大学職員を志す。二〇〇九年四月学校法人名古屋石田学園入職、現在も星城大学学修支援課員として、留学生の募集からビザ・学生相談対応までを担当している。

山本胜巳

爱知大学现代中国系毕业，在读期间于２００７年３月至２００８年１月中国中央戏剧学院留学。留学期间不仅学习语言，还学习了中国杂技，武术，同时挑战了电影和电视剧拍摄。归国后发挥自身的留学经验，立志培养为日中关系做出贡献的人才，成为一名大学职员。２００９年４月就职学校法人名古屋石田学园，同时担任星城大学职员，从事留学生招收、签证办理及学生咨询等工作。

追忆 ～没有难忘的中国留学经历，就没有如今的我～

2007年9月的北京，我还记得骄阳似火，暑气蒸熏。为了迎接第二年在北京举办的奥运会，中外友人联袂演出的各种表演活动相继拉开帷幕。我作为一名日本代表也参与了活动。

我表演的节目是中国的抖空竹。配合着日本的歌曲，我自编自导了很多搞笑的动作，为了把观众们逗乐，可谓是下足了工夫。随着正式演出的临近，我也越来越按耐不住激动的心情，甚至忘记了天气的炎热。要问当天站在台上表演是什么感受，很遗憾我已经记不太清楚了。只记得表演结束后观众们向我热烈鼓掌，还争先恐后地和我握手。

那时的我做梦都没想到，自己竟然能获得那么多的掌声和喝彩。我走下舞台，一边和观众握手，一边艰难地穿过人群，回到准备室。松下一口气后才觉得口干舌燥，咕咚咕咚地喝了一大杯水，又意识到自己在炎炎烈日下站了很久，脱下了已被汗水濡湿的功夫衫。

那天离场时，还发生了一件至今令我印象深刻的事。几天前，我所住的酒店发生了一起盗窃事件，警察前来协助调查。而表演会场的保安人员，正是那天协助调查时帮助过我的警察。他看见我要走了，对我说了一句“真是太棒了”，并前来同我握手。听到热情的警察赞扬，我的心里也乐开了花。

另一件令人难忘的事，发生在我作为演员参与CCTV电视剧拍摄过程中。我从没有演过电视剧，却被导演认为长得酷似电影《硫磺岛家书》里面的年轻人，于是顺利通过了面试，立马开始参与拍摄。

拍摄前，我十分忐忑。这是我第一次参与电视剧拍摄，不知道需要注意什么，剧本全部都是中文，角色则是一个日本兵。对相关历史背景也不太熟悉，我害怕自己得不到应有的尊重和重视，紧张和不安的心情难以言表。

但事实证明一切都是杞人忧天。工作人员和演员们都想拍出一部好作品，积极地与我沟通，采纳我作为日本人的视角、想法和立场，并反映在作品当中。从早到晚我们同吃同住，自然而然地培养了团队精神。现在想起来，真是为我在还没遇到问题之前就开始胡思乱想、烦恼焦虑的行为感到羞愧。

拍摄过程中还发生了一段令我印象深刻的小插曲。在电视剧拍摄地山西省的农村里，有几个小孩大声朝我喊“八嘎呀噜”。“八嘎呀噜”是他们懂的唯一一句日语。中国电视里面的日本人形象大概都是这副嘴脸。这是他们第一次见到外国人，还是一个“日本鬼子”。又出于对拍摄现场的新鲜感，孩子们无不好奇地看着我。我被孩子们的眼神所吸引，朝他们走去，向他们打了一声招呼。

看到突然来到自家门口、还说着一口中文的日本人，孩子们大吃一惊。他们把脸凑向我，仿佛在确认些什么，紧接着向我抛出了一连串的问题，其中多半关于日本动漫的，看得出来他们对日本很感兴趣。就这样，尽管时光短暂，我们依然相交甚欢。临别时，他们大声地向我说了一句“谢谢”，并使劲地挥动着小手同我道别。我十分高兴，这句不同寻常的“谢谢”，也深深印刻在了我的心上。

能有机会参加这两次活动，都得益于我留学所在的北京中央戏剧学院的推荐。与大型院校不同，在这里我过得轻松自在，能和留学生处的老师以及本科留学的学长们沟通感情，也能够饱览世界各国留学生的十八般武艺。这一切都深深影响了我的人生。

感谢中国接纳了当时没有任何经验和成果的我，并给予我如此精彩的体验。初尝成功滋味的我，回国后曾一度想挑战演艺界，却以梦想破灭告终。最后，因为当年令我印象深刻的中国留学经历，我选择成为一名大学里的职员，为有意愿出国留学的日中青年提供帮助。

有缘进入大学工作后，我从事着中国留学生招收以及国际交流等事务。具体负责学生入境手续、在留卡办理、市政府注册等工作。以及从填写简历到陪同去医院时的口译，在中国的招生说明会以及考试工作等，内容虽然纷繁复杂，但是能够为留学生工作，我感觉十分有意义。

前些日子，中国留学生们在办公室里为我庆生，并对我说道：“谢谢您的帮助，祝您生日快乐。”在工作中，我常常被夹在日本和中国、学生和老师之间，十分辛苦，但那一刻，我感觉所有的苦与累都有了回报，甚至想对他们说：“是我要感谢你们才对。”我意识到，正是因为我们互相尊重，心怀感恩，才能坦诚相待，吐露真言。

日中友好之路虽然艰难，但是日常生活才是交流的最前线。只要能够看清这一点，未来就充满希望。在信息飞速发展的当今社会，两国之间或许已经互通有无，但我相信真正的“知识”掌握在具有留学经验的日中留学生手里，两国关系的友好发展也应寄托在他们身上。我将把在中国留学的记忆珍存于心，不断努力，为留学生们提供更好的服务。

一等賞

若者の皆さんに伝えたい

―中国留学の恩返しとして

大学教授　高久保　豊（北京大学）

一九八九年九月からの一年間。北京大学の美しいキャンパスで過ごし、老師たちに心温かく励まされ、グローバルな環境で学生たちと切磋琢磨した日々。その後の私、現在の私、そしておそらく将来の私に対し、中国留学で過ごした日々がこれほど大きな影響を与えるかけがえのない出来事になろうとは、当時いったい誰が予想していたであろうか。

あれから早くも二十八年。まるでついこの間の出来事のようだ。大学の教え子に話すと「僕たちはまだ生まれていません」と笑われてしまう。けれども、これまで五十三年間でこれほど純粋にさまざまな事物に触れ、多くのことを感じ、発想も伸びやかに、イキイキ動き回れた時期はなかった。

なぜここまで素晴らしい体験ができたのか。答えはただ一つ。迎えてくれた中国の皆さんが、とにかく心温かかった。とてつもなく度量が広かった。この一言に尽きるだろう。

その後、私は日本と中国を五十回も往復し、例外なく感じることがある。それは「ホッとする」ことである。日頃のストレスが吹き飛んでしまう。どうやら中国は私にとって「お帰り」と迎えてくれる故郷の一つなのかもしれない。

当時を思い出す。「なぜ日本人は四六時中『ハイ、ハイ』と返事しながら、頭をペコペコ下げるのか。そんなことをして疲れないか」などと聞かれ、「えっ？」と思った。私は日本人を弁護するため、ムキになって自分の知る中国語を並べ、説明を試みた。そばにいたアフリカの留学生に助け舟を求め、「日本人はおかしくないよな？」と聞いたら、「いや、やっぱりおかしい！」と一蹴されてしまったのが今は懐かしい。

逆に、中国でバスに乗るマナーで学んだことがある。ある出来事をきっかけに、それまで単に「中国では並ばない」というマイナスの印象のみを抱いていた自分を恥じた。どんなに満員で込み合っていても、お年寄りがいるとわかれば、人々は十中八九、席を譲るではないか。じつに感動した。

キャンパスでは、学部生の授業にたくさん出席した。指導教授の先生は「留学生は前のほうに座りなさい」、

大学トップに囲まれ緊張しました（前2列、右8人目）
身边都是大学领导，十分紧张（前2、右8）

「今の話は速くなかったか」などと常に気にかけてくださり、さらにご自宅に私を呼び、ご馳走をふるまってくださった。

同じクラスの学生たちはＴＯＥＦＬ受験のため、必死の形相で英単語を覚えていた。彼らの教材には誤植が多く、「これで大丈夫なのか？」と思っていたら、六〇〇点を軽々クリアするではないか。私からは彼らに日本で流行っていたトランプゲームを教え、盛り上がったあの日が忘れられない。

そして、留学生寮のスタッフの先生方がとても親切だった。新旧留学生交流会では「海よ、わが故郷」を一緒に高らかに歌った。二週間に及ぶ雲南旅行では、ご当地のさまざまな風物を学ぶのはもちろん、各国学生との交流が深まった。

このように心温かく、寛大な人たちが暮らす国、中国。なのに、日中両国民に対するアンケート調査によれば、お互いを身近に感じない人たちがここ数年、相当な数にのぼるという。どういうことであろうか。素朴に考えればわかることだが、二十八年前のほうが往来する情報量が現在より圧倒的に少なく、それが原因でさまざまな誤解がお互いに生じていたはずだ。とはいえ、中国の皆さ

んは日本人の私に対し、敬意をもって接してくださった。実は今のほうが、お互いにいっそう理解を深められる条件が整っているのではなかろうか。

私の中国留学、それは何らかの知識やスキルを得たというより、むしろその後の私を形成する主要なすべてを教えてくれたものだ。この感謝の気持ちを、何としても誰かに恩返ししなければならない。私にできるのは、ライフワークを通じて、二十二世紀に向かって二十一世紀を築こうとする若者の皆さんに対し、ささやかな気持ちを伝えることであろう。

さて何ができるか。シンプルだが三つのことを軸にしたい。

一つめは、日本の大学を拠点に、これからも人材を育てていくことである。これまで二十五年にわたって教鞭をとり、中国人留学生の教え子もたくさん卒業していった。

二つめは、これからも引き続き、日本の事情を中国の皆さんにしっかり伝え、中国の事情を日本の皆さんにしっかり伝えることである。これは簡単なようで、なかなか手強いだけに、一層自分を奮い立たせ、やりがいを感じている。

三つめは、世界の人々のために有益な日中の協力関係の構築を心掛け、微力を尽くすことである。たとえば、自分の所属する国際学会で、両国の研究者が縁の下の力持ちになり、各国の皆さまの役に立つような働きをしたい。

それは「引っ張っていく」とか「先頭に立つ」ということより、むしろ何でも包み込むような安心感をもつ存在でありたい、という気持ちである。北京大学に留学したときに感じたような、あの広大無辺な度量に及ばずとも、少しでも近づけたら、と心に念じてやまない毎日である。

髙久保 豊（たかくぼ ゆたか）

一九六四年生まれ。一九八九年より一年間、北京大学経済学院に高級進修生として留学。一九九一年、慶應義塾大学大学院商学研究科後期博士課程単位取得退学。一九九二年、日本大学商学部助手。二〇〇四年より教授、現在に至る。

専門は中国経営論。留学生と日本人学生の共同研究に力を注ぐ。日本日中関係学会理事、東アジア経営学会国際連合（IFEAMA）常任共同事務局長。業績は『東アジアの企業経営』（中川涼司と共編著、ミネルヴァ書房、二〇〇九年）ほか。

高久保 豊

致年轻一代 —作为在华留学的答谢

1989年9月，我踏上了中国留学之旅。为期一年的留学生活里，我饱览了婀娜多姿的北京大学校园，得到了老师们的悉心关怀，与来自世界各国的同学切磋琢磨。谁都想象不到这段珍贵的经历，对于后来的我、现在的我、以及将来的我，竟会有如此巨大的影响。

打那时起虽已过去了28个年头，留学的故事却恍如昨日。在大学里每每跟学生谈起这些事，学生们都会笑着说："那时候我们还没出生呢。"回首人生走过的53年，能那样纯真地体察事物、展开思维的翅膀、感受青春的跃动，想必也只有那段时期了。

要问那段经历为何能化作记忆中的珍珠，我想答案只有一个。简单地说，就是在那儿遇到的每一个中国人都心胸宽广，怀有一颗热心肠。

留学结束之后，我往返于日中之间50多次。每次走进中国，都会有宾至如归的感觉，平日里积攒的疲劳也随之被抛到了九霄云外。中国好像就是我的另一个故乡，时刻守望和迎接着我的归来。

遥想当年，有人问我，日本人为什么喜欢点头哈腰地说"嗨，嗨"、难道不觉得累吗？这个问题一时把我给难住了。想为日本人辩护的我有些较真，罗列自己掌握的中文去尝试着说明。我向身边的非洲留学生求助，问他："日本人不奇怪，对不对？"然而他竟说："不，我也觉得很奇怪。"毫不给面子地否决了我，这件轶事也至今让我怀念。

相反，在中国乘巴士时，我也学到了一些东西。以前总是埋怨中国人乘车不排队，可这样的想法最终让我感到羞愧。在中国的公交车上，无论多么拥挤，只要车上有老人，大家几乎都会毫不犹豫地给老人让座，而我总会被这样的画面所感动。

留学期间，我还经常去上本科生的课，任课老师总是说："留学生们坐到前面来。"并时不时亲切地询问我们："速度快不快，能不能跟上？"甚至还邀请我们到老师家里做客、请我们吃饭。

还记得同班同学为了考托福拼命地背单词的样子。但是他们的教材里有很多印刷错误，当我还在担忧的时候，他们却轻松地突破了600分。那时候，我还教他们玩当时日本特别流行的纸牌游戏，大家兴高采烈的瞬间至今令我难忘。

除此之外，留学生宿舍的管理员们也十分和蔼可亲，为我们举办了新老留学生交流会，大家一起唱《大海啊，故乡》。在两周的云南旅行中，我不仅了解了当地的各种风土人情，还借此机会加深了与各国留学生的交流。

那里的人们热情好客，那里的人们心胸宽广，中国就是这样的国家。然而，根据日中两国国民好感度问卷调查显示，近几年来，两国人民之间的距离感正在逐渐拉开。为什么会这样呢？乍一看28年前两国之间的信息传递还比不上现在频繁，本应该会产生更多的误会，可就在那样的情况下，我尚能真切地感受到来自中国人给予我的尊重。而当今社会应当比那时候更加具备这种相互理解的条件才是。

我的留学经历，与其说是学到了知识和技能，不如说是教会了我如何去塑造自己，让我无论如何都要有一颗感恩的心。我现在能够做的，就是力所能及地去将我所体会到的、感受到的一切，讲述和传递给面向22世纪的年轻一代。

那么，我能够做什么呢？简单概括起来，有以下三点。

第一，充分利用日本的大学资源，继续致力于人才培养。至今为止的25年里，我一直专注于教育事业，指导了许多学生，这旦面也不乏中国留学生，他们已经纷纷毕业，步入了社会。

第二，一如既往地把我所了解的日本和中国传递给两国人民。这份工作看似简单，实际上却是艰难险阻。正因为不易，我才会更加振奋精神，更加努力。

第三，为了世界的和平，尽自己的绵薄之力去构筑积极有益的日中合作关系。例如，在我所属的国际学会里，日中两国的学者们都戮力同心，为了各国人民的共同进步建言献策，各尽其能。

而这些并不是为了彰显自我，博得一个“一马当先，引领众人”的空名，只想去真诚地包容一切，并给予对方以温暖。就像当初在北京大学留学时感受到的恢弘大度，或许现在的自己还未能达到那样的境界，但我愿意脚踏实地，一步一步地努力前行。

高久保丰

1964年出生。1989起在北京大学经济学院进修一年。1991年，庆应义塾大学研究生院商学研究科博士研究生学分修满后退学。1992年担任日本大学商学院助教，2004年至今担任教授。专业为中国经营论。日本日中关系学会理事，东亚经营学会国际联盟（IFEAMA）常任共同事务局长。著有《东亚的企业经营》（中川涼司共同编著，弥涅尔瓦书房，2009年）等。

一等賞

ぶつかり合ってこその友好

沖縄科学技術大学院大学准副学長　岩佐　敬昭（北京大学）

一枚の貼り紙が人生の方向を変えることがある。一九八八年の大学四年生のある日、掲示板に中国留学の募集が掲載されていた。第二外国語で多少は中国語を勉強したが、まじめな学生ではなかったため、話せるのは「你好」「謝謝」「再見」のみ。留学費用もなかったが、学生時代に一つは語学をマスターしようと若気の至りで申し込んだ。その年の九月、バイト代や奨学金をかき集め、一年分の学費、寮費、食費その他生活費諸々込みの四十万円を握りしめて、北京大学に向かった。

私にとって中国は初めての外国で、授業も日常生活も好奇心をくすぐる出来事の連続だった。中でも、何度か単身で電車旅行した思い出が強烈に脳裏に焼き付いている。当時は高速鉄道もなく、各駅でたっぷりと停車する牧歌的な電車の旅だった。ウルムチに行ったときには七十二時間、まさに三日三晩電車に乗り続けた。懐が寂しく二等車しか乗れなかったので、豪華寝台列車とはほど遠かったが、行く先々で中国人との出会いに恵まれた。

最初の旅行は、留学開始のふた月後に、遼寧省、山東省を電車と船で巡った。瀋陽の九・一八記念碑や撫順の平頂山惨案記念館で日中戦争の歴史に直面し、日本人と中国人の歴史認識の違いの大きさを思い知らされた。また、もう時効だろうから白状するが、大連から当時は外国人に開放されていなかった旅順に中国人を装ってツアーに潜り込み、日露戦争の舞台を目の当たりにすることができた。

この旅行でも電車内や船内で、まわりの中国人乗客からの千本ノックのような質問攻めに遭った。彼らにとって私は初めて話す日本人だったろうし、私も中国のことが知りたくてたまらなかったので、好奇心と好奇心がぶつかり、拙い中国語と筆談で時が経つのも忘れて話し込んだ。中でも大連から青島に向かう一泊の船で乗り合わせた河南省から出張中の二人連れとの出会いが印象深い。

船内で出会った２人と青島市内観光
船上认识的两个人及青岛市内观光

文字通り夜を徹して両国の国民性の違いや生活レベル、家族のこと、とにかく色々話した。日本人なら普通立ち入らない家族の収入も平気で聞いてくるし、私が独身だとわかると相手を紹介すると言われて断るのに苦労した（まだ二十二歳だったのに！）。また、日中戦争での日本の責任に対する意見もストレートに聞いてくるので、冷や汗をかきながらも、本で読んだり旅行中に見てきたことも交えて自分なりの思いを伝えた。当時の日中間の大きな経済格差から生じる誤解で、うまく会話が成り立たず険悪な雰囲気になったときもあったが、本音をぶつけ合ったことでお互いを理解し、別れ難い感情を抑えて再会を約した。

数カ月後には、手紙で誘われて電車とバスを乗り継いで河南省の彼らの村に行き、親戚や隣近所の住民も集まってくれて熱烈な歓迎を受けた。中国式おもてなしには強烈なアルコールは欠かせない。最初はいつものように外国人珍しさからの質問攻めに遭いながらも気持ちよく飲んでいたが、次第に打ち解けて友達と飲んでいる感覚になり、最後は家族と飲んでいるような温かさに包まれたところで記憶が途切れた。一夜にしてよそ者から親密な関係になれたことは、忘れることができない。翌朝は二日酔いに苦しみながらもさわやかな朝を迎えた。

留学から十数年経って、二〇〇三年から二〇〇六年までの三年半、北京で勤務する機会を得た。反日デモが頻発した時期でもあり、仕事が順調に進まなかったり、見知らぬ中国人から道端で突然不愉快な言葉をぶつけられたこともあった。でも、留学中に腹を割って話せる友人を持てたことで、映画やドラマによる社会的な刷り込みから生じる表面上の反日や嫌日の奥に隠された、一人の人間としての中国人の存在を信じることができるようになった。それがあったからこそ多少対立しても、日本に対する思い込みを超えたところにある本心はどこにあるのか、どうしたら理解し合えるのか考えを巡らしつつ話をすることができた。

多くの日本人にとって、中国は歴史的にも文化的にも親近感があるだろう。また、今の日本には留学生や旅行者として訪れる中国人が多く、会話を交わす機会も増えている。このため、中国や中国人のことを理解できていると思っているかもしれない。でももっと人間と人間の深いつきあいをすることができれば、表面上の「いらっしゃいませ」や爆買の奥に隠されたステレオタイプでない中国人像が見えてくるだろう。人間と人間のつきあいをする以上、「友好」のベールに包まれた表面上のつきあいでは経験することのない、感情的なぶつかり合いも避けられないが、それは日本人同士でも同じだ。

今の中国人が皆、詩人の李白や杜甫、長城を建造した始皇帝ではないし、逆に今の日本人が皆、高倉健や山口百恵、または戦時中の軍人ではないという当たり前のところからスタートし本音でぶつかり合ってこそ、次世代の日中関係が生まれると信じている。

岩佐 敬昭（いわさ たかあき）

一九六六年北海道生まれ。一九八八年九月から一九九〇年二月まで、北京大学で中国語と現代中国文学（特に魯迅、曹禺、候宝林）を勉強。留学中は中国人学生と同じものを食べ、授業の合間を縫って中国人料金で各地を旅行しながら、中国を体感することに努めた。帰国後は公務員となり、二〇〇三年から二〇〇六年までの三年半、念願かなって北京の日本大使館で教育、文化、スポーツ交流に汗を流した。趣味は旅行と卓球で、中国の世界遺産制覇が目標。

岩佐敬昭

１９６６年出生于北海道。１９８９年至１９９０年在北京大学学习汉语和现代中国文学（主要是鲁迅、曹禺、侯宝林）。留学期间与中国学生伙食相同，利用课余时间到各地旅行，体验中国。回国后成为公务员，２００３年至２００６年的３年半时间里，如愿在北京日本大使馆工作，为日中教育、文化、体育交流贡献力量。酷爱旅行与乒乓球，目标是游遍中国的世界遗产。

坦诚交流 促进友好

曾经，一张海报改变了我的人生轨迹。1988年我正读大四，有一天学校公告栏上出现了一张申请去中国留学的宣传海报。因为选修第二外语的缘故，我也学习过一段时间汉语，但我并不是一个努力的学生，所以会说的也只有“你好”、“谢谢”、“再见”几个词。尽管我当时手头没有足够的钱去留学，但时值年少气盛，学生时代至少要掌握一种外语的想法让我毅然去报了名。我做兼职、拿奖学金，同年9月，我筹集了足够一年学费、食宿费等生活开销的40万日元后，踏上了前往北京大学的留学之路。

对于我而言，中国是我第一次踏出国门所到的国家。上课和日常生活一个接一个撩拨着我的好奇心。其中数次的单人火车之旅在我脑海里留下深刻的记忆。当时还没有高铁，旅途中火车每到一个站台，就会停靠，给人一种田园般的悠然感觉。火车从北京到乌鲁木齐要72小时，这也就意味着要在火车上度过3天3夜。因手头并不宽裕，每次旅行我都只能坐二等座，虽旅途中座位远不及豪华卧铺舒适，但在目的地与中国人的交流却让我受益匪浅。

首次旅行发生在我留学两个月后。我乘火车、坐客船把辽宁、山东逛了个遍。沈阳的九・一八纪念碑、抚顺的平顶山惨案纪念馆让我在直面日中战争历史的同时，也了解了日本人和中国人在历史认知上的差异。估计现在坦白也会安全无虞，当时旅顺尚未对外国人开放，我曾经伪装成中国人混入从大连到旅顺的旅游团中，目睹了日俄战争的战场。

在此次旅途的列车上、客船上，周围的中国人好像有十万个为什么，一个接一个地向我发问。可能我是他们见到的第一个日本人，再加上我也很想了解中国，所以在好奇心与好奇心的碰撞下，我用拙劣的汉语和笔谈沉浸在与他们的交流中，一度忘记时间的流逝。

其中在从大连到青岛的客船上与从河南来出差的两人的交流让我印象深刻。从大连到青岛需要在客船上夜宿一晚，整个晚上我们彻夜畅谈，从两国国民性的差异、生活水平到各自的家庭，无所不聊。日本人一般情况下都不会问的收入问题他们也轻易地询问出口，甚至当了解到我是单身时还说要给我介绍对象，为了拒绝他们的一番好意，我也是费了好大的劲儿（当时我才22岁）。另外他们还直接问我对日中战争中日本责任的看法，我一边冷汗直流，一边结合我读过的书和我在旅途中的见闻讲述了自己的看法。当时曾因为日中间巨大的经济差距产生的误解还使气氛紧张，交流一度无法继续，而双方真心实意的碰撞又让我们相互理解，难舍难分中定下了下次的相聚。

数月后，我收到了他们的邀请信，于是我乘火车、转大巴来到了他们河南的老家，他们的亲戚、邻居都聚在一起对我的到来表示热烈的欢迎。中国式的款待中不能没有高浓度的酒精。起初和往常一样，他们对我这个外国人感到稀罕，我一边接受他们好奇的询问一边痛快地喝着酒，渐渐地好像是和朋友一块喝酒的感觉，直到最后就像是一家人围在一起喝酒，在家人般温暖的氛围中，我的记忆中断了。一夜之间我和他们的关系从一个外人变得亲密无间，这让我难以忘怀。第二天早上，我在宿醉的痛苦中迎来了清爽的早晨。

留学结束后又过了10多年，2003年到2006年的3年半时间，我获得了在北京工作的机会。当时反日活动频频发生，工作进展也不顺利，有时走在路上还会被素不相识的路人恶语相向。但留学期间推心置腹的交友经历也让我坚信，在受电影、电视影响而产生的反日、厌日的表面下，也有能独立思考的中国人。正因为有这样那样的摩擦与对立，才让我不断地去思考，自己超脱国家之别的本心在何处，应该怎样做才能使日中之间真正做到相互理解？

大部分日本人对中国都有一种历史上、文化上的亲近感。而且，现在来日留学、旅游的中国人不计其数，我们和中国人交流的机会也不断增多。因此，可能也会有人认为自己已经充分了解了中国、中国人。但随着和中国人的交往不断加深，你便会发现隐藏在“欢迎光临”、爆买背后的更加立体的中国人形象。人与人之间的交流在经过表面上客气的“友好”之后，感情的碰撞不可避免，日本人也是如此。

现在的中国人都不是诗人李白、杜甫，不是建造长城的秦始皇，而日本人也都不是高仓健、山口百惠，不是战争中的日本军人。每个人都是普通人。我坚信从这样平实的角度出发，用真心碰撞真心，坦诚以待，日中关系将会打开新的局面。

一等賞

中国を知る教科書〝相声〟

大学院生　西田　聡（北京語言大学）

甲「我最喜欢听您说相声！」
（私はあなたの相声を聞くのが一番好きです）
巳「是吗？」
（本当に？）
甲「因为您吐字清晰，声音洪亮。表情优美，外观大方。馈赠亲友，最为恰当！」
（なぜならハッキリとした口調で声の通りがよく、表情豊かで容姿端麗。友人への贈り物にうってつけだ！）
巳「你等会吧，你把我拿礼品了！」
（ちょっと待て、私を贈り物にするつもりなのか！）

これは中国伝統芸能〝相声〟『打灯谜』の一節である。『猜灯谜』『射谜』ともいう。〝相声〟（シャンション）は、中国・宋代の後期（平安～鎌倉時代）に起源をもち、清代（江戸～明治時代）に発展した〝中国のお笑い〟である。成立初期は『像声』と呼ばれ、物や人の声を真似る声帯模写芸であったが、後にボケとツッコミによる滑稽な掛け合いで、観客に笑いを提供する現在のスタイルになった。主に『说・学・逗・唱』（話す・真似る・笑いを誘う・歌う）の四つの技能を必要とする。その形式も豊富で、一人だけで演じる『单口相声』、二人で演じる『对口相声』、三人以上で演じる『群口相声』などがある。日本の落語や漫才に例えられることがあるが、それらと異なるのは、快板（両手に竹板を持ち、打ち合わせて調子をとる板）を用いた早口言葉、方言、リズミカルな朗誦、一気呵成につらねる口技のほか、機知に富んだ即興詩やストーリーに合わせた歌や踊り、京劇や雑技などの物まねがあり、単なる話芸ではなく、一種の総合芸術であることだ。また、数百年の歴史があるので古い言葉や、伝統劇の曲などもしばしば登場する。内容の滑稽さや相声演員の言葉遊びを楽しむものが〝相声〟であると言える。相声は庶民に親しまれ、特に『春節聯歓晩会』（お正月特大番組）には欠かせない出し物である。

そんな中国伝統芸能である〝相声〟に私が出合ったのは、北京語言大学での留学生活が始まって間もない頃、中国文化紹介の講座があると聞き、参加しようと校内を歩いていると、教室から笑い声が聞こえてきた。ふと覗いてみると、二人の外国人が流暢な中国語で息の合った掛け合いを披露し観客を笑わせていた。その姿を見て、好奇心と強い関心を抱き、「自分も舞台に立って相声をやってみたい」と思うようになり、丁広泉師匠が講師をしている〝快楽課堂〟に通い始めた。授業を重ねる度に、相声のもつ奥深さと面白さ、国も人種も世代も超えて〝人を笑顔にする〟魅力に惹かれていった。

丁広泉師匠と
与丁广泉师父合影

二〇一四年六月、私は丁広泉師匠に弟子入りをした。日本人で弟子入りしたのは私が初めてである。現在、相声には〝馬派〟〝常派〟〝侯派〟〝劉派〟の四大流派があり、丁広泉師匠は、第六代相声芸術大師の侯宝林大師匠の愛弟子にあたり、〝侯派〟を受継ぐ中国芸術界でも有名な相声演員である。民族文化の伝承、外国人留学生の育成などに貢献し、二〇一四年十二月、北京市級非物質文化遺産項目代表性伝承人（北京市無形文化遺産相声代表後継人）に選ばれた。現在七十三歳で、これまでに八十カ国以上、百人以上の外国人留学生に無償で相声を伝承している。休日や祭日になると老人ホームや孤児院、刑務所への慰問、職業学校、各種イベントの依頼など様々な場所に出演している。その中で北京の盲目職業学校を訪れた時のことは今でも忘れられない。舞台を終え帰ろうとしていた時、男性の老人がスタッフに手を引かれ私のもとにやってきた。

　老人「今天很高兴能够听到我最喜欢的侯宝林大师的《对春联》而且是一位日本人给我表演，我很感动！虽然我看不见但很感动，我知道你在中国生活也不容易，我希望你越来越好！」（今日は私の大好きな侯宝林大先生のネタ《対春聯》が聞けて嬉しいです。また、それを日本人に語ってもらえて嬉しかった。あなたの姿を見ることはできないが大変感動した。日本人が中国で生活するのは大変だろうけど、頑張って下さい）と私の手を握り、何度も「谢谢你」（ありがとう）と繰り返した。当時、私は留学して二年が過ぎ、中国語の低迷、反日運動、人間関係や自分自身について悩んでいた時期で、老人の手の温もりと言葉が心にしみ、涙が溢れて止まらなかった。この出来事は、私の大いなる心の支えと励みになり、それ以後は悩むことがなくなった。

　私は相声を通じ「相声＝生活」と感じるようになった。〝相声〟は常に出会い、学び、探求心、成長する機会を与えてくれる。まさに〝相声〟は、私の〝中国を知る教科書〟であり〝元気の源〟である。

　二〇〇二年、日中国交正常化三十周年（当時、小学校三年生八歳）、初めて中国を訪れて以来、いつも身近に中国を感じ、中国語に触れ、学び、交流を育んできた。そして今年、日中国交正常化四十五周年を迎えた。私にとってこの十五年間は〝唯一無二の宝物〟である。私はこれからも日中友好関係の更なる構築へ向け歩み続けていく。

　师父！谢了您呐！（北京方言：師匠！ありがとうございます！）

西田 聡（にしだ さとし）

北京語言大学修士課程。二〇一六年十二月　孔子学院奨学金生『我的中国梦』テーマ作文コンテスト一等賞。二〇一七年二月　人民中国雑誌二月号『相声が運んだ金の鍵』掲載。二〇一七年五月　我住在这里的理由『ちょっとおかしな日本人』。人民中国、人民網、漢辦官網、中国網、新浪網などネット掲載。中国国際ラジオ（ＣＲＩ）〝老外看点〟レギュラー出演。

西田聪

北京语言大学硕士研究生在读。2016年12月获孔子学院奖学金，荣获《我的中国梦》作文竞赛一等奖。2017年2月，文章《相声带给我的金钥匙》在《人民中国》杂志2月号刊载。2017年5月，作品《我住在这儿的理由"有点奇怪的日本人"》在《人民中国》，人民网，汉办官网，中国网，新浪网等网站刊载。长期参与中国国际广播（ＣＲＩ）的〝老外看点〟节目。

西田 聡

“相声”—认识中国的教科书

甲：“我最喜欢听您说相声。”

已：“是吗?”

甲：“因为您吐字清晰，声音洪亮。表情优美，美观大方。馈赠亲友，最为恰当！”

已：“你等会儿吧，你拿我当礼品啦！”

这是中国传统艺术形式“相声”《打灯谜》中的一节。《打灯谜》有时也叫《猜灯谜》、《射谜》。相声是中国娱乐形式的一种，起源于宋末（日本平安时期～镰仓时期），发展于晚清。相声最初称为“像声”，主要模仿一些物或者人的声音，后来发展成现在捧哏、逗哏相互诙谐捧逗的形式，为听众带来欢笑。相声有四门功课：说、学、逗、唱。其表演形式也很丰富，有一个人表演的“单口相声”，两个人表演的“对口相声”，三人及多人表演的“群口相声”。有人拿相声类比日本的落语和漫才，但不同于落语和漫才，相声除了有快板伴奏的绕口令，合辙押韵的方言朗诵，一气呵成的贯口口技，还有充满机智的即兴诗，配合故事情节的歌、舞、传统戏剧、杂技……相声不仅仅是一门语言艺术，更是一门综合艺术。此外，因其数百年的历史，表演中也经常出现古文词藻、传统戏曲。听“相声”可以欣赏中国人诙谐幽默的内涵，也可以通过相声演员的语言技巧感受汉语的巧妙。一直以来相声都为普通老百姓所喜爱，是春节联欢晚会中不可缺少的节目。

我首次接触这个中国传统的艺术形式是在我刚来北京语言大学留学不久的时候。当时我听说有介绍中国文化的讲座，就想去听，我正在校园里走着，突然听到旁边的教室里传来一阵欢笑声，往教室里一探发现两个外国人正用流畅的汉语配合默契地逗大家笑，从那时开始，我就经常出现在丁广泉老师主讲的“快乐课堂”上。每当讲座时间和上课时间冲突时，相声的深奥有趣和它不分国家、种族、年龄“给人带去欢笑”的魅力总会吸引着我选择听讲座。

2014年6月，我正式拜师，成为丁广泉师傅的弟子。我是师傅收下的第一个日本人弟子。现代中国相声分为“马派”、“常派”、“侯派”、“刘派”四大流派，丁广泉师傅是第六代相声大师侯宝林的爱徒，承继侯派，在中国艺术界也是响当当的相声演员。师傅在传承传统文化、教育外国留学生等方面做出了杰出贡献，2014年12月被评选为北京市非物质文化遗产项目代表性传承人。师傅现年73岁，迄今为止共为来自80多个国家的100多位留学生讲授了相声的相关知识。每逢节假日还经常接受来自养老院、孤儿院、监狱、技校以及各种活动的邀请进行表演。其中在北京的一家盲人技校的演出经历让我一直都难以忘怀。那次演出结束刚要回去的时候，一位老大爷被员工搀扶着走到了我的跟前。

“今天很高兴能够听到我最喜欢的侯宝林大师的《对春联》，而且是一位日本人给我表演，我很感动，虽然我看不见但很感动，我知道你在中国生活也不容易，我希望你越来越好！”老人握着我的手，一遍又一遍地说着：“谢谢你。”当时我来中国留学已过两年，对汉语热情的低迷、反日运动、人际关系以及自身的问题让我处于人生的困惑期，老人温暖的手和话语直击我心灵深处，让我泪流不止。这段经历不断激励着我、鼓舞着我，让我内心变得坚强，在那以后困扰我的烦恼也都烟消云散。

相声让我深深地感受到“相声＝人生”。相声总是给我带来邂逅、学习、探索和成长的机会，而且相声是我“认识中国的教科书”，是我“动力的源泉”。

2002年日中邦交正常化30周年（当时我8岁，读小学3年级）首次到中国以来，我总是在日常生活中切身感受中国，在接触、学习、交流汉语的过程中成长。今年我们迎来了日中邦交正常化45周年。对我而言这15年的经历是“无与伦比的财富”。今后，我也将为日中友好关系的进一步发展而继续努力。

师傅！谢谢您呐！

一等賞

現場に行くこと

大学生　市川　真也（北京大学）

「無責任な奴らばっかりだ、日本人も、中国人も」。戦争体験者は語った。

二〇一六年九月、私が歴史に対する無知を改めて感じたのは、中国・南京でのことだった。取材に同行していた先輩のジャーナリストが言った「現場に来ないと分からない」という言葉が重たかった。行ってみないと分からない国、イメージだけで語れない国。それがまさに私にとっての「中国」だった。

私が日本と中国の歴史について考え始めたのは、南京に赴く一年前、北京大学に留学中のことだった。ある日、ルームメイトである中国人の王くんと、部屋のテレビでサッカーの試合を見る約束をしていた。試合開始まで時間があったので、適当にチャンネルを回していると「抗日ドラマ」が次々に映し出された。留学経験者には見慣れた光景である。留学当初に感じた違和感はとうに消え、既に当たり前の光景となっていた。ふと、私が「こういうドラマって信じてるの」と王くんに尋ねた。王くんは「信じてない」と答えた。

「じゃあなんでこんな毎日、放送してるのさ」

「若い人は信じないけど、お年寄りとかは見るんじゃないかな。お、もうサッカー始まるぞ、替えて替えて」

サッカーの試合が始まると、抗日ドラマの話題は立ち消えてしまった。だが、私の心に何らかのわだかまりを残していた。後日、王くんは、抗日ドラマは一種の〝ネタ〟だと言った。一般の中国人が、日本兵を圧倒するお決まりの展開。それを真剣に捉えている人はいないという。

しかし、私は「国民党」や「八路軍」といったよく出てくる言葉について、自分が全くの無知であるということを知った。中国ではお馴染みだという日本軍の将軍の名前であったり、実在の部隊の名前であったり、そうした事項を、幼い頃から抗日ドラマを見ていた彼らは知っていた。私は知らなかった。だから、歴史をもっと学んでみたいと思った。それはただ日本の教科書を見返すということではなく、中国という土地で、どのように歴史が語られているのか知りたいという気持ちだった。

思い立ったが吉日。私は先のルームメイトとの会話から二カ月後に旅順と大連、ハルビンを回った。旅順・大連では「旅順日俄監獄旧址博物館」という大戦中の刑務所を訪れた。その中には絞首刑を実行するための建物があり、底が抜ける仕組みの床の下には、木の樽がある。ああ、吊ったらここに落とすのか。おぞましい思いで施設を見学した。そこでは大学の教授の手助けもあって、実際にその監獄に収容され、厳しい拷問や人道的ではない扱いを受けた生存者の話を直接聞くことができた。生存者の方が語る一言一言が、歴史として私に重くのしかかってきた。

2015年9月、旅順日俄監獄旧址にて
2015年9月，旅顺日俄监狱旧址留影

「どうして私がこんな目に合わなければならなかったのか」

生存者の方のこの悲痛な叫びを、戦争だから、と一言に片付けることはできない。およそほとんどの日本人が知らない、歴史の表に出てこない事実が、この世には山のようにあるということを私は身をもって痛感した。

ハルビンでも同様であった。七三一部隊という歴史の闇が、そこには克明に残されていた。日本の教科書には載ることのない歴史だった。来てよかった、というより知らないことは怖いことだと思った。

そうした経験の後、私は意を決して南京を訪れた。南京大虐殺という言葉は確かに知っているものの、正直、私は南京大虐殺を完全に過去のものとして考えていた。しかし、現地に行って分かったのは今もなお、虐殺を生き延びた人々が、生きて、同じ世界に暮らしているという当たり前のことだった。彼らと言葉を交わし、これは過去のものではないと確信した。以前の私と同じように、南京大虐殺は自分には関係ないことだと思っている人はたくさんいる。

「無責任な奴らばっかりだ、日本人も、中国人も」

この言葉がまさに自分に向けられているようで、いたたまれない気持ちになった。私は何ができるのだろうか。中国語を身につけ、彼らと直接話ができたことは本当に恵まれた経験だと思う。彼らの戦争体験、私が現地で見てきたもの、すべてを伝えていかなければならないと、心から感じた。

日本では、日本の「被害の歴史」ばかりが語られている。それももちろん大切なことに違いない。ただ、私が中国に留学して得た最も大きなものは、自分事として物事を見る視点である。日本であまり知られていない「加害の歴史」は、中国ではよく知られた「被害の歴史」である。人はそれぞれ生活があって、立場がある。しかし、それを超えて相手の目線に立って物事を考えてみる思いやりの心を忘れかけてはいないか。だからこそ、今、現場に行ってみてほしい。多くの人に自分の目と耳で中国を感じてもらいたいと切に願う。

市川 真也（いちかわ しんや）

一九九五年、愛知県の生まれ。高校までを愛知県内で過ごしたのち、早稲田大学文学部に進学。二〇一五年に北京大学に交換留学、二〇一六年からはフィリピンのビサヤ大学へと留学。その間に、内閣府青年国際交流事業「東南アジア青年の船」に日本代表として参加し、ASEAN各国を表敬訪問する。また、旅順・大連・ハルビン・南京・台北において主に歴史に関して聞き取り取材を経験する。卒業後は、大手マスメディアで記者となる。

市川真也

1995年出生于爱知县。在爱知县度过了高中毕业前的时光，高中毕业后考入早稻田大学文学院。2015年赴北京大学交换留学。2016年赴菲律宾米沙鄢大学留学。在菲留学期间作为内阁府青年国际交流事业的日本代表参加了〝东南亚青年之船〟的交流活动，并对东南亚国家联盟的成员国进行了友好访问。还在旅顺、大连、哈尔滨、南京、台北等地就历史问题进行过调查采访。毕业后在主流媒体从事记者工作。

去现场这件事

“都是些不负责任的家伙，日本人也是，中国人也是。”战争经历者这样说。

2016年9月，让我再次痛感自己对历史无知的这件事发生在中国南京，这种感觉和一起去采访的新闻工作者前辈的“不来现场就不会知道”的教导重叠在了一起。不去就无法理解的国家，只凭印象根本无法谈论的国家，那正是于我而言的“中国”。

我开始思考日本和中国历史，是在去南京的前一年，当时我正在北京大学留学。有一天，我和室友小王约好在家里看电视的足球比赛转播。离比赛开始还有点时间，我就信手转换了几个频道，发现好几个频道都在播放“抗战剧”。这对有留学经验的人来说是司空见惯的事情。随着刚来留学时不适应的感觉的消失，这俨然已经成了理所当然的事情。突然我脑子里闪过了一个念头，便问小王：“你相信这样的电视剧吗？”小王不假思索地回答说：“不相信。”

“那为什么还要每天这样播放呢？”

“年轻人是不会相信的，但是老年人或其他什么人会看吧。噢，足球比赛要开始了，快换频道、换频道。”

足球比赛一开始，抗战剧的话题就戛然而止了。但是，我的心里却好像还是有疙瘩没解开。过了几天，小王说抗战剧就是一种报道的素材，一般的中国人，对那种全面压倒日本兵的千篇一律的情节，没有人会认真地去思考。

但是，我却通过剧中一直出现的“国民党”、“八路军”等我完全不知道的词语幡然醒悟，发觉了自己的一无所知。无论是在中国已被熟知的日本将军的名字，还是真实的部队名称，这些事情对于从小就看抗战剧的他们来说都不在话下，但是我却不知道。因此我下决心要更好地学习历史，这不只是为了争口气给日本的教科书看看，而是真心想知道在中国这片土地上，历史是怎样被记录下来的。

与其挂在嘴上，不如落实在行动上。跟室友小王那番对话的两个月后，我就去旅顺、大连和哈尔滨转了一圈。在旅顺大连，我去参观了二战时的一所监狱，现在叫“旅顺日俄监狱旧址博物馆”。那里面有为了实施绞刑而建造的建筑物，底部挖空结构的地面下有一个木樽。“哦，吊上去以后会落到这里啊"，带着令人毛骨悚然的感觉我参观了这个设施。基于大学教授的帮助，在那里我有机会直接跟当时被监狱收容后还受到严刑拷打和非人道待遇的幸存者做了交谈。幸存者所说的每一句话，都作为历史重重地压在我的心上。

"为什么我一定要遭这种罪啊？"

对于幸存者这悲痛的呐喊，不是用一句因为是战争就能打发的。我通过亲身经历深刻地感受到，在这世界上有着不计其数的绝大多数的日本人都不知道的、也不会出现在历史表面的事实。

在哈尔滨也一样，731部队这一阴暗的历史被鲜明地留在了那里。那是日本的教科书上没有记载的历史。与其说所幸我来了，不如说不明真相是一件多么可怕的事。

有了那样的经历后，我决意来到南京。虽然确实听说过南京大屠杀这种说法，但说实话，我以为南京大屠杀完全是过去的事了。可是去了南京后才知道，直到现在、当年那些侥幸躲过大屠杀的幸存者们还健在、并且跟我们生活在同一个世界里这一理所当然的事。通过跟他们的交谈，我确信这不是过去的事情。但和从前的我一样，认为南京大屠杀跟自己无关的人还有很多。

"都是些不负责任的家伙，日本人也是，中国人也是"。

这话好像正是对着我说的，让我感到无地自容。我能做些什么呢？我觉得学好中文后有机会跟他们直接对话，这对我真是难得的经验。他们在战争中的经历，我在现场看到的一切，让我从心底里感到必须把它们全部传达给世人。

在日本，一直都在说日本的"受害的历史"，当然那也是非常重要的事情。但是，我在中国留学的最大收获就是看问题的角度，任何事情都要当作自己的事去看待。在日本基本上不为人知的"加害的历史"正是在中国众所周知的"被害的历史"。人们有着各自不同的生活经历和自己的立场，但是能超越那些并能站在对方的角度思考问题、体谅他人的心是否已经被忘记了呢？正因为如此，我才希望大家去现场，我真切地祈祷有更多的人用自己的眼睛和耳朵去感受中国。

一等賞

阿姨と小姑娘

財団職員　宮川　咲（上海外国語大学）

四年間通った大学の周りは、大学生が暮らしやすい街並みでした。安い食堂が立ち並び、文房具屋さんや雑貨屋さんの店員さんも、外国語大学に留学に来る私たち外国人に慣れている様でした。

大学裏門のすぐ近くにある文房具屋さんで買い物をした時のことです。お店のおばさんがニコニコして話しかけてきました。「どこの人？　日本？」私もニコニコしながら「そうです」と。それが私とおばさんの初めての会話でした。ニコニコしてくれたことが私も嬉しくて、それからは何か必要なものがあると、おばさんの所に行くようになっていました。文房具屋さんだけど、ひとまず売っているかどうか聞いてみると、いつも奥から私の欲しいものが出てくるのです。不思議なお店でした。私がお店に行くと、「啊，你呀！　你最近忙不忙？　饭吃了吗？　又瘦了？　不行啊，多吃点！」（あ、あなたね！　最近は忙しいの？　ご飯食べた？　また痩せた？　だめよ、たくさん食べないと！）などといつも気にかけてくれて、栄養素を含んだ牛乳ドリンクや甘い紅茶、りんごやみかんを持たせてくれました。

ある日、おばさんのお店で買い物をしていたら、おばさんの友達が来ました。おばさんは嬉しそうにその友達に、「哎，她是日本人呢！　她对我很好！」（ねぇ、彼女、日本人なのよ！　わたしにとっても良くしてくれるの！）と話し、その友達は少しだけニコニコしながら私を見ました。私は戸惑いながら会釈しました。なぜ戸惑ったのか、それは、あの時のおばさんの言葉には、「彼女は日本人なのに、よくしてくれるのよ」とのニュアンスを感じたからです。「なのに」とは、おばさんは日本の人が好きじゃなかったり、日本の人はよくしてくれないと思っていたのかもしれません。でもそのおばさんの中の日本の人のイメージや日本の人に対する気持ちを、今まで接してきた中で私が少しでも変えることができたのなら嬉しいなとも思いました。

おばさんのことは、日本に住む私の母によく電話で話していました。「よくしてくれる優しいおばさんがいる」と。卒業式にでるために上海に来ていた母をおばさんのところに連れていき、母に「上海の母」を紹介しました。「上海の母」の優しさと温かさが、私が一人で生活する日々に元気と癒しをくれていたことを母も知っていたので、母は「娘をいつもありがとう」と告げました。

2013年6月、卒業式で母が撮ってくれた1枚
2013年6月，毕业典礼留影

卒業して東京で就職してからは、上海に行く機会はあまりなく、出張で上海に行っても学校のそばに行く時間はありませんでした。昨年十一月、中国大使館の招待で中国留学経験者の社会人を連れて縁の地を回るプログラムがあり、参加させていただきました。母校訪問の時間では、約三年ぶりの母校に緊張しつつ、学校の先生に挨拶し、終わってすぐにおばさんのお店に行きました。

三年も会っていなく、留学生は他にたくさんいるし、私のことはもう覚えていないかなと不安な気持ちを抱えつつお店の前に着くと、「啊！　你回来了！」（あ！　おかえり！）とおばさんはすぐに気づいてくれました。私がうれしかったのは、覚えていてくれたことももちろんですが、「你回来了」の言葉です。「你来了」（来たの）や、「是你」（あなたね）をもっと越えた言葉のように思えたのです。その時も、おばさんはニコニコして私の今の様子を聞いてくれました。私の母のこと、東京で働くことにどんな苦労があるのか。また、娘さんが婚約したことや、私に早く結婚しなさいと催促したり、お店の中に通してくれて楽しいお喋りができました。そしてその時、はじめておばさんの名前を聞いたのです。それまでは、阿姨と小姑娘の仲でしたが、七年の月日を経ての自己紹介となりました。微信も交換して、連絡を取るようになったのです。この日も案の定、沢山の飲み物とフルーツを持たされ、短期間で滞在していた私が困るほどでしたが、なにより、想ってくれる気持ちが本当に嬉しかったです。

普段、学校などで友達を作る時、仲良くなる時、まずは名前を教えあって連絡先を交換することがほとんどだと思いますが、私とおばさんの間には、そんなものは必要がない、しかし確かな繋がりがあったのだと、この時気づきました。私は高校から中国語の勉強を始めましたが、周りの友人やクラスメートの中国への印象がよくないことに気付いた時、「この周りの人や多くの日本の人が持つ中国への印象を変えたい」と思って留学の道に踏み切りました。四年間、多くの日本の友人に私が知る中国のことを語り、中国に来てもらい、実際に見てもらってきました。少しかもしれないけれど、話した人、来た人は「印象が大きく変わった、こんなにいいところなんだね」と皆口を揃えたように言ってくれます。このおばさんとの出会いは、中国の人の日本への印象を変えることができたひとつのことでしたが、この出会いをまたさらに広げていくことで、わたしの生涯の目標である「日本の人の中国、中国の人への印象を変える」という道がより一層明るくなれば嬉しく思います。

宮川 咲（みやがわ さき）

高校卒業後、すぐに上海に渡り、半年間の語学研修を経て上海外国語大学に入学。四年間上海で学び、二〇一三年に優秀卒業生賞を受賞して卒業。その後すぐに今の職場に就職し、外国語を学ぶ中高生や、その先生を学校の外から支援するために、交流プログラム等を運営している。

宫川咲

高中毕业后来到上海，经过半年的语言进修后就读于上海外国语大学。在上海学习四年后，于2013年荣获优秀毕业生称号圆满毕业。毕业后就职于现在的岗位，通过交流项目等支援学习外语的中学生，高中生及他们的老师。

宫川 咲

阿姨和小姑娘

我读了四年的大学的周围是方便大学生生活的街区，那里有很多便宜的餐厅，就连文具店和杂货店的店员也好像习惯了跟我们这些外国留学生打交道。

那是我去大学后门附近的一家文具店买东西时的事。店里的阿姨看到我就笑眯眯地跟我搭起了话："你是哪里人啊？日本人？"我也笑着回答说："是的。"那是我和阿姨的第一次对话。阿姨的笑脸相迎让我很开心，那以后，我有了什么需要的东西就总去阿姨那里买。虽说是文具店，但只要先问问看有没有卖的话，她总能从里面拿出我想要的东西，真是不可思议的小店。只要我一到店里，阿姨就会关心地对我说："啊，你呀！你最近忙不忙？吃饭了吗？又瘦了？不行啊，多吃点！"还会拿来含营养素的牛奶饮料啊、甜红茶、苹果、橘子等让我带走。

有一天，我正在阿姨的店里买东西时，阿姨的朋友来了。阿姨很高兴地对朋友说："哎，她是日本人呢！她对我很好！"那个朋友微笑地看着我，我有点踌躇地跟她打了招呼。为什么有点踌躇呢？因为当时我从阿姨的话里听出了"她虽然是日本人，但是却对我很好"这层微妙的意思。"虽然"这个词让我觉得阿姨也许是不喜欢日本人，也许是觉得日本人不会对她友好。但是我又想，如果通过跟阿姨至今为止的接触，多少能改变一点阿姨心中的日本人的形象或阿姨对日本人的感觉的话，这将会令我十分欣慰。

我跟住在日本的母亲打电话时经常会说到阿姨的事情："有一个对我很好的阿姨。"所以，母亲来上海参加完我的毕业仪式后，我把母亲带到了阿姨的店里，向母亲介绍了我的"上海妈妈"。母亲也知道在我一个人生活的日子里，"上海妈妈"的体贴和关心，给了我精神上的慰藉和力量。"我女儿一直承蒙您关心照顾，真的非常感谢"，母亲向阿姨表达了谢意。

大学毕业后我到东京工作了，那以后，我很少有去上海的机会，即便有了出差的机会也没有时间到学校附近去。去年11月，有一个中国大使馆邀请的项目，就是带着有中国留学经历的社会成员走访母校，我也有幸参加了这个活动。时隔近3年访问母校时，我竟然感到有些紧张，向学校的老师打过招呼后，我马上就去阿姨的店了。

已经3年没见面了，留学生也多的是，阿姨是否还记得我呢？我略感不安地来到了店门口。“啊！你回来了！”阿姨马上就认出了我。阿姨还记得我当然令我感到高兴，但是“你回来了”这句话更令我倍感亲切。因为我觉得这句话超越了“你来了”或“是你啊”。那时候，阿姨也是笑眯眯地询问了我的近况，包括我母亲的情况、在东京工作是否辛苦等。阿姨又告诉我她女儿已经订婚了，还催我也早点结婚，阿姨让我进到店铺的里面，我们聊得可高兴了。那时，我才第一次询问了阿姨的名字。在那之前，我们就是阿姨和小姑娘的关系，跨越了7年的岁月，我们终于完成了自我介绍。我们还交换了微信，相约今后要互相联系。那天也不出所料，阿姨让我带了很多饮料和水果，虽然令短期滞留的我有点为难，但是阿姨还惦记着我的这份心意真的让我比什么都高兴。

我突然意识到，平时在学校等地方交朋友时或关系变得亲近时，大多数人第一件事就是交换姓名和地址，但是，我和阿姨不需要那样，却也能真切地相互关联着。我从高中开始学习中文，但周围的朋友和同学对中国的印象都不好。当我意识到这一点时，我正是想着“要改变周围的朋友和很多日本人对中国的印象”才下定决心走上留学之路的。在那四年里，我对很多日本的朋友讲述了我所知道的中国，也请他们来中国并亲眼去看了很多地方。也许只是很少一部分，听过我介绍的人和来过中国的人都异口同声地对我说：“跟以前的印象有很大的区别，原来是这么好的地方啊。”我和阿姨的邂逅成了中国人改变对日本印象的一个契机，我衷心希望通过这个“邂逅”的传播，“改变日本人对中国和中国人的印象”这一通往我终生目标的道路能变得更明亮更宽阔。

二等賞

病床で垣間見た老百姓の暮らし

会社員　林　訨孝（四川大学）

腹の中を鈍痛がぐるぐる回り、一睡もできない夜を過ごしたのは一九九二年二月末のこと。中国四川省成都市の四川大学に留学して半年近くが過ぎ、冬休みを利用して西安、蘭州を旅して成都に戻った直後だった。翌朝、大学の医務室で診察を受けると、すぐに近くの成都市第七人民医院に行くよう指示された。

「lanweiyan」。四川方言が強烈な医師に診断結果を告げられても、ちんぷんかんぷん。普通話で「盲腸炎か」と尋ねると、医師はうなずき、虫垂のことを中国語で「闌尾」と言うことを知った。それもつかの間、心細い思いもよそに、同意書にサインさせられ、手術を受けた。

思いのほか症状が重く、腹にたまった膿《うみ》を出し切るまで一カ月余り入院する羽目になった。硬いベッドに薄い毛布、薄暗い廊下、きちんと閉まらない窓から吹き込んでくる寒風……。暖房設備が十分整っていない病室での入院はつらい。同室の患者には次から次に家族や友人が見舞いに来て、弁当を差し入れ。医師が回診に来れば、たばこを二本差し出し、受け取った医師は人の迷惑もお構いなしに紫煙をくゆらせた。

「身寄りのない」留学生のため、大学の外事弁公室は、病院近くに住む青年を、寝間着の洗濯や買い物など、身の回りの世話をする付添人としてあてがってくれた。それでも困ったのは病院食だ。ご飯の提供を受けるには「糧票」が必要。家族が持参する弁当を食べ、病院食は要らないという同室者に糧票をもらって、ようやく飯にありつけた。おかずは、ご当地自慢のトウガラシ、サンショウ入り。術後の身には箸が進まない食事だが、青年は「この程度の味付けじゃ、四川菜とは言わないよ」とのたまうではないか。尻にひりひり感を覚え、駆け込んだトイレでは、直列式に並んだブースで、隣の人が出したものを目にしながら自らも出さざるを得ない状況に陥った。

1992年3月、入院していた病院の前で
1992年3月，医院门口留影

後から聞いた話では、国費留学生の場合、医科大学付属病院の外国人専用病室に入院するのが通常だという。確かに、人民医院での入院生活は、私にとって試練の連続だったが、患者やその家族の話を耳にし、なかなか通じない普通話を話す実践の場にもなった。大学の外国人留学生宿舎に住み、中国語の授業に出るだけでは知ることができない貴重な体験だった。退院するころには、留学前の記者生活でたるんだ体のぜい肉をそぎ落とし、「老百姓」の談議に口を挟むこともできるようになった。

留学を終えて二年後には、勤務先の通信社の特派員として北京に赴任。二〇〇八年からの二度目の駐在では、死者・行方不明者が八万七千人にも上った四川大地震が発生。村が土砂にのみ込まれ、学校や家屋が倒壊した被災地を取材したが、かつて級友たちと遊びに出掛けた都江堰も変わり果てた姿をさらしていた。留学時代に覚えた四川方言で語りかければ、家族を亡くしたつらい体験を語ってくれる人もいた。数カ月後、一年後……と、節目ごとに被災地を訪れ、政府主導の復興の速さに驚くとともに、高層ビルが建ち、地下鉄が開通した成都の変貌ぶりにも目を見張った。四川省は私にとって、北京以上に愛着を抱く「第二の故郷」となった。

入院中に私の世話をしてくれた青年は、日本語の勉強を始め、日本に留学し、大学卒業後は日本の企業に就職。中国人の妻と二児を養い、一戸建ての住宅も購入し、日本の永住権を取得した。その青年を私に紹介してくれた大学外事弁公室の担当者は昨年、日本へ短期留学する学生を引率して東京を訪れた際に再会。「日本から四川大への留学生は減ったわね」と語るのを聞き、残念に思うと同時に、時代の変化も感じた。四川大で苦楽を共にした日本人留学生の中には、チベットの声楽家と結婚し日本でのコンサートや講演活動を支えている人もいれば、北京や広東省の日系企業でずっと働いている人もいて、何年かに一度の同窓会も続いている。

　留学から四半世紀が過ぎ、その間に経済発展を遂げた中国と、バブル崩壊の後遺症に苦しみ続ける日本との関係は大きく変わった。記者として取材し、日中間の摩擦、相互不信に後味の悪さを感じることもしばしばだったが、めまぐるしく変わる世界情勢の中で、日中両国がさらにどう変わっていくのか、興味は尽きない。

　会社の定年まで二年ほどとなり、第二の人生として、外国人に日本語を教える仕事をしたいと考え、準備を進めている。中国にルーツを持ち、留学と駐在で中国生活が十年を超えた割に、中国語は上達しなかったが、外国語習得の難しさを知ればこそ伝えられることがあるのではないか。今度は日本語教師として中国・台湾で教壇に立つことを目指している。

林 訑孝（りん いこう）

父方も母方も祖父は中国人、祖母は日本人。一九五九年宮崎市で生まれた。筑波大学第一学群社会学類で第二外国語として中国語を学び、八二年に卒業後、時事通信社に入社。九一年から一年間、休職して中国・四川大学に留学。復職し、社会部記者を経て、九四年から九八年までと二〇〇八年から一三年まで計九年半にわたり特派員として北京に駐在し、中国総局長を経て同年七月から法務室長。

林訑孝

祖父和外祖父是中国人，祖母和外祖母是日本人。１９５９年出生于宫崎市。在筑波大学期间作为第二外语学习中文，１９８２年毕业后进入时事通讯社工作。１９９１年停职一年，前往中国四川大学留学。复职后任社会部记者，１９９４年至１９９８年，２００８年至２０１３年共计九年半的时间里，作为特派员常驻北京，曾任中国总局长。２０１３年７月任法务室长至今。

病床上窥见的老百姓生活

那是1992年2月底的一个晚上，肚子痛得我辗转反侧，彻夜未眠。那时我来四川大学留学已近半年，刚结束在西安、兰州的寒假之旅，回到成都。第二天早上，去校医院检查后，校医要求我立刻前往附近的成都市第七人民医院接受治疗。

“lanweiyan”，医生操着浓浓的四川口音告知了我诊断结果，我并没听太明白。“是盲肠炎吗？”我用普通话询问道。医生向我点了点头，我才知道中文把日语的“盲肠的虫垂”叫做“阑尾”。我正为此感到孤立无援，却匆匆忙忙地被要求在手术同意书上签字，马上进行了手术。

病情出乎意料的重，我在医院里住了1个多月，才把肚子里的脓水排净。硬板床、薄毯子、灰暗的走廊、关不严实的窗户缝中吹来的寒风……在供暖设施并不完善的病房里住院着实难捱。同病房病友的家人、朋友接二连三地来探病，还带来盒饭表示慰问。如若恰逢医生来巡诊，他们还会给医生递上两根烟，医生接到烟，毫不顾忌周围人的感受，当场就吐起了烟圈。

为了我们这些“无依无靠”的留学生，大学外事办公室安排了住在医院附近的一个小伙子帮我洗睡衣、买东西，照顾我住院期间的日常起居。可尽管如此，医院的餐食还是让我困扰不已。因为医院提供的饭菜需要有“粮票”才能购买。最后还是一个同病房由家属带饭来医院的病友把他不用的粮票给我，才算帮我解决了吃饭问题。饭菜里面有当地人最引以为傲的红辣椒和花椒。刚做完手术的我面对这些饭菜简直无法下筷，照顾我的小伙子却说：“就这点辣，根本算不上是四川菜。”我当然不服气。结果就是我屁股火辣辣地冲向厕所，不得不蹲在排成一列的便池上一边看着旁边人的排泄物，一边拉得稀里哗啦。

之后我听说，国费留学生住院一般都住到医科大学附属医院的外国人专用病房里。的确，人民医院的住院生活是对我一系列的考验，但听着病友和他家人的对话，我也能用我一直都不太熟练的普通话接上两句，这也是住在大学外国留学生宿舍以及中文课堂上无法得到的宝贵经验。出院时，我留学前做记者时养出来的赘肉没了，当地老百姓交谈时我也能插上话了。

结束留学回到日本两年后，我作为所在通讯社的特派员前往北京赴任。2008年在我第二次来北京工作期间，四川发生了汶川大地震，死亡和失踪人数达8万7千多人。我到受灾地采访，那里村庄被沙土掩埋，学校、房屋倒塌，我曾和班级同学一起游玩过的都江堰也变得满目疮痍。我试着用我在留学时学到的四川方言采访，有人给我讲述了他失去亲人的痛苦经历。几个月后、一年后……每过一段时期我都会去受灾地采访，在惊叹政府主导灾区重建的惊人速度的同时，也为高楼林立，地铁通行的成都新貌而感慨万千。对于我而言，四川是比北京还要让我深爱着的“第二故乡”。

住院期间照料我起居的那个小伙子学起了日语，后来到日本留学，大学毕业后留在了日本工作。他和他的中国妻子有两个孩子，并在日本买了一所独门独院的房子，还取得了在日本的永久居住权。去年，那个把他介绍给我的大学外事办公室的负责人带着来日本短期留学的学生到东京游玩时，我与她再度重逢。她说：“到川大留学的日本人变少了啊！”我在觉得遗憾的同时，也感受到了时代的变迁。当年和我一起在川大同甘共苦的日本留学生中，有人和西藏的音乐家结了婚，支持对方在日本举办音乐会、作讲演；也有人一直在北京、广东的日企工作，我们每几年一次的同学聚会也在继续。

回首留学经历，至今已经过去25年了。在这期间，中国经济飞速发展，日本却饱受泡沫经济后遗症之苦，两国之间的关系也发生了不小的变化。身为记者的我在采访时，也时常能体会到日中之间的摩擦、相互间不信任造成的不良影响。变幻莫测的世界形势中，日中两国关系将会如何变化，对此我也会继续关注。

我离退休还有两年左右的时间，退休后的第二人生，我打算从事教外国人日语的工作并正在着手准备着相应事宜。我与中国有很深的渊源，留学和工作加在一起我在中国的生活超过了10年，但这期间，我的中文水平并没有太大长进。可正是因为如此，我对外语学习过程中的困难有着深刻的体会，进而可以传授自己的经验。所以我的目标是有一天能成为一名日语教师，站上中国大陆或者是宝岛台湾的讲台。

二等賞

「嘘も方便」

国家公務員　千葉　明（北京大学）

朝、昼、晩と大好きな中華料理が食べたい一心で、就職した外務省の研修語学として中国語を選んだ私。北京大学での留学生活は、一九八五年夏から始まった。新しい中国語表現を習っては、習いたての表現をすぐに使って、当時開き始めた私営レストランを渡り歩いて料理を注文。休みに地方旅行に出かけては、まだ混じりけのなかった土地の名物を注文。まさに夢の心地だった。

その心地が打ち砕かれたのは、折り返し点、二年目の始まりだった。新年度、国際関係学部で「中国の対外イメージ」という授業がある、と聞いて、他学部聴講をすることにした。講師は高名な元外交官。内容はエドガー・スノーなど共産中国の対外イメージ向上に貢献した作品ばかりでなく、当時から批判的だった西側プレスの記事も題材にしながら、中国の対外イメージはどういうものか、それを改善するにはどうしたらいいか、具体的かつ詳細に進めていくスタイルだった。隣席の中国人学生ともすぐ打ち解けた、つもりだった。

「ふるさとはどこ？」

「日本だよ」

微妙な顔色の変化のわけを読みきれなかった。

翌週。張り切って始業より早く教室に向かったが、誰もいない。あれ、休講だったかな？　しかしその翌週も同じ。教室変更の通知がないかと学務課に行くと、

「何、留学生？　その授業ならキャンセルだ」

とつれない返事。何だか様子がおかしかった。

講師は学外の人だから、毎週車で送迎される。ひょっとしたら、と思って、時限開始間際に南門の陰に身を隠し、待つこと数分。空色の国産車「上海」が後部座席に講師を乗せて入ってきた。構内は授業に向かう学生でごった返し、のろのろ運転だったので、つけるのはたやすかった。案の定、講師は全然違う棟に吸い込まれていく。その背中を見失わないよう、階段を上り、教室に入った。

その瞬間の異様な雰囲気が忘れられない。受講生の顔が一斉にこちらを向く。このあいだ変な素振りを見せた中国人学生が、教案を鞄から出している講師に耳打ちする。講師は私をじっと見据えると、黙って手招きする。

「君は知らなかったのかもしれないが」

講師が言う。

1987年5月、四川省にて、鍋料理を食べながら
1987年5月，在四川省吃火锅时留影

「この授業は留学生には開放していないのだよ。このまま出て行ってくれないか」

私が、この授業はとても勉強になるので、是非受講したい、とお願いしても、講師の硬い表情は変わらなかった。傍らには、友達になれそうだった学生が、いかにも済まなさそうな顔をして、静かに佇む。私は分がないことを悟った。でもどうしても言いたかった。

「先生。この授業は中国の対外イメージ改善を主題にしています。それなのに、このような形で対外イメージが悪くなるのは、よくないのではありませんか」

講師は黙ったまま、かすかにほほえんで、退出を促した。私はその指示に従った。

それから数日間、私は部屋にこもっていた。胃が痛んで、大好きな中華料理も喉を通らなかった。中国人に対する不信感で一杯だった。嘘つきだ。何も言わずに根こそぎ教室を移すなんて、だまし討ちじゃないか。なぜ最初に言ってくれなかったんだ。気詰まりだった。

気詰まりは、しかし突然に氷解した。日本人と中国人のメンツの違いについて本を読んでいたときだった。

「日本人は人と同じでないと顔が立たない。中国人は人と同じだとメンツを失う」

そうか。黙って教室を移したのは、だまし討ちにしようとしたんじゃない。それは日本流の解釈だ。もし人前で面と向かって「留学生は出ていくものだ」と言われたら、日本人なら留学生らしく振る舞おうと慌てて出て行くが、中国人は普通の留学生並みに扱われ、特別扱いされずにメンツ丸つぶれだ。沈黙のうちに私を遮断したのは、誰も傷つけず、私のメンツを守るためだったのではなかろうか。

日本ではとにかく嘘はいけない、と教える。「嘘も方《ほう》便《べん》」は例外だが、それも感心はされない。でも中国ではもっと広くて、相手を守るための嘘もあるんじゃないだろうか。気遣いの表現としての、適切な嘘が許されるんじゃないだろうか。

それからの私は、「嘘つき」になった。といっても、それは日本の基準での話だ。嘘を言うのは、人を騙すときではない（そういうときもあるけれども）。嘘を言うのは、相手を守るときだ。人の立場を傷つけないようにするときだ。相手も分かっている。分かっているから、絶対に「嘘つき」となじったりしない。

考えてみれば、日本にもある。みんな嘘と分かっているのに決して誰も言わない、「勧進帳」の境地だ。日本なら極限の境地が、世の中全体を潤す仕組みになっている中国社会。留学で学んだ大切なこと、それは「嘘も方《ファン》便《ビエン》」だった。

千葉 明（ちば あきら）

一九五九年生まれ。外務省中国課勤務後、一九八五年から北京大学、カリフォルニア大学バークレー校（修士）に留学。二回の在中国大使館勤務等を経て国際報道官、国連企画調整課長、法務省入国管理局登録管理官を歴任。この間東大教養学部講師（中国語作文）、司法試験問題作成委員（国際法）を務める。その後、在米大使館公使、在イラン大使館公使、日本学術会議事務局次長から在ロサンゼルス総領事となる。通訳案内士（英、仏、中）。著書に『日中中日翻訳必携 実戦編Ⅲ 美しい中国語の手紙の書き方・訳し方』（日本僑報社）など。

千叶明

1959年出生。就职日本外务省后，于1985年起分别赴北京大学，加利福尼亚大学伯克利分校（硕士）留学。曾两次在日本驻华大使馆工作，历任国际报道官，联合国计划调整处处长，日本法务省出入境管理局官员等职务。期间还担任东京大学教养学院讲师（汉语写作），司法考试试题编成委员（国际法）。后历任日本驻美大使馆公使、日本驻伊朗大使馆公使、日本学术会议事务局次长、日本驻洛杉矶总领事。高级口译（英、法、中）。著有《典雅中文书信写作与翻译》（日本侨报社）等。

千葉 明

权宜之计

怀着能够一日三餐品尝最爱的中华料理的期待，就职外务省期间，我选择了中文作为我的进修语言。于是在1985年夏天，我开始了在北京大学的留学生活。

留学期间，每当学了新的中文表达，我都现学现卖，跑遍当时刚刚兴起的私营餐馆去点菜，一放假就去中国各地旅行，品尝各种美味佳肴。真是优哉游哉。

然而这种心情却在留学的第二年被打断了。当时，我听说国际关系学院将在新学年开设《中国的对外形象》课程，于是决定作为外院学生旁听。讲师是一名著名的前外交官，授课内容不仅包括埃德加·斯诺等所著的曾改善共产主义中国对外形象的作品，也选取了当时持批判态度的西方媒体的报道，具体详尽地探讨“何为中国的对外形象”、“应当如何改善中国的对外形象”等问题。我原以为能够和邻座的中国学生打成一片，却没想到当有人问我：“你老家在哪里？”而我回答“日本”后，那人的神色发生了细微的变化，而当时的我却不明就里。

第二周我战战兢兢地早早来到教室，却发现教室空无一人。诶？是停课了吗？然而之后一周也是如此。我猜想也许是更改教室了，便前往教务科询问。“你是留学生啊，那门课已经取消了。”教务老师冷冷地回答我。看他的神色又觉得哪里不对劲。

讲师住在学校外面，每周都有专车接送。说不定……我心生一计，在快要上课前，躲在南门的暗处等待。几分钟后，我看到一辆天蓝色的“上海牌”汽车载着讲师驶入学校。校园内前去上课的学生很多，汽车开得很慢，我得以轻易地尾随前行。不出所料，讲师去了一栋和之前完全不同的教学楼。为了不跟丢老师，我在他之后上了楼梯，进入教室。

我永远都不会忘记进门那一刻教室里的诡异氛围。学生们都齐刷刷地看向了我，上次那名神色奇怪的中国学生，对着正从包里拿出教案的讲师耳语了几句。讲师盯着我看了一会，沉默着向我招了招手。“你可能不知道吧？”讲师说，“这门课不对留学生开放。你可以现在就回去吗？”我央求老师说这门课对我很有帮助，我非常想听，然而老师无动于衷。而我原以为能成为朋友的学生们，也都一脸歉意，沉默地伫立在一旁。我明白自己毫无胜算，却还是忍不住说道："老师，这节课的主题是改善中国的对外形象，可是现在却通过这种方式恶化对外形象，是不是不太好呢？"讲师依然沉默着，面带微笑地催促我离开。我只好放弃了。

那之后的几天里，我闭门不出，胃疼得连最喜欢的中国菜也吃不下。心里充满了对中国人的不信任。他们说谎了，什么也没说就整个儿换了教室，这难道不是欺骗吗？为什么不一开始就向我说明呢？我满腹委屈，郁郁寡欢。

有一天，这份郁结却突然瓦解了。当时我正在读一本关于日本人和中国人"面子"差异的书："日本人觉得，如果和其他人不一样，就会没面子，而中国人觉得，如果和其他人一样，才会没面子。"原来是这样。悄悄地变更教室，并不是为了欺骗我——这只是日本式的解释。如果当面被人拒绝说"留学生不得入内"，日本人会表现得像个留学生的样子，慌张地离开。而中国人若是被当做普通的留学生而不特殊对待的话，则会觉得丢尽面子。因此他们默默地隔离我，是为了不伤害任何人，给我留面子吧。

在日本，我们从小受到的教育是，无论如何不该说谎。"说谎是一种权宜之计"是例外，但也不会被赞扬。在中国却存在更为广义的，为了保护对方而说的谎言。这种适当的、善意的谎言，是能够得到对方原谅的吧。

从那以后，我学会了说谎。不过这里所谓的"谎言"是基于日本的判断标准而言的。说谎，并不是要欺骗他人（虽然偶尔会有这种情况），而是为了保护对方，不伤害他人。同时对方也明白你的好意。既然明白，便不会指责你在"说谎"。

仔细想来，日本也有这种情况。明明所有人都知道是谎言，却谁也不说，这在日本是种极端紧迫的情况——"劝进账"了，然而在中国社会，这却被融会贯通于每个人的日常生活之中。

"权宜之计"，这是我在留学期间学到的最重要的一课。

注：劝进账，意为化缘簿，是日本歌舞伎十八番之一。讲述了源义经与其家臣弁庆在逃亡之际，为源赖朝的守将所怀疑时，弁庆将通关的证件假作化缘簿，高声朗读，又用鞭挞义经的办法，证明义经是他的从者，解除守将的怀疑。守将虽有所察觉，但为弁庆的苦衷所感动，终于放走了义经的故事。

二等賞

「日本人」であった私

会社員　鶴田　惇（北京林業大学）

北京に留学して半年、初めは訳が分からなかった中国語での中国語の授業が、少し楽しめるようになってきた頃のこと。親しくなった先生が、春節に農村の実家に招待してくれた。先生の自宅は石家荘の駅からバスで三時間ほどのところで、河北省と山西省の境目あたりであった。

そこで、私は今まで味わったことのない苦労をすることになった。村に到着すると、先生から「村の中には、日中戦争経験者もいるから、あなたを韓国人と紹介するね」と告げられたのである。ここで私は日本人ではなく、韓国人になったのだ。話を聞くと、テレビのニュース番組に日本の話題が出た際、お父さんが日本のことを悪く言っているのをお母さんが聞き、心配して日本人と言わないことにした、とのこと。中国人の友達から、「中国人の中には反日の人も多いから、タクシーなどで出身を聞かれたら韓国人と答えた方がいい」とアドバイスされたことはあったものの、まだ試したことはなかった。もう村に到着した後で、私に選択肢はなかった。その時は私も、「まぁ、大丈夫だろう」と、言われるままに了承した。

親戚の家を回り、毎日違う家で餃子を作り、食べ、白酒を飲み、ＣＣＴＶの春節番組を見て、花火を打ち上げる。農村での春節の過ごし方は、話に聞いていたとおりのものであった。家の水は川から引いているので、夜は水が凍り、水道が使えなかった。昼の間に大きな瓶に水を溜め、その水を温めて料理をしたり、手、顔、髪を洗ったりした。トイレはただ深い穴が空いているだけのものだったが、お母さんが綺麗好きであるためか、普通の水洗トイレより綺麗であった。

問題は、会話である。外国人が珍しいので、会話はどうしても私の話題になる。国のことも聞かれるし、ちょっと韓国語を知っている若い人は、韓国語で私に挨拶してくる。先生が韓国語も勉強していたので、いい間合いで私の代わりに韓国語で答えてくれる。因みに、私は少しも話せないので、それらしく頷くだけである。話題が来る度にはっとして、先生が答えてくれる度にほっとする。そんなとき、ちょうどTVでは抗日戦争ドラマが放映されていたりする。

訪問した村の風景
村庄风景

「日本人」と括らずに、一人の人間として見てほしい。留学してからはこんな風に考えていたのだが、さて、この状況である。「日本人」を語れない私は、私の何を語ることができるのだろうか。

親戚と別れ、お父さんが部屋に戻った後の夜の時間は、日本人である自分を解放できる時間だった。お母さんと先生、お兄さんが日本のことを色々聞いてくれる。私も家族の話や、日本の風景の話、中国での生活の話など聞かれるままに答える。自分のことを話せるって、なんて気持ちが良いのだろうと思う。中国での生活の話は、昼間にも聞かれて話した内容で、自分が日本人か韓国人かは関係なく内容は同じであるはずなのに、話している気持ちが全然違う。言葉にはしていなくても、日本の生活と比較して印象深かったことを話しているから、日本のことを語れないとなると、自信を持って話せなくなったのだろう。

親戚の子供達と地域を歩き回り、お兄さんとバイクで出かけ、皆で餃子を包み、地域のおばさんたちと一緒にダンスをしているうちに、日に日に国の話題が出なくなってきた。美味しい？　お腹いっぱいになった？　ダンスは楽しい？　餃子作り上手くなってきたね！　そんな会話が増えてきた。だんだん一人の人として見てもらえるようになってきた気がした。

この滞在は、日本と中国の戦後問題、という教科書的な話ではなく、戦争体験のある人々との触れ合いであった。自分がいかに一人の人として見てもらいたくても、まず、周りがみるのは国籍である。関係が深くなれば、国籍なんて関係ない、と言えるのだが、初めはやはり国籍なのである。そして、国籍となれば、戦争の話題は避けて通れない道。この村で、日本から来ましたと言った方が良かったのか、韓国人で良かったのか、今でももやもやが残っている。日本人がこの村に来る機会が今後あるかどうか分からない。お父さんにしてみれば、戦後の日本人と会う最初で最後の機会だったのかもしれない。しかし、日本人と言ったら、お父さんは話しかけてくれなかったかもしれない。

「日本人」にこだわらないように生きようと思っていたのに、私はどこまでも「日本人」だった。日本人としても、一人の人間としても、魅力的になりたい。そう思いながら、帰路についた。

鶴田 惇（つるたじゅん）

一九九〇年十月二十三日生まれ。京都大学農学研究科卒。二〇一一年春に黄土高原で沙漠化防止緑化活動を行うNPO法人「緑の地球ネットワーク」のワーキングツアーに参加し、中国初訪問。中国の自然環境・生活環境の多様性に惹かれる。二〇一三年九月より一年間北京林業大学に留学。現在は漢方メーカーで働く。好きな食べ物は羊肉串、麻辣香鍋、餃子。好きな中国語は差不多。

鹤田惇

1990年10月23日出生。毕业于京都大学农学研究科。2011年春首次到访中国，在黄土高原参加了主题为〝绿色地球网络〞的防止沙漠化绿色公益活动，并对中国的自然、生态环境的多样性产生了浓厚兴趣。2013年9月开始在北京林业大学留学一年。现在中药制造公司工作。爱吃羊肉串、麻辣香锅、饺子。喜欢的中文是〝差不多〞。

到底我还是个日本人

这件事，发生在我到北京留学半年、从几乎不懂中文到慢慢能享受中文课的时候。

和老师渐渐熟悉之后，他邀请我去他农村的老家过春节。老师的老家位于河北省和山西省的交界处，距离石家庄站约3小时车程。在那里，我经历了人生中最为艰苦的一段时光。快到达村里时，老师对我说："村子里有些村民经历过抗日战争，所以我会向他们介绍说你是韩国人。"于是在这个中国的村子里，我从日本人变成了韩国人。

后来我才知道，每当电视节目里出现与日本相关的话题时，老师的父亲总会说日本的不好，老师的母亲担心我，才决定不暴露我日本人的身份。我想起我的中国朋友也曾建议我，"中国有很多反日的人，坐出租车的时候如果被问是哪里人，就说韩国吧。"不过我还没有真正尝试过。

但那时我们已经到了村里，我已别无选择。"应该没事的。"老师这样安慰我道，我也只好答应了。

农村过春节的方式和我之前听说的一样：每天走亲访友，一起包饺子、吃饺子、喝白酒、看CCTV的春节特别节目、放烟花。每家每户用的水都是从河里引来的，在夜里河水会结冰，用不了水。村民们便在白天拿大瓶子接水，加热后用来做菜、洗手、洗脸和洗头发。而所谓的厕所，只是一个在地上挖出的大洞。不过老师的母亲很爱干净，把厕所打扫得比一般的冲水式厕所更加干净。

最大的问题是如何和村民们聊天。在农村，外国人很少见，因此大家聊天时说来说去都围绕着我。有人问我国家的事情，还有稍懂韩语的年轻人，会用韩语向我打招呼。老师学过韩语，所以会在适当的时候代替我用韩语回答他们。而我因为完全不懂，只是在一旁像模像样地点头。每次话题一转向我，我就倒吸一口凉气，而每次老师替我回答之后我又松了一口气。那时候电视里又恰好在放抗日战争的连续剧。

留学以来，我一直希望大家把日本人看做独立的个体，不要有偏见、将我们一概而论。不过现在的情况又略有不同。在这个村庄里，我无法承认自己是日本人，那么我该如何谈论我自己呢。

晚上告别亲戚，等老师的父亲回到房间后，我就可以解放自己，做回日本人了。老师和他母亲、哥哥会问我很多关于日本的问题，我则一一如实作答：家庭情况、日本的风光、在中国的生活……能够谈论真正的“自己”，真是一件令人愉悦的事情。白天亲戚们也会问我关于在中国的生活等问题，按理说这类问题的回答和国籍没有太大关系，但是我回答时的心情却截然不同。因为我会在心里将在日本的生活和中国进行比较之后，选取其中令我印象深刻的来谈论，但在亲戚面前我无法谈及日本，自然就没有什么自信了。

而后，我常常和亲戚家的孩子们在村庄里闲逛，和老师的哥哥一起骑摩托车出门，和大家一起包饺子，和当地的婶婶们一起跳舞。渐渐地，我们的聊天内容中关于匡家的话题越来越少了。取而代之的，是“好吃吗？”、“吃饱了吗？”、“跳舞开心吗？”、“饺子做的很不错了呢！”这样的对话。我欣喜地意识到，大家开始把我看成一个独立的个体了。

在这里，我只是记录了一段与战争亲历者共同相处的日子，并不是关于中日两国战后问题的高论。通过这段经历我意识到，无论一个人多么希望自己可以被看成独立的个体，周围的人最先看到的，依然是你的国籍。虽然如果关系加深，国籍也会变得无关紧要，但最初大家仍是通过国籍来认识你。而一谈到国籍，就绕不开战争的话题。在这座村子里，到底是承认自己是日本人好呢，还是伪装成韩国人好呢，我到现在依然心存芥蒂。也许今后再也不会有日本人来这个村庄了，那么对老师的父亲而言，这可能是他第一次，也是最后一次见到战后的日本人。但是，如果我坦诚自己是日本人的话，他也许根本不会跟我搭话。

我希望自己能够不拘泥于国籍而活，但是说到底我还是个日本人。不过无论作为日本人也好，作为一个独立的个体也罢，我都希望自己能够变得更有魅力。

抱着这样的想法，我踏上了归路。

二等賞

ローソクの光

日本語教育従事　林　斌（山西大学）

一九八二年十月、日本の埼玉県と中国の山西省は友好県省、いわゆる姉妹都市の提携を結んだが、「文化教育友好交流を促進する」第一歩として、埼玉県日中友好協会は山西省の唯一の総合大学である山西大学に留学生を派遣することになった。全国公募で選抜された留学生は、男性十名、女性十四名の合計二十四名、幸運にも私も留学生団の一人として選ばれた。私は日本の大学を卒業後、ずっとサラリーマン生活を送っていたが、留学のため退社した。この時三十九歳であった。今から三十数年前のことである。

私が山西大学に留学したころは、ちょうど第二次日本語ブームだった。一回目の日本語ブームは日本と中国が国交を回復した直後、それからちょっと下火になったものの日本がバブル経済に突入するころ世界的な日本語ブームが沸き起こり、中国も例外でなく第二次ブームが起こっていた。

こうした折、初めて二十四人という大量の日本人留学生を受け入れた山西大学はブームというより、ややオーバーヒート気味でさえあり、私は学内をちょっと歩くうちに数十人の学生に捕まり、日本や日本語に関しての質問を受けるようになった。また宿舎でも訪問する学生をさばき切れないような状態であった。この中にYさんという小柄な女子学生がいて「私は日本語が大好きで、一人で学んでいますが難しいです。時間のある時、少し教えていただけないでしょうか」と言うのである。爽やかな目元と引き締まった唇に意志の強さが感じられた。私は日本語を学習したいという強い気持ちに何とかして応えようと思い、承諾した。中国版〝家庭教師〟であり、中国における日本語教育の第一歩であった。

ほどなく中文系（日本でいう国文科）の「学生委員会」から日本語の課外授業を開講してほしい旨の依頼があった。私は一留学生として中国語や中国の政治、経済、歴史等を学びながら、一方で留学生団の団長として二十四人の留学生仲間をまとめていくという、いわば二足の草鞋を履きながら、かなり多忙な毎日を過ごしていたが、日中友好の一助になればと引き受けることにし、毎週四時間、中文系で教えることになった。私は日本の大学で国語、国文学を専攻し、いわゆる国語科の高校教員資格を取得していたが、家庭教師や教育実習以外、正式の教師の経験はなかった。多少不安を感じながらも外語系日本語科で教鞭を執っておられる日本人の先生方に教えを仰ぎ、教材を借りて授業に備えた。

1985年、雪景色の山西大学正門前
1985年，山西大学正门前留影

　十一月の寒い夜、私は学生委員会のメンバーに導かれて、日本語講座の教室へ向かった。授業は夜七時から九時まで、暖房の入っていない教室は寒く、皆、大衣《ダーイ》（コート）を肩から掛けている。私が教室に入って行くと突然割れるような拍手が沸き起こった。黒板には〝歓迎、林斌先生講話〟と大書してあり、赤いチョークできれいに縁取りまでしてある。私は彼らが心から歓迎していることに少なからず感激し、教壇に上がりお礼を言おうとした。が、この時どうしたことか突然停電し、辺りは真っ暗闇に変わってしまった。大学では停電は時々あり別に珍しいことではないので、そう驚くこともないのだが、よりによってこんな時に停電とは……。私はしばらく待っていたが、ふと日本の江戸時代の盲目の国学者、塙保《はなわほ》己一《きいち》を思い出し「話をするのに明かりは要らない」と、真っ暗闇の中で挨拶を始めた。この真っ暗闇の教室にどんな学生がいるのだろうか、私の話を果たしてわかってくれるだろうか……。こうした私の不安をよそに、学生たちは時に私が話せないほど大きな拍手をしてくれた。

お互いが顔と顔を合わせることもなく、ただ心と心が通じ合った瞬間でもあった。そのうち学生の一人がローソクを持って来て、私の前の机の上に立ててくれた。学生たちの顔が暗闇の中でぼんやりと浮かんで見えた。私たちにあるのはたった一条のローソクの光だけだった。私はこの一条の光を消すことなく、大きく育てていかなければならないと思いつつ、初めての授業を終わった。

　さすがに口コミの国である。私が中文系で日本語の授業を始めたことはすぐに学内外に広まり、他の大学からも正式に日本語教師として招請を受けるようになった。当初私は二年間の留学を予定していたが、結局一年で留学を切り上げ、その後中国の大学で日本語を教える道を選んだ。私にとっては思わぬハプニングであったが、大所高所から判断し、悔いはなかった。

　三年間の中国滞在を経て帰国した私は中国での教師経験を生かし、日本に留学している学生の日本語教育に携わることになった。留学生たちが一生懸命日本語を学ぶ姿を見ていると、いつもあの寒い夜のローソクの光が脳裏に浮かんだ。

林 斌（はやし たけし）

一九四五年、中国・北京生まれ。翌年帰国、両親の故郷長崎県で高校まで過ごす。早稲田大学を卒業後、サラリーマン生活を経て八四年九月、中国山西省太原市の山西大学に留学。八五年九月から八七年八月まで同じ太原市内にある太原重型機械学院（現・太原科技大学）で日本文教専家として日本語を教授。帰国後は留学生の日本語教育に従事。中国時代を追憶した著書『日久知道人心』（文芸社）がある。埼玉県日中友好協会会員。

林斌

１９４５年出生于中国北京。第二年回到日本，在父母的家乡长崎县一直生活到高中毕业。早稲田大学毕业后参加工作。１９８４年９月到中国山西大学留学。１９８５年９月至１９８７年８月，作为日本文教专家，在太原重型机械学院（现太原科技大学）教授日语。回国后，开始从事留学生日语教育工作。著有追忆中国生活的《日久见人心》（文艺社）一书。埼玉县日中友好协会会员。

林 斌

烛 光

1982年10月，日本埼玉县和中国山西省缔结友好关系，即成为了人们常说的姐妹城市。作为“促进文化教育友好交流”的第一步，埼玉县日中友好协会决定向山西大学派遣留学生。留学生通过全国招募的方式进行选拔，一共选出了24人，其中男生10人，女生14人。我幸运地成为了其中的一员。大学毕业后，我便参加了工作，过着工薪族的生活。为了到中国留学，我毅然辞去了工作。从那时算起，已经过去了30多年。

我在山西大学留学的时候，恰逢中国兴起第二次日语热。第一次学习日语的热潮是在日中恢复邦交后不久。虽然后来这股热潮稍有降温，但在日本进入泡沫经济期时，又掀起了一阵世界性的日语热，中国也毫不例外。

这个时候，在首次迎来24名这样一个大数目的日本留学生的山西大学，与其说是热潮，不如说是有些沸腾了。我在校内随便走走，就会被数十名同学包围，缠着我问与日本或日语相关的问题。即便是在宿舍，也会有许多同学前来访问，让人忙得不可开交。在他们中，有一位姓Y的身材娇小的女同学，她对我说：“我特别喜欢日语，现在在自学。不过日语真是太难了！你有时间的时候，能不能教教我呢？”她清澈的目光和紧抿着的嘴唇，透露出了坚定的决心。面对这个“我要学日语！”的强烈愿望，我觉得自己应该做些什么，于是便答应了她。这既是我做的中国版“家教”，也是我在中国迈出的日语教育的第一步。

不久，中文系的学生会给我发来邀请，大意是希望我开设课外日语班。我一边作为一个留学生，努力学习汉语和中国政治、经济、历史等各类课程，一边还要作为留学生团的团长，团结24位留学生同胞，本身就已经是“身兼数职”，每天都过得十分忙碌了。但是想到能够为日中友好献上一份微薄之力，便接受了他们的邀请，开始了在中文系每周4个小时的日语教学工作。虽然我在日本读大学的时候，专攻日语和日本文学，取得了所谓的日语学科中学教师资格，但除了家教和教学实习，并没有正式的教师经验。我怀着不安，向在外语学院日语系任教的日籍老师们请教，并向他们借阅教材备课。

11月的一个寒冷的夜晚，我在学生会成员的带领下来到了日语讲座的教室。课程从晚上7点到9点，教室里没有暖气，非常冷，大家肩上都披着大衣。我刚走进教室，就突然响起了雷鸣般的掌声。黑板上写着“热烈欢迎林斌老师”几个大字，边缘还用红色的粉笔漂亮地描了一圈。得到他们发自内心的欢迎，我心里十分感动。正当我走上讲台，准备表达感谢时，不知怎的，突然停电了！四周陷入一片漆黑。虽然大学里停电是时有的事，不足为奇，但偏偏在这个时候，真是……我等了一会儿，忽地想起了日本江户时代的盲眼国学家塙保己一的一句话，“没有光明亦能发声”。于是，在黑暗中，我开始了问候。在这伸手不见五指的教室里，有着怎样的学生呢？他们到底能听明白我说的话么？……我的心里有些不安。但是，同学们并不在意，不时地还送上热烈的掌声，令我哽咽。我们之间素未谋面，却在这个瞬间心灵相通。其中有一位同学，举着蜡烛走了过来，把蜡烛立在了我面前的桌子上。同学们的脸庞在黑暗中若隐若现，而我们中间有的，仅是一支蜡烛闪烁的烛光。这支烛光，不仅不能让它熄灭，还必须让它燃烧得更亮！我这么想着，结束了第一次的授课。

消息传得很快！我在中文系教授日语的事情很快就在学校内外传开了，我还收到了其他学校的担任正式日语教师的邀请。原本计划留学两年，结果一年就结束了，后来我便走上了在中国的大学教授日语的道路。虽然这对我来说，是一个意想不到的偶然，但从长远来看，我并不后悔。

在中国呆了三年后，我回到了日本，利用在中国的教学经验，我开始从事来日留学生的日语教育工作。每每看到留学生们用功学习的身影，我的脑海中便浮现出那个寒冷的夜里闪烁着的烛光。

二等賞

真の美しさを求めて

中国語講師・通訳　小林　美佳（上海外国語学院／北京大学／北京電影学院）

北京電影学院表演系九五表演訓練班に留学した約一年間ほど、私の人生に強烈な刺激を与えてくれた時はありません。四十名ほどのクラスメートの内、外国人はたったの二名？　だったと記憶しています。日本生まれの日本育ちは私だけでした。

当時、中国語の問題以外で私を悩ませたのは自分の容姿です。私は日中のマルチタレントになるという壮大な夢を持ち、この大学の演劇養成特別クラスで学びました。クラスメートとコンビを組み授業等で小品（寸劇）を発表する際、クラスメートの足を引っ張らないように、母国語でない中国語と日々必死に格闘していました。

中国語は日々進歩しましたが、努力してもどうにもならない事がありました。容姿です。ここでの留学経験を通して中国人の国民性を根本から深く体感し、学ぶ事となりました。ある日の放課後、あるクラスメートが寮の私の部屋に来てこう言いました。「美佳がどんなに才能豊かでも、先生方がどんなにあなたを褒めても、あなたがどんなに努力をしても、美佳は中国でタレントになんかなれない。その大きすぎる顔、ダイエットした所で所詮無理よ。もともと背が低いというデメリットの上、顔の中の骨格が太いのだから美容整形手術を受けて骨を削った方がいい」と。とんでもない事を言われたショックで頭にカーッと血が上り、思わず大声で「何て事を言うのよ！　ひどい！　じゃ、あなたは自分が私よりも美人だとでも言いたいの？　自分は整形しなくても顔が小さくて美人だから大丈夫だとでも言いたいの？」と激しく言い返していました。すると彼女は、「私も自分の容姿が良くないから実は手術をしようかどうかを悩んでいるの」と答えました。そして美容整形の広告が載っている新聞の切り抜きを私に渡してくれました。当時私は悔しくて、悲しくて一晩中泣き明かしました。国際電話をして今は亡き母に美容整形手術をすべきかどうか相談した事もありました。

クラスメートだけでなく、先生から「タレントになるには先天的な条件が悪い」と仰られた事が何度もありました。それに輪を掛けて、他のクラスメートからは「私のような美人ですら彼氏がまだいないのよ。美佳に彼氏が出来る訳ないでしょ」と、これまた胸をえぐられるような事も言われて、あっちもこっちも綺麗？　綺麗じゃない？　のオンパレード！　毎日自分の姿を鏡で見ては、辟易していた時期がありました。

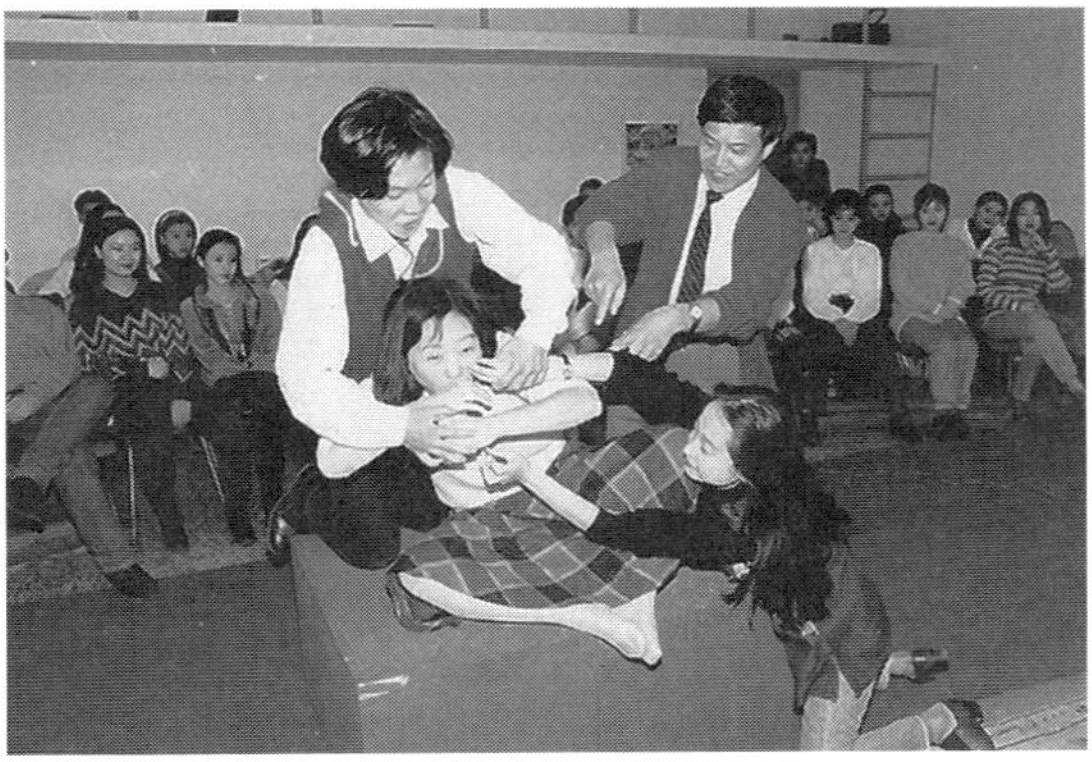
動物のまねをする授業（羽交い締めにされる猿役の筆者）
模仿动物的课堂上，作者双手倒插饰演猴子

あれから私も年を重ねて、今振り返って思い出すと、整形を勧めてくれたあのクラスメートは、私のために彼女なりの精一杯の気持ちでアドバイスをしてくれたのだと確信しています。私の容姿に不利があると言って下さった先生も、当時の中国の芸能界事情を理解していたからこそ、私の事を思い、言って下さったきつい一言であると今は理解しています。美人なのに彼氏がいないと嘆いていたクラスメートも、彼女の当時の価値観で、背が低くてぽっちゃり型は、彼氏が出来ないと思っていたのでしょう。結局私は自分の容姿を受け入れて美容整形はしませんでしたが、これらの出来事ではっきりと国民性の違いを実感しました。相手を思いやり気を遣って敢えて本音を言わない道も選ぶ日本人の国民性と、たとえ相手に恨まれても本音を包み隠さず伝える中国人の国民性。一見相反しているように見えますが、根本はどちらも相手への関心と小さな思いやりから生じています。

当時あるクラスメートがこんな事を言いました。「人并不是因为美丽而可爱，而是因为可爱而美丽」（美しい人が可愛いのではなく、可愛らしい人が美しいのである）。この言葉に先生方も興味を持ち、クラスの中で話題になりました。そして有難い事に、クラスメートや先生方は、「美佳は可愛らしい人です」と言って下さいました。後にこの言葉はロシアの文豪トルストイが残した言葉だと分かりました。クラスメート達は、心の奥底で心の美しさが本当の美しさだと理解しているようでした。

あれから約二十二年の時が経ちました。中国との御縁は続いています。中国の友人と私のＭＴＶ「我的宝贝」（私の宝物）という歌を作ったり、江西省の大学で日本語を教えた事もありました。日本国内でも、中国の友人達と泣いたり怒ったり時に喧嘩もして深く関わっています。約十年前、離婚と難病の母の看病に疲れきっていた私は、深圳で療養していた際、中国の友人が毎日届けてくれる手作り弁当に救われました。今は再婚して埼玉県小川町の町民会館で中国語講師として自ら手作りのオリジナルの台本を使い楽しく中国語を教えています。

日中間の様々な問題がある今、日中間の一庶民同士が本音で向き合い、たとえ喧嘩をしても理解し合う努力を重ねれば、それがいつか必ず強い絆となり、強い絆がたくさん集まれば、日中間の大きな問題を解決する糸口が見つかると私は信じています。出会った中国人の皆様に心からの感謝です。

小林 美佳（こばやし みか）

一九六九年、東京都出身。大東文化大学文学部中国文学科卒業。大学卒業後すぐに上海外国語学院（現在の上海外国語大学）へ留学、その後北京大学へ留学。約二年三カ月の語学留学を経て帰国。帰国後、ＮＨＫ日中合作ドラマ「大地の子」の制作スタッフの一員となり、中国語通訳として第三次中国冬ロケにも参加。その後一九九五年九月～一九九六年七月北京電影学院表演系九五表演訓練班で演劇や歌等の技術を学ぶ。その後中国で数々の人生経験を積む。トータルで約六年ほど中国で生活する。現在は、埼玉県小川町の町民会館で自ら作成したオリジナルの台本を教材として中国語会話を楽しく教える。中国で易経を学んだ経験も生かして占い師もしている。今年五月から、小川町社会教育委員として地域の文化教育の発展に力を尽くしている。中国での経験と自分の全てで、誰かを笑顔に出来る様な人生を送りたいと願っている。

追求真正的美

在北京电影学院表演系95表演训练班留学的一年，是我一生中受到最大心灵冲击的时期。

我记得在40多名学生中，外国人只有2名，而我是唯一一个土生土长的日本人。当时，除了中文，我最大的烦恼便是自己的长相。我梦想成为一名中日多栖艺人，于是进入这个大学的戏剧特训班学习。在课堂上和同学搭档表演小品（日本称之为寸剧）时，为了不拖同学的后腿，我每天拼命学习并非母语的中文，因而中文水平日渐提高。

然而有一件事，是我不论多么努力都无法改变的。那便是我的长相。通过留学期间有关容貌一事的各种经历，我深切感受到了中国人的国民性，也很有启发。

某天放学后，一位同学来到我的宿舍，对我说："美佳，不管你多有才华，不管老师怎么夸你，不管你多么努力，你都不可能在中国成为艺人。你这张大脸，怎么减肥也挽救不了。你看你，本来个子就矮，脸的骨骼又大，还是去做个整容手术把脸上的骨头削了吧。"突然被劈头盖脸地指责了一顿，我大吃一惊，气得火冒三丈，立马言辞激烈地反驳道："你在说什么啊！太过分了吧。你是想说自己比我漂亮吗？想说你自己不用整容也是个小脸的美女所以不用担心吗？"听到我这么说，她回答说："我也觉得自己的外表不够好看，所以也在犹豫要不要整容呢。"说罢她递给我一张刊登有整容广告的报纸。

当时的我十分苦恼，伤心地哭了整整一夜，还打国际电话给当时还在世的母亲，询问是不是真的应该做整容手术。不仅是同学，我的老师也不止一次对我说"你的先天条件太差了，做不了艺人。"更有同学甚至挖苦我道，"连我这样的美女都还没有男朋友，你就更不可能了吧。"这令我心如刀绞。为什么大家总围绕着长相做文章呢？我每天看着镜子里的自己，竟也开始心生厌烦。

如今回想起几年前的这件事，我意识到那位推荐我整容的女生，其实是真心为我好才鼓起勇气说了真心话。我也理解了我的老师之所以直言我的相貌不佳，是因为他十分了解当时中国演艺圈的情况，认真为我考虑之后才这么说的。而在当时没有男朋友的美女同学们的价值观中，个子矮小且微胖的我，的确是不可能找到男朋友的。最终我接受了自己的外貌，没有整容，但这件事让我清楚地认识到了日中两国国民性的差异。

日本人为了照顾对方感受，会故意不说真话，而中国人即使被对方憎恨，也要吐露真言。乍一看完全相反，其实从根本而言，两者都是出于对对方的关心和照顾。当时，有一位同学说过这么一句话：人并不是因为美丽而可爱，而是因为可爱而美丽。老师们也对这句话很感兴趣，在班级里引起过一番讨论。令我感激的是，同学们和老师们曾对我说，美佳很可爱。之后我才发现这是俄罗斯文豪托尔斯泰的名言。

同学们似乎打从心底认为，心灵之美才是真正的美。从那以后过了20年，我和中国的缘分一直在延续。我曾和中国朋友一起制作了我的MTV“我的宝贝”，也曾在江西省的大学里教过日语。在日本国内，更是和中国的朋友们吵吵闹闹，交情很深。大约在10年前，我遭遇离婚的打击，同时又照顾重病的母亲，身心俱疲。在深圳疗养时，是中国朋友每天送来的自制便当拯救了我。

现在我已经再婚，并在埼玉县小川町的町民会馆当中文老师，使用自制的特色剧本教中文，生活开心满足。虽然当下日中之间问题重重，但我坚信，只要两国百姓坦诚相待，即使发生争执也不放弃促进相互理解的努力，那么必定能形成强有力的情感纽带。众多的情感纽带汇集在一起，就一定能找到解决日中两国难题的突破口。

我由衷感谢出现在我生命中的每一位中国朋友。

小林美佳

1969年出生于东京都。毕业于大东文化大学文学部中国文学科。大学毕业后赴上海外国语学院（现上海外国语大学）留学，之后又赴北京大学留学，留学两年三个月后回国。回国后参与了NHK电视台日中合作电视剧《大地之子》的制作，担任汉语口译参加了中国第三次冬季外景拍摄。1995年9月至1996年7月在北京电影学院学习。前后在中国生活了约六年。现在除了在埼玉县小川町町民会馆教授汉语，还利用在中国学习的易经兼职算命。2017年5月起担任小川町社会教育委员，为当地的文化教育贡献力量。

二等賞

北京の約束

会社員　山口　真弓（首都師範大学）

「山口！」

教室中に響き渡る、先生の怒るような大きな声。「なんでまた私を指すの……。もう嫌だ……」

当時十九歳。北京の首都師範大学に留学したばかりの私は、先生から大きな声で呼ばれるたび、子供のように、いや子供以上に泣いていました。勿論私の回答は全て「不知道」（わかりません）。そんな短いフレーズさえ、小さな声でふるえながら答えるか、その簡単な言葉さえ発することができない時もありました。

そう、私は中国語が全然わからないまま、中国への憧れと期待だけで留学を決めてしまったのです。

日本の大学に入学して間もなく、大学の掲示板に中国留学希望者募集の紙が掲示されるようになりました。私は、留学なんて夢のまた夢と思い、自分には関係ないことと思いながらも、何度も何度も掲示板の前を通り、募集要項を全部覚えてしまうくらいになりました。ただその時は、結局応募締切までには応募をすることをしませんでした。自信がなかったのです。そして、何日か経ち、募集の掲示板の紙もはがされた頃、大学の先生に突然「実は今年は誰も中国に行く希望がでなかったから、もしよければ行ってみたら？」と言われたのをきっかけに、私はその言葉を待っていたかのようにその場で了承し、その瞬間から急ピッチで留学への準備を始めました。ＶＩＳＡの取得、海外保険の加入、海外送金用口座の開設……。アルバイトをしながら、大学の授業を受けながら、留学の準備は勿論大変でしたが、出発の日が近づくにつれ、中国への憧れや期待は日に日に増していきました。

そして中国へ渡り、授業が始まりました。思い描いた明るく、楽しい留学とはかけ離れ、担任になったのは、怖そうな男の先生でした。その先生によって、私の苦しく、辛い留学生活が始まったのです。

まず授業が始まり、私はすぐに先生がおっしゃっていることが一語もわからないことに気づきました。しかしながら、そんな私の気持ちなど先生は、考えもしていない様子で、私の名前を授業中に、何度も何度も大きな声で呼び、回答を求めてきました。最初は、「不知道」を大きな声でいっていましたが、先生に大きな声で指されるたび、自分が情けなく、悲しくなり、大きい声から、小さな声になり、小さな声からしまいには返事をしないこともありました。毎日、授業が終わることばかりを考え、涙が自然とあふれてきましたが、先生はとにかく、私を指し続けました。私は、日がたつにつれ先生は私のことが嫌いなのだろうか、なぜこんなに嫌な気持ちにならなくてはならないのかと、考えはじめ、夢の留学生活とはかけ離れた、何もかもうまくいかない日々を悶々と過ごし、日本の製品をみるたびに帰りたいという気持ちでいっぱいになるみじめな生活を過ごし、苦しくなっていました。

そんな生活の中で、友人にも支えてもらいながら、しばらく生活していくと、だんだんと先生が何を言っているのかなんとなくわかるようになり、涙を流す回数も減り、半年後には先生にはびくびくせず、さされても答えられる回数が増えてきました。そしてだんだんと北京が冬から春、夏に季節が移り変わっていくように、私も冬を乗り越え、北京や先生のこともだんだんと好きになる余裕がでてきたのです。

そうして、月日が流れ、とうとう授業最終日になりました。先生はクラス生徒一人一人にコメントをくれ、私の順番となりました。先生は、しばらく沈黙した後、こう私に言いました。「山口は俺のことといじわるって思っ

首都師範大学でクラスメートと
与同学们一起在首都师范大学合影

てたでしょ。でも意地悪ではなくて、なんとか山口をクラスにとけこませ、中国語の基本的な受け答えができるようにすることが俺の目標だった」と。一気にしゃべり、優しく微笑んでくれました。その瞬間私は、心の中にふっとあたたかな風が吹き、今までの先生に対する誤解の気持ちや、辛かった気持ちや、寂しい気持ち、感謝の気持ちなど言葉にできない複雑な感情がどっと流れ落ち、涙が止まらなくなりました。先生は、「日本へ帰っても頑張って、中国語の勉強をしっかりやって。約束です」といい、それが最後のお別れの言葉となりました。

そして、私は日本へ帰国しました。それからの私は先生と約束した言葉通り、大学生活の中心を中国語学習にあて、卒業するまで、自分なりに満足のいくよう努力をし続けることができました。

あれから、もう七年が経ちました。その間に仕事や旅行で何度も中国へ行く機会がありましたが、あの時の先生には、会うことはできませんでした。もう二度とあの時間には戻れないけれども、でも、中国語を頑張っていれば、いつかきっときっと先生に会えることを信じています。先生またいつか会いましょう。そう、またいつか必ず。

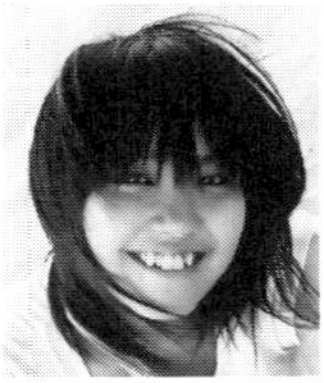

山口 真弓（やまぐち まゆみ）

一九九〇年生まれ。大学一年生の時に初めて、北京、上海、武漢を訪問し、中国の魅力を知る。その後、中国語の学習に力をそそぎ、北京の留学のチャンスをつかむ。また、威海での窓工場のインターンシップの経験も有り。現在、中国語能力の向上と中国文化の更なる理解のため、通訳学校に通学中。将来は、中国語を使い、日中友好の使命を果たすとともに、中国全土を旅行することが夢。

山口真弓

1990年出生。大学一年级时首次前往北京、上海、武汉等地感受到了中国的魅力。之后潜心学习汉语，并获得了赴北京留学的机会。曾在威海的窗户生产工厂实习。为提升汉语水平和加深对中国文化的理解，现在参加翻译学校的学习。将来希望能用汉语为日中友好贡献力量。梦想是到中国全国各地旅游。

山口 真弓

北京之约

“山口！”

老师的喊声回荡在教室上空，仿佛带着怒气。

“怎么又叫我？唉，烦死了。”

当时的我19岁，刚到北京首都师范大学留学。每次听到老师大声地叫我的名字让我回答问题，我都会像孩子一样，不，是比孩子更过分地哭泣。不用说，我的回答全是“不知道”。而有时候，就连这一个短短的词语我也只能战战兢兢地小声说，甚至根本说不出口。

是的，那时候的我完全不懂中文，单凭着对中国的憧憬和期待就决定来中国留学。

在日本刚上大学不久，学校的布告栏上贴了一则招募赴中国留学学生的公告。从未幻想过留学的我刚开始以为这和自己毫无关系，然而一次次地从布告前走过，不知不觉中记住了招生简章的全部内容。只是那时候我对自己毫无信心，因此并没有在截止之前报名。

过了几天，在公告被撤下之际，大学老师突然对我说：“今年没有一个人报名去中国留学，要不山口你试试？”我像是很早之前就等待着这份邀请一样，当场便答应下来，从那一刻起就马不停蹄地开始准备留学：办签证、申请境外保险、申请境外汇款账户等等。一边打工、上课，一边准备留学的日子非常辛苦，但是随着启程的日子一天天临近，我对中国的憧憬和期待也与日俱增。

之后我来到了中国，开始上课学习。然而，一切与我想象中的轻松愉快的留学生活相距甚远。我的班主任，是一名面相严厉的男老师。在这位老师的“魔爪”之下，我开始了辛酸痛苦的留学生涯。

一开始上课，我便发现老师讲的东西我一句话也听不懂。然而老师似乎完全不考虑我的感受，在课上无数次大声地叫我回答问题。刚开始，我大声回答说不知道，之后越来越觉得难为情，觉得难过，于是回答的声音变得越来越小，以至于最后连“不知道”这三个字都说不出口。那时的我，每天只想着什么时候能下课，也经常不由自主地落泪。而老师依然不停地点我的名字。随着日子一天天地过去，我开始觉得老师是不是讨厌我，又不明白为什么要讨厌我。

这不是我想象中的留学生活。我终日闷闷不乐，觉得诸事不顺，一看到日本制造的产品就想回国，十分辛酸。

幸好这段时间我得到了很多朋友的鼓励，而随着时间的推移，我也慢慢地能够听懂老师上课的内容，哭得也少了。半年后，我不再惧怕老师，被点名回答问题时也能够沉着应对了。

冬天终于过去，北京迎来了春夏时节。我也熬过了生活的寒冬，开始喜欢北京，喜欢老师。

时光如梭，转眼到了期末。在最后一节课上，老师为每一位学生准备了寄语。轮到我时，他停顿片刻，说道："山口，你可能觉得我总在故意刁难你吧。其实我这么做，是希望你能快速融入班级，学会中文的基本应答啊。"说罢，他温柔地朝我一笑。那一瞬间，我的心中仿佛有暖风拂过，长久以来对老师的误解、留学时的痛苦、寂寞、感谢等等五味俱全的心情全部一扫而空，眼泪不住地往下流。

"回到日本后也要继续加油，好好学习中文。这是我们之间的约定。"这是分别时老师对我说的最后一句话。

回国之后，我遵守约定，把学习中文作为大学生活的重心，坚持不懈地努力，直到毕业。

自那以后又过了七年。七年里我因为工作或旅行回过很多次中国，却一直没有机会见到老师。不过我坚信，虽然无法回到留学时代，但只要我努力学习中文，就一定会再次和老师相遇。老师，我们一定会再见面的，一定。

二等賞

人生を変えた重慶留学

会社員　伊坂　安由（重慶大学）

二〇一〇年大学三年時、私は中国政府奨学金留学生として重慶大学大学院へ一年留学しました。日本人が殆どいない環境で不安もありましたが、これまでの人生で最も辛くもあり、最も楽しくもあり、様々な経験をし、その後の私の人生観が大きく変わりました。

何故重慶かと言うと、北京に旅行した際、大地と歴史的建築物の壮大さに魅了され、また急速な経済発展を目の当たりにし、内陸部では？　と想いを馳せたからです。更に、日本人が極力少ない地域が良いと思い、重慶を選びました。

実際、重慶大学のクラスは五十人程いた中で、日本人の私と二人の留学生以外全て中国人でした。大学で第二外語として中国語を履修していたものの、最初は授業（全教科中国語）が全く解らず相当苦労しました。私はもう自分から話さなきゃ何も始まらないと思い、毎日クラスメートに話しかけました。そして「好朋友」と呼んでくれる程になると、彼らの何倍も予習復習に時間がかかる私の為に食事を用意してくれたり、「安由用の授業解説ノートだよ！」とノートを手渡された時は、感激し泣いてしまいました。最初中国人は冷たいというイメージを持っていましたが、日本と中国で親切の仕方に違いがあるだけで、「身内」と判断した人にはとことん手助けしてくれます。そんな心の温かさが身にしみました。

次に、最も驚いたのは中国人学生の勉強への意欲です。授業は朝から夜十時頃まであり、授業後も図書館で閉館（十二時頃）まで自習していました。全寮制でアルバイトをする学生はおらず、日本の大学生の生活とはまるで違っていました。私も多い日は十時間程授業を受け、彼らに負けじと奮起させられ、これまでの人生で一番と言ってよい程勉強を頑張れました。「何のために大学に進学させてもらったのか」「結果を出し上に這い上がりたい」という言葉を聞いた際、私はハッとし、このハングリー精神こそ中国の目まぐるしい経済発展に繋がっているのだと思いました。また同時に、日本はうかうかしてられないと危機感も持ちました。何百人の留学生の中で日本人はたった五人程でしたが、世界中、特にアフリカやイスラム圏の国々、東南アジアの学生の多さに圧倒されました。そしてそれは、経済において、中国が世界中の国にとって重要な存在となっている事の現れだと実感しました。

重慶黒山谷にて、中国の友人及び留学生と
重庆黑山谷，与中国朋友及留学生们合影

また、重慶には「解放碑」があり、特に反日感情が高い地域と思い込んでいました。当時、尖閣諸島問題が浮上し日本でも大きく報道され、確かに私も街で暴言をあびせられる事もありました。しかし、クラスメートとの議論の中で、日本政府への不満も聞きましたが、日本製品不買や、日本人自身を否定するようなことはありませんでした。むしろ、中国を客観的に捉え、日本についての理解も深く、近代文化や経済発展を称賛する声も聞けました。国と国の問題は複雑で簡単ではないですが、個人間では認める部分は認めてもらえて嬉しく感じると共に、若者の政治無関心を問われる日本で、私はもっと自国に関心を持たねばと気付く機会となりました。

更に、生活上では、決して便利で快適ではありませんでしたが、そこから多くのことを学びました。当時はまだインフラが整備されておらず、真冬の冷水シャワー（中国人学生寮にはシャワーもなく、熱湯をバケツに汲み部屋に運び、水を足して体を洗っていた）、流れないトイレ、寮のエレベータの閉じ込め等色々と大変でした。交通手段もほぼバスとタクシーのみで、道は常時大渋滞でした（起伏が激しく、自転車は一台も見ませんでした）。そんな中、颯爽と駆け抜ける重慶モノレール（日本のODAで建設、日立製作所製）を目にし、感動したのを今でも覚えています。私は日本がいかに恵まれているか痛感すると共に、生活インフラの重要性を実感しました。

その後帰国し就職の際、留学時に不便・苦労したことから、インフラ等の日本の技術を通じて、世界に快適な生活を提供したいと日立製作所に入社しました。エレベータ、発電機等の国内営業を経て、現在医療分野で念願の海外関係の仕事にチャレンジ中です。

今社会に出て改めて思うことは、若い人には「井の中の蛙」にならぬよう世界へ飛び出して欲しいということです。いかに日本の環境が恵まれているか客観視できると共に、中国人とは、経済発展の所以、世界から見た中国、都市と内陸の違い、重慶で言えば何故辛い食べ物ばかりなのか等、現地に行き、人々と触れ合い、初めてわかることばかりです。そして一番は、中国の学生のハングリー精神、勉強への意欲を間近で見て、危機感を感じてほしいのです。私は留学がきっかけで、自分の勉強への姿勢を見直し、また将来どうなりたいか目標をもち、それに向かって懸命に努力することを学び、そしてそれが今に繋がっています。更に、七年経った今でも、結婚式参列の為に遥々来日してくれた友人に出会えたことは、一生の宝物です。

伊坂 安由（いさか あゆ）

名古屋出身。高校時代東方神起の追っかけとなり台湾、韓国のファンと交友、アジアに興味を持つ。二〇〇八年津田塾大学英文科入学。中国語を履修し、北京旅行がきっかけで中国に魅了され、留学を目指す。二〇一〇年重慶大学大学院貿易・行政学院へ中国政府奨学金留学生として留学。留学中に新HSK六級を取得。韓国語、英語も話す。二〇一三年津田塾大学卒業後、日立製作所 都市開発システム社入社。国内営業を経て、現在医療分野で海外マーケティングに従事。

伊坂安由

出生于名古屋。高中时喜爱东方神起，与台湾、韩国的粉丝们广泛交友。对亚洲抱有浓厚兴趣。2008年就读津田塾大学英文系。在大学内兼修汉语，以北京旅游为契机感受到了中国的魅力，期望赴华留学。2010年获得中国政府奖学金，赴重庆大学研究生院贸易行政学院留学。留学期间取得新汉语能力考试六级证书。精通韩语，英语。2013年从津田塾大学毕业后进入日立制作所城市开发系统公司工作，曾隶属该公司国内营业部门，现担任医疗领域海外市场销售工作。

改变我人生的重庆留学

2010年大学三年级时，我作为中国政府奖学金获得者在重庆大学留学一年。虽然这个几乎没有日本人的地方曾令我忐忑不安，但这段充满酸甜苦辣的时光丰富了我的阅历，也极大地改变了我的人生观。

之所以选择重庆，是因为我在北京旅游时，被富饶的大地和壮观的历史建筑所震撼，目睹了北京经济迅速腾飞的我进而将目光转向中国内陆，想一探究竟。而我又想去一个日本人越少越好的地方，因此选择了重庆。

事实上，在重庆大学50多人的班级中，除了我和另外两位留学生之外，全是中国人。虽然我在大学里辅修中文，但是开始根本听不懂上课的内容(教材全部是中文的)，学得相当艰难。我意识到必须开口说话才能提高中文水平，于是每天主动和同学们聊天。当同学们慢慢地接纳我，把我当成好朋友后，他们不仅为我准备饭菜，甚至还送给我课堂笔记，说道：“这是给安由的！”我当时感动得热泪盈眶。

刚开始我曾认为中国人很冷漠，但我现在明白，只是他们表达热情的方式和日本人不同而已。我也切身感受到了中国人的这份情义：只要认定对方是自己的伙伴，他们就会全力帮助。

另外，在留学期间最令我震惊的，是中国大学生的学习热情。他们从早晨开始上课直到夜里10点，下课后又去图书馆自习到12点直至闭馆。他们住在学校里，从不打工，和日本大学生的生活截然不同。我也受到他们的鼓舞和激励，发愤图强，刻苦学习。这段时间成为了我人生中最为努力的日子。

我曾问他们“为什么上大学呢？”

“为了能够站得更高，看得更远。”听到这个回答时，我大吃一惊。我想，这种如饥似渴，不懈追求的奋斗精神，正是当今中国经济飞速发展的原因吧。感叹之余，我也感受到了强烈的危机：日本很可能稍不留神就被中国超越了。

学校几百名留学生中只有5个日本人，而来自世界各地，特别是非洲、伊斯兰国家、东南亚国家的学生占了绝大多数。这也让我意识到，中国是当今世界极其重要的经济实体。

我一直认为重庆的“解放碑”是反日情绪很高的地方。当时，钓鱼岛问题日渐严峻，日本方面也大肆报道，我也曾在街头遭到言语攻击。然而，同学们在探讨这件事情时，虽然也表达了对日本政府的不满，但是并不赞成抵制日货、全盘否定所有日本人之类的行为。他们认为，应当客观地看待中国，并深入了解日本，也有很多同学称赞日本的近代文化和经济发展。虽然国家之间的问题非常复杂，但是作为平民百姓，能与中国人求同存异、互相尊重，这让我十分开心。在日本，年轻人们并不关心政治，这份差异让我意识到作为公民，应该多关心国家大事。

在重庆的生活虽谈不上舒适便利，但也收获颇丰。当时因为基础设施尚不完善，遇到了很多困难。我们在寒冬中洗冷水澡（中国的学生宿舍里连淋浴都没有，只能用铁桶打热水拎回宿舍，舀水洗澡），用着经常堵塞的厕所，也曾被关在宿舍的电梯里，生活实属不易。出行也几乎只能靠公交车和出租车，时常遇上严重堵车（因为重庆地形起伏大，道路上几乎没有自行车）。因此当我看到英姿飒爽的重庆有轨列车（作为日本ODA项目由日立公司制造）穿城而过时，心中十分感动，至今难忘。

回国求职期间，因为深感留学期间的不便和辛劳，所以希望通过日本基础设施方面的先进技术，为全世界的人们提供更加舒适的生活。抱着这样的想法我进入日立公司工作，在日本国内负责电梯、发电机等销售业务，现在奋战于曾经梦寐以求的国际事务部门，从事医疗领域的工作。

经过多年摸爬滚打，我想要劝诫年轻的人们，不要成为井底之蛙，要走向世界，不断开拓。

通过留学，我不但客观地认识到日本生活环境之美好，在与当地人们的接触中，还明白了中国经济为何得以腾飞、世界如何看待中国、中国沿海都市和内陆地域有何区别，以及重庆人为什么嗜辣如命等等问题。同时，我切身体会到了中国人奋发图强、拼搏向上的精神，作为日本人感受到了强烈的危机。

通过留学，我也重新审视了自己的学习态度，明确了今后的目标，并决心为之不断奋斗。今天我所收获的一切，都与当时的耕耘息息相关。而7年之后，不远万里来日本参加我的结婚典礼的中国朋友们，更是我一生的宝贵财富。

二等賞

ボランティアで中国に恩返しを

大学生　高橋　豪（北京大学）

「成長させてくれた中国に、何か恩返しをしたい」

長いと思っていた一年間の留学も、気付けばもう残り三カ月。終わりに近づくほど、やり残したことが次々と頭に浮かぶ。冒頭の想いは、そんな四月某日に導き出した結論だ。

二〇一五年秋に始まった北京大学での留学生活は実に刺激的だった。中国各地のみならず、東南アジアを始め世界各国から集うエリート学生に交じって講義を受け、レポートやプレゼンを必死にこなし、語学力も知識も精神力も叩き上げられた。日常生活を彩る最先端のネットワークサービスには、急成長するアジア経済のダイナミズムを感じた。そして休日は中国各地に繰り出す南船北馬の日々。悠久の歴史が生んだ文化遺産を巡っては、趣を感じ取った。収穫が多かっただけに、私はそれに見合う集大成の場を欲していた。

絶好の舞台はすぐ見つかった。「世界を結ぶ使者求む」

と銘打って、中国宋慶齢基金会主催の国際青少年サマーキャンプが学生ボランティアを募集していた。毎年七月に世界中の子供達を中国に招き、文化に触れつつ幅広い国際交流を実践するイベントだ。日本からの参加者向けに、日本語ができる学生も必要とのこと。私は中国人学生ばかりのボランティア選考に飛び込む決断をした。

面接の日、私は張り切ってスーツを着ていった。だが周りにそんな人はいない。「日本流」を貫いたつもりが逆に好奇の目にさらされ、恥ずかしい思いをしたことは忘れられない。「この国ではラフにオープンに、自分をさらけ出すことが求められる。もっと溶け込まなくては……」と気持ちを切り替えた。研修は、運営団体の名前にもある、世界平和と子供の教育に貢献した宋慶齢女史の旧居で行われ、中国流のボランティア精神を学んだ。その後の作文やダンス練習などの選考では、自分が感じた中国の良さでもある、明るく真っすぐな感情表現を心がけた。そうした甲斐あって、ただ一人の日本人留学生の行動や視点には、誰もが興味を示してくれた。六月に発表された最終メンバーのリストに自分の名前を見つけた時は、言い知れぬ達成感があった。私はこのキャンプ史上、初の日本人ボランティアだという。

嬉しさとともに、重責を背負う自覚も芽生えた。この年のキャンプ参加者は過去最多の二十三カ国三百人以上だと知らされた。それだけ中国が注目を集めているのだろう。これほど多くの子供を相手に、中国側のホストを務めることになる。留学生には身に余る大役を任されたありがたみを噛みしめながら、必ず恩返しを遂げると心に誓った。

2015年秋、初雪に覆われた北京・慕田峪長城にて
2015年秋，在初雪覆盖的北京慕田峪长城留影

迎えた七月の最終週、北京は期待通り、さながらミニ万博のような雰囲気に包まれた。キャンプ本番は毎日朝から晩まで厳選されたイベントが続く。書道や工芸品作り、京劇衣装の着付けなどのブースが一堂に会し、中国文化のフルコースを味わう催しは大成功。定番の雑技鑑賞もあれば、万里の長城に登って特設のポストに母国宛の絵葉書を投じられる粋な計らいも。また、各国の文化を共有する展覧会や舞台パフォーマンスも何度も設けられ、中国に親しみつつ世界中の友達を作れるようなイベント設計となっていた。私が面倒を見た日本の高校生達は、浴衣を着てソーラン節を踊り拍手喝采。運営にいそしみながら、世界中の学生が初めて触れる中国文化に目を輝かせながら楽しむ様子を見ていると、どこか誇らしい気持ちになった。

キャンプの後半は夜行列車で内モンゴルに移動し、大草原に囲まれたパオに宿泊した。広い中国からするとほんの一部にすぎないが、多様性に満ちた国という印象を与えるには十分だ。満天の星空の下で馬頭琴の演奏に合わせてキャンプファイヤーの周りを踊り回った夜、国境を越えた一体感に誰もが酔いしれた。内モンゴルでの移動は日本と中国の参加者で一台のバスだった。車内でのハイライトは私が通訳を務めて開いた日中歌合戦。「Let it go」などを日中両言語で歌い盛り上がった。ボランティアとして良い橋渡しができたと満足している。

八日間にわたる非日常的な体験だった。やはりこの国の風土には人を引きつける魔力がある。中国の魅力を伝えるつもりが、魅せられたのは私の方だ。一つ目は、中国でのボランティア精神の社会的価値の高さ。現地の大学生は皆何か社会貢献をしたい意志が強く、こぞって活動に志願する。向上心と洞察力に富んだ中国人学生との交流にも醍醐味があった。二つ目は、中国が兼ね備える多様性と奥深さを再認識できたこと。この感覚は実際に見聞して初めて分かるものだと思う。そして中国は官民様々なレベルで国際交流の門戸を開いていることにも気付く。日本としても、多感な青少年がこうした機会にもっとアクセスしやすくさせる環境作りが必要だ。日本の若者が実体験を通して生の中国を感じ取ることは、日中交流の源泉にもなる。

中国はこうしてまた一つ私を成長させてくれた。私は来春から新聞記者の道を歩む。手足と五感で未来の日中関係の光明を描き出すことで、次なる恩返しを果たそう。

高橋 豪（たかはしごう）
一九九五年川崎市生まれ。早稲田大学法学部四年生。二〇一五年九月から二〇一六年七月まで北京大学国際関係学院へ交換留学。メディアに関心を抱き、中国国際放送局日本語部でのインターンシップを経験。二〇一八年四月に新聞社の記者職に従事する予定。主要論文「情報源から見た日本のメディア分析」（中国語）、「日中関係のカギを握るメディア」等。日中関係学会第五回宮本賞（学生懸賞論文）で優秀賞を受賞。

高桥豪
1995年出生于日本神奈川县川崎市。现在是早稻田大学法学系四年级学生。2015年9月至2016年7月在北京大学国际关系学院交换留学。期间对新闻媒体产生了兴趣，并在中国国际广播电台的日语部实习。2018年4月将进入报社成为一名记者。发表论文《从信息源看日本的媒体分析》（中文），《影响日中关系导向的媒体》（日文）等。曾获日中关系学会第五届宫本奖征文优秀奖。

高橋 豪

当一名志愿者回报中国

“中国培养我成长，我该如何报答呢？”

去中国留学之前我总觉得一年的留学期间是多么的漫长，可不知不觉地就只剩三个月了。越临近结束，越想到还有好多事情还没做完。本文开头的想法，就是在4月的某一天想到的。

2015年秋天开始的北京大学留学生活，给了我深深的感触。课堂上除了中国各地的同学以外，还有很多来自东南亚为主的世界各国的学生。我们在一起听课、一起写报告和做展示。在学习的过程中，我的中文语言能力、知识和意志力得到了很大的锻炼和提高。

在日常生活中，每天享受着先进的网络通讯服务，感受到中国经济高速发展的活力。节假日去中国各地旅游，感受中国悠久历史孕育出的文化遗产的魅力。总之我得到了太多的收获。我多想把我学到的东西都展现出来，以作为我的感恩与回报。

也正是在这个时候，我获得了一个绝佳的机会。我从北大的学长那里听到一个消息。中国宋庆龄基金会主办的“寻找连接世界的使者”国际青少年交流营正在招募大学生志愿者。每年7月份，都会有来自世界各国的青少年来到中国，边接触中国文化，边进行广泛的国际交流。因为会有日本学生来参加，所以需要会说日语的学生当志愿者，因此我决定报名参加这个学生志愿者的选拔。

在初选考试那天，我鼓足勇气，穿上了西装去面试。可是周围却没有一个穿西装的人。我本想按“日本式”的惯例进行，没想到引起了大家好奇的眼光。如此尴尬的情景使我至今难忘。“在这里需要更坦然、更开放，展现最真实的自己。我必须进一步融入才行……”。经过思考，我的心态也得到了调整和改变。培训活动都在为世界和平与儿童教育作出巨大贡献的宋庆龄女士的故居进行，主办方也是以宋庆龄名字命名的。我学到了奉献、友爱的志愿者精神。

在之后的作文和舞蹈选拔过程中，我以在中国学到的明快坦诚来对待。通过一番努力，组委会也渐渐地关注起像我这样的一个日本留学生。6月份选拔结果公布时，当我在入选者名单中看到自己名字的时候，我有一种从未有过的自豪和成就感。因为我成为了这个中国著名的青少年国际交流营史上第一个日本人志愿者！

兴奋之余，我也感到了肩上的责任重大。那一年的交流营参加者共有300多人，来自23个不同国家，创下交流营创办以来的最高纪录。这也证明了中国越来越受世界瞩目。以一名中国主办方成员接待来自各国的青少年们，还是一个留学生的我确实有些担心是否自己能够胜任，不过我下定了决心一定要圆满完成任务。

7月份的最后一个星期，北京充满了不亚于召开世博会的节日气氛。交流营的每一天，从早到晚举行着各种各样由我们志愿者精心策划和安排的活动。书法、工艺品制作、京剧服饰试穿等展台集聚一堂，仿佛一套中国文化的满汉全席，受到营员们的赞赏。野外活动也丰富多彩，既有传统的杂技观赏，也有登长城活动。登长城时，特地准备了一个特制信箱，让营员们投入明信片从长城寄回自己的国家。除了学习中国文化以外，交流营也组织了以各国营员为中心介绍各国文化的展示会及文艺演出，促进各国营员间的交流。我带领的日本代表队，穿上了浴衣，表演了著名的日本民族歌舞“拉网小调”，得到了大家的掌声与喝彩。虽然组织工作忙忙碌碌，当看到世界各国的青少年初次接触中国文化而表现出的兴奋不已的样子，心里有种说不出的高兴并感到非常的自豪。

交流营的后期，我们乘坐夜间列车去了内蒙古，并住在大草原上的蒙古包里。在幅员辽阔的中国大地，我们虽然只移动了很小的一段距离，但足以体验到这个多元化的国度，给我们留下了非常深刻的印象。各国青少年们围着篝火尽情地欢唱，沉浸在一片超越国境的和谐氛围中。

在内蒙古的几天，日本营员和中国营员每天同乘一辆巴士。行程中的高潮可以算是我翻译兼主持的日中歌唱会了。用日中两国语言同唱一首“Let it go”，使旅途的车内气氛非常和谐活跃。我为自己作为一名志愿者起到的友好交流的桥梁作用而感到满足。

8天的行程，给了我一次非凡的体验。我深深地感到，这个国度的风土人情有着一股吸引人的魔力。在宣传和传授中国魅力给各国营员的同时，我自己也被深深地吸引住了。第一，在中国，志愿者精神己越来越被公众所熟知和认可。许多大学生积极地参加社会奉献活动的意识非常高。能与这些具有上进心和活动能力强的大学生们进行交流，本身也是件非常有意义的事情。第二，这次参加志愿者活动使我对中国的多元文化以及悠久的历史有了新的认识。我深深体会到这些不是课本上所能学得到的，必须经过亲身体验才能理解。我发现中国的政府、民间在各个层次都开展着不同规模的国际交流活动。日本也应该为国内的青少年们创造更多的条件和机会，让日本的年轻人有更多体验中国，促进日中交流的机会。

这次在中国参加志愿者活动，使我实现了人生的又一次成长。明年春天我将成为一名新闻记者。我将以自己的力所能及为日中关系的友好发展做一份贡献，以此作为我更多的报答。

二等賞

これからの日中友好

会社員　吉田　咲紀（武漢大学／華中師範大学）

「若い諸君には、過去の戦争への責任はない。しかし、未来への責任はある。現在への責任もある」

高校三年生の夏、進路に悩んでいた私の心に深く刻まれた本の一説です。それまでは漠然と世界で可能性を広げていきたいと思っていた私は、この日中友好について書かれた本に出会い、中国を理解するところから自身の視野を広げていこうと決めました。

大学では中国語を専攻。学び始めてすぐに中国語の音の美しさに魅了され、本物の発音を身に着けたい一心で、先生のところに毎日のように通いました。また、中国語で自由に会話する先輩の姿に触発され、猛勉強。大学二年時に一年間の中国留学のチャンスを得ました。

私がたどり着いた場所は湖北省武漢市。三大釜戸の一つと言われ、夏は四十度近い日が続きます。最初は言葉の壁や、慣れない生活に悩みましたが、とても気さくな武漢の人々に励まされ、私の留学生活は毎日が発見と感動でいっぱいでした。タクシーに乗れば、毎回車中は中国語の発音練習会。お話し好きのおじさん、おばさんドライバーが私の発音を鍛えてくれました。以前、武漢のラジオ放送で日本語講座が放送されていたそうで、当時学んだ日本語を嬉しそうに話してくれた方も少なくありませんでした。

留学生活も中盤に差し掛かったころ、忘れられない出来事が起こりました。中国の文化にもっと触れたいと、音楽が好きだった私は、小さな楽器店で二胡を習い始めました。ある日のレッスンが終わり、教室の外で先生や、子供を待っているお母さん方とおしゃべりをしていると、あるおじさんが私にこんな質問を投げかけました。

「日本では日中間の歴史のことをどう教えているんだい？」

それまでの笑い声でいっぱいだったおしゃべりの輪が、一瞬にして中国人対日本人の私という構図に変わったように感じました。いろいろな思いが頭を駆け巡り、小さくなっていく自分。身体は固まり、溢れてくる涙をこぼすまいと必死になっていました。何の涙か。決して怖かったのではありません。ただただ歴史を知らない、答えられない、言葉が見つからない。そんな自分に気付き、情けなく、申し訳なく、恥ずかしかったのです。

その時、あるお母さんの「いいのよ」という明るい声が響きました。続けて「国と国の間にはいろいろな問題があるけど、こうやって民間の私たちが仲良くしていくことが大事なのよ。あなたもお母さんと離れてさみしい思いをしているんじゃない？　今度うちに餃子を食べにいらっしゃい」と。そして、会ったばかりの私に、お宅の住所、どのバスに乗っていくのか等、事細かに紙に書き、手渡してくれたのです。その瞬間、心がとても温かくなり、安心感でいっぱいになりました。その日の夜、母に電話でこの事を伝えると、電話口で「良かったね。ありがたいね」と涙しているのがわかりました。母親が子供を思う気持ちというのは、世界共通なのだと感じました。

2010年、鳳凰古城にて
2010年，凤凰古镇留影

武漢の一年間の留学は、本当にあっという間でした。一年間で出会えた人、学べたこと、貴重な体験は数え切れません。そして、学んだ中国語を使って、もっと中国の人の中に入って、中国を理解したい、学びたいという思いを強くさせました。

大学を卒業した五日後。私は再び武漢の地に戻っていました。大学院に進んだ私が学んだのは中国近現代史。きっとあの楽器店での一コマが、私にこの道を選ばせたのだと思います。研究のテーマは「戦時児童保育会」。戦時中、中国全土の孤児を救おうと各界の女性によって武漢で設立された組織です。論文を書く中で、たくさんの資料に触れ、歴史を直視することがどれだけ難しく、心を遣うことかを知りました。そして、中国の方が、日本との友好を望まれる心がどれだけすごいことなのか、また先人たちが日中友好の道を切り拓かれたことがどれだけすごいことなのか、まだまだ一端ではありますが、頭ではなく、心で学ぶことができました。この自分の意識が変わったことが、四年半にわたる中国留学での大きな財産です。

帰国後は、日中の文化交流に携わっていきたいとの思いで、外国語教材を企画販売している会社に就職。現在に至るまで、中国語学習者のサポートに従事しています。言語は相手の国を理解する第一歩。私自身が中国語を学び、中国でたくさんの友人と出会えたように、そして視野を大きく広げることができたように、今サポートしている方々にも、語学を手段とし、中国への理解、友情をより深めていただきたいと日々願っています。

日中国交正常化四十五周年という大事な佳節を迎え、中国で築いた友情を大切に、現在、そしてこれからの日中友好を、今いる場所から推し進めていこうと決意を新たにしています。

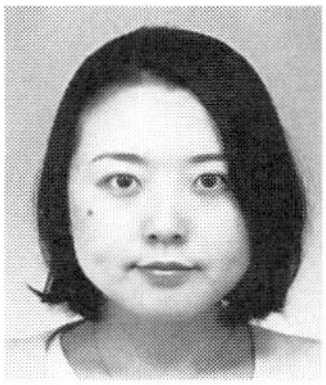

吉田 咲紀（よしだ さき）

一九八五年埼玉県生まれ。創価大学文学部外国語学科中国語専攻卒業。二年次に武漢大学へ一年留学。華中師範大学修士課程卒業。帰国後、外国語教材の企画販売の会社で中国語学習者のサポートに従事。

吉田咲纪

1985年生于琦玉县。毕业于创价大学文学院外语系汉语专业，二年级时曾赴武汉大学留学一年。获华中师范大学硕士学位。回国后，进入外语教材策划销售公司工作。

日中友好的未来

“各位都年轻，不需要背负过去战争的责任。但是，对现在，对未来，你们是要负责的。”

高三暑假从书上读到这句话的时候，我正在为自己的出路发愁。从此，这句话深深刻在我心上。在那之前，我一心想要走向世界挑战自己，却无从下手。读了这本关于日中友好的书后，我决定先从“理解中国”开始，不断开阔自己的视野。

于是我在大学里选择了中文作为自己的专业。一开始接触中文就被它优美的发音所吸引，我渴望掌握标准的中文发音，于是每天都到老师的研究室补习，并以中文流利的学长们为榜样，发愤图强，终于在大二获得了前往中国留学一年的机会。

我去的地方是湖北省武汉市。武汉被称为“中国三大火炉”之一，夏天连日接近40度的高温。刚开始，我语言不通，生活不适应，很是苦恼，不过爽朗的武汉人不断地鼓励着我，让我的留学生活充满了新奇和感动。武汉的出租车司机们很喜欢和人唠嗑，于是出租车成了我练习中文发音的绝佳场所。而武汉的电台曾经播放过日语课堂的节目，很多人通过这个节目学习过一些日语，因此有些人会开心地用日语和我交流。

留学生活快过半时，发生了一件令我终身难忘的事。当时我很喜欢音乐，也想多了解中国文化，于是到一家不大的乐器店学习二胡。一天上课结束后，我和在教室外等待下课的阿姨们聊天，其中一位叔叔突然抛给我这样一个问题：

“你们日本人是怎么学习中日历史的？”

欢声笑语、热热闹闹的和谐气氛突然被这句话打破，眼前的所有中国人似乎都站在了我的对立面。我愣在一旁，强忍泪水，无数想法涌上头来，感觉自己孤立无援。我为什么会掉眼泪呢？绝不是因为害怕，而是我确实不懂历史，不知道怎么回答，也找不到合适的语言表达。我为这样的自己感到难为情，也觉得很抱歉。

就在那时，一位阿姨的一声“没事儿”解救了我。“国家之间有很多问题，但是我们民间和睦相处才是最重要的。你离开妈妈来到中国一定觉得很寂寞吧，下次来我家吃饺子！”说着就把她的家庭住址、坐车路线等等信息详细地写在纸上，递给了刚刚认识的我。那一瞬间，我的心中涌起阵阵暖流，不安的心情也平静下来了。那一晚，我给妈妈打电话，告诉她这件事情，妈妈在电话那头流着泪说道："太好了，太感谢了。"我想，母亲爱孩子的心情全世界都是一样的吧。

在武汉一年的留学生活转瞬即逝。那一年里，我遇到了很多人，学到了无数的知识，也拥有了无数珍贵的体验。我也更加迫切地希望自己能够掌握中文，走近中国人，深入了解中国。

大学毕业后的第五天，我再次回到了武汉，作为一名硕士研究生攻读中国近现代史专业。我想，一定是当年在乐器店发生的那一幕在冥冥之中决定了我现在的道路吧。我的研究课题是"战时儿童保育会"，这是一个战时由社会各界女性在武汉成立的、致力于援助全国各地孤儿的组织。为了写论文，我阅读了很多相关材料，虽然理解尚浅，但是真正发自内心地体会到：直面历史，何其艰难，日中友好，筚路蓝缕。这种在思想上发生的变化，是我在中国四年半的留学生涯中得到的最大财富。

回国后，我希望从事日中文化交流相关的工作，于是进入了一家策划、销售外语教材的公司。到现在我也一直在工作中帮助人们学习中文。语言，是理解一个国家的第一步。

我诚挚地希望，我现在所帮助的每一位学生，都能像当年的我一样，努力学习中文，在中国交到很多朋友，开拓自己的视野，期望他们都能通过学习语言，理解中国，加深和中国的友谊。

在日中邦交正常化45周年之际，我下定决心，要好好珍惜在中国结交的情谊，从自己身边做起，为今后的日中友好做出力所能及的贡献。

二等賞

世代を超えて引き継ぐべきこと

会社役員　細井 靖
（北京語言学院／北京大学）

私が初めて北京に降り立ったのは一九八一年九月十日のことでした。当時、私は日本興業銀行という銀行で働いており、他の銀行の留学生十数名と一緒に中国銀行の受け入れで中国に足を踏み入れました。到着時刻が遅かったこともあり空港は非常に暗く、留学先の北京語言学院（現北京語言大学）までの道もでこぼこで、よく見ると道路脇には羊が草を食み、まだ暑い時期だったからでしょう、多くの農民が外にベッドを持ち出して寝ている風景が目に入りました。「これはとんでも無い田舎に来てしまった」と思ったのは私だけでは無かったと思います。語言学院の宿舎に着いてもその暗さは同じで、これからここで二年の歳月を過ごすのか、と思うと日本に残してきた家内のことが思い出され感傷的になったことを覚えています。語言学院の裏を走る蒸気機関車の「ポー」という汽笛、「ガシャンガシャン」という蒸気機関車特有の車輪の金属音が聞こえてきた時は一九六〇年代、自分が子供だった頃を思い出し何とも言えない郷愁を感じたことも鮮明に覚えています。そんな形で始まった留学生生活も、翌朝「北京秋天」の言葉の通り素晴らしく晴れ渡った北京の町を歩くと一気に不安も消え、新しい生活に対する夢や期待が膨らんでいきました。

学校の授業は語学力に応じたクラス分けがなされ、文法や発音、閲読など、いくつかの科目を各担当の先生方が熱心に教えて下さいました。生徒は必ずしも全員が熱心だった、とは言えなかったかも知れません。授業は午前中で終わり、午後、私は何人かの先生に「補導（補習）」という個人授業を受けていました。先生方は非常に親切で、私も先生の熱意に押されて「もっと真面目に勉強しなくては」と思ったものです。その時の先生の一人、宋春菊先生には二年目に遅れて留学してきた家内もお世話になりましたし二十二年後、私の息子もお世話になっています。

当時は文化大革命の後遺症が残っていた時期で、同じ敷地内に住む中国人学生との交流には制限がありました。それでも届出をすれば留学生宿舎に彼らを呼んだり彼らの宿舎に我々が遊びにいったりすることができました。我々留学生は学校の提供する住環境に不便を感じていましたが中国人学生の部屋を訪れると彼らは二段、三段ベットで暮らしていて、外国人留学生が如何に優遇されているのかを知ることも出来ました。彼らは部屋では勉強がしづらいのでしょう、試験前には街灯の下で遅くまで教科書を読んでいて、その勤勉さを見るとお酒を飲んで騒いでいる自分達が恥ずかしく感じられたものです。また、我々外国人がゴミ箱に捨てたカップ麺の容器を学校の先生が拾って鉢植えにして花をベランダに飾っているのを見て物を大事にする姿勢、精神的な豊かさと言った、我々が失ったものは何だったのか、考えさせられたものでした。

1982年春節、桂林璃江下りの船上にて留学仲間と

1982年春节，与留学伙伴在桂林漓江游船上

学校行事で一番楽しかったのは長期休暇中の旅行でした。学校がアレンジしてくれる行事、或いは当時は外国人に許された地域のみの訪問ではありましたが、シルクロードや南京、武漢、桂林などの都市をたくさん巡ることができました。中国は大きく実に多様な世界だ、EUが二つ入る地区だ、ということを身に沁みて体験できたことがその後の私の中国理解に大きな影響を及ぼしています。

そして留学時代を通じて何よりも貴重な体験だったのは日本という国を外から見てみる、違う国に暮らしてその国の人と一緒に見てみる、という機会が得られたことだったと思います。日本は島国で、近代に入り鎖国から一気に先進国への道を進むことができました。中国は大陸国家で周囲には常に戦乱があり、封建制度から抜け出せないうちに日本を含めた列強から侵略を受けました。そして新中国が成立。大飢饉や文革と言った様々な試練を乗り越えて今の繁栄を獲得してきた中国の人達の強さを私は留学時代に肌で感じ、以後深い尊敬の念を持つに至っています。同時に日本に対してもそれまでに感じたことの無かった誇りをもつことができました。言葉は完璧に学ぶことはできませんでしたが、お互いが尊厳を持って接すれば言葉を超える相互信頼の醸成は可能だ、ということに気が付いたことが留学を通じて得た最大の経験でした。もし留学という時間を過ごさず、いきなり仕事で駐在していたのであればそういう考え方は持てなかったのではないかと思うのです。

　複雑な世界情勢の中では日中間にも少なからぬ問題があります。中国人の日本理解の中には我々が中国に対して誤解をしている点があるのと同様に明らかな誤解があることも事実です。私も含め両国の留学生が経験した交流や出会いを引き継いでいければこうした誤解も少なくなっていく筈です。両国の留学経験者はこれから新たな友好の礎になっていかなくてはならないと強く思っています。

細井 靖（ほそい やすし）

一九五六年生。一九七九年東京大学卒、日本興業銀行に入行。北京語言学院（現在の北京語言大学）、北京大学留学後、中国業務に従事。二〇〇三年みずほ北京支店長。北京駐在十二年、大連駐在一年。二〇〇八年に東洋証券に転出、現在に至る。東洋証券株式会社アジア戦略委員会顧問。

细井靖

１９５６年出生。１９７９年毕业于东京大学后进入日本兴业银行工作。在北京语言学院（现北京语言大学）、北京大学留学后从事中国业务。２００３年担任瑞穗银行北京支行行长，常驻北京12年、驻大连1年。２００８年调任东洋证券至今。担任东洋证券股份有限公司亚洲战略委员会顾问。

細井 靖

薪火相传

1981年9月，我第一次来到北京。当时，我在日本兴业银行工作，受中国银行之邀，和其他银行的10多名留学生一起踏上中国的土地。到达北京时已经很晚了，机场非常暗，前往北京语言学院（现北京语言大学）的路坑坑洼洼的，还能看到路边有羊在吃草。大概是因为天气炎热，很多农民把床搬到屋外过夜。“这可真到农村了。”我想大家一定也都这么觉得。我记得当时到宿舍一看，房间也是同样的昏暗，又想到自己离开妻子，即将在这个地方度过两年，顿觉无比伤感。听着校园里蒸汽机车的汽笛声和蒸汽机车车轮特有的金属声，我想起了60年代还提时代在日本听到的声音，怀乡之情油然而生。

就这样，我的留学生涯开始了。第二天早晨，秋高气爽，我散步在北京的街头，阴郁的心情一扫而空，对新生活充满幻想和期待。学校按照中文水平分班，老师们分别负责语法、发音、阅读等课程，人人兢兢业业，不过学生们就不见得个个认真听讲了。上午的课结束后，我到几个老师那儿单独补习。老师们都十分热情，在老师的感染下我也告诉自己应该更加努力。其中我特别感谢宋春菊老师，因为第二年我妻子来中国留学、22年后我儿子来中国都受到宋老师很多的关照。

当时文化大革命结束不久，我们和中国学生的交流受到限制。不过提交申请也能互访宿舍。我们留学生开始觉得自己的住宿条件很差，看到中国学生都住在上下铺甚至三层铺时，才明白自己受到了多大的优待。中国学生在这样的条件下大概很难学习，因此在考试前，他们会在路灯下看书到深夜，而我们留学生却在喝酒玩闹，这让我们十分难为情。学校的老师们会捡我们外国人扔到垃圾桶的方便面盒子，做成盆栽养花、装饰阳台。这让我开始思考，一向提倡珍惜物质资源、丰富精神世界的我们，到底遗失了什么东西？

长假期间的旅行是我最为享受的学校活动之一。活动是学校安排的，只能去当时外国人被允许前往的地方，虽然有所限制，但我们还是饱览了丝绸之路、南京、武汉、桂林等地的风光。通过旅行，我真切地感受到，中国是一个多么地大物博的国家，面积相当于两个欧盟。这份经历也大大影响了我之后对中国的理解。

通过留学，我得以在另一个国家和当地的人们一起，从外部，客观地审视日本，这是十分珍贵的体验。日本是一个岛国，近代之后从闭关锁国的落后状态一跃成为先进国家。而中国是个大陆国家，周围常年有战乱，陷于封建制度的泥潭之中，受到包括日本的列强们侵略。新中国成立后，又经历了大饥荒、文革等灾难，终于迎来了今天的繁荣发展。留学期间，我深深感受到了中国人的强大，从此对他们心怀敬意。同时，我也为自己的祖国日本感到骄傲，这是之前从未体会到的。我意识到，虽然无法完全掌握别国的语言，但是只要大家互相尊敬，就能够跨过语言的障碍，构建相互信赖的关系。这是我留学最大的收获。如果我没有留学，而是直接被派驻中国的话，大概就没有这番体悟了吧。

二等賞

忘れられない研修旅行の思い出

大学院生　浅野　泰之（首都師範大学／中国美術学院）

私が留学したのは北京市にある首都師範大学中国書法文化研究院。そこは当時在学していた日本の大学と姉妹校であった。大学では書を専攻し、書を学ぶ身において一度は、中国に留学したいと考えていた。しかし、あと一歩踏み出す勇気がなく、いつのまにか大学を卒業し大学院生一年目も終わりに近づいていた。そんな時当時の指導教授から大学の学生海外留学制度の奨学金に、まだ人員に空きがあり、追加募集が出たと連絡があった。私は今行かなければ一生後悔すると思い、すぐに指導教授と相談し留学を決めた。

当時の中国書法文化研究院には、日本人留学生は私を含めて二人。しかし、もう一人は博士研究生だったため、授業はいつも日本人一人だけだった。日本でほとんど中国語を勉強してこなかったため、留学先の授業が始まった頃は授業の内容どころか、友人との交流もままならず、焦りとともにとても悔しい思いをした。ところが、幸いにも中国書法文化研究院の学生は日本からの留学生に対してとても親切にしてくれた。わからないことは、ボディーランゲージやメモに取って一生懸命伝えてくれた。また、当時中国では「微信」（携帯アプリ）が普及し始めた頃で、私もそれを利用し、皆と交流をしていた。それは、現地の情報をすぐに手に入れられるだけでなく、辞書に載っていない言葉の勉強にもなった。開講されていた授業すべて聴講していたことも功を奏して、日に日に中国語が自分の生活の一部となっていくのを実感できた。

そんな中、中国書法文化研究院の一年生は毎年年度末に研修旅行を行う。行先は毎年違うが必ず書と関連のある場所へ行く。私もこれに参加させて頂けることになった。中国に来てから十カ月が経過したものの、中国語にはまだまだ自信がなく、交流もままならなかった、さらに中国人と一緒に寝食を共にしたこともなく、楽しみよりも不安の方が大きかった。この時の旅行先は「西安、洛陽、安陽」であった。行きは鈍行列車で西安へ向かった。生まれて初めて寝台列車に乗ったが、私は長時間電車の中で何をすればいいのかわからず、周りをきょろきょろしていた。そんな時ある友人が「電車の中ではひまわりの種を食べながら外の風景をみて、カードゲームをするんだよ！」と言って、無理やり座席に座らされ、ひまわりの種の食べ方を指導された。おかげで夜就寝する頃には食べ方をすっかりマスターしてしまった。西安に着いてから「昭陵」「昭陵博物館」、そして「西安碑林」「陝西博物館」「大雁塔」「兵馬俑」、さらに「崋山」にも登った。洛陽に移動し「龍門石窟」、最後は「殷墟」「文字博物館」にも足を運んだ。

2014年、崋山下山後の集合写真
2014年，华山脚下合影

研修中の宿泊は中国人と相部屋、相手は私よりずっと年上だったため、拙い中国語で何を話せばよいのかわからず、最初はとても緊張してしまった。それを見てか仲の良い友人数名誘って夜食に連れて行ってくれた。アルコールも少し入りすぐに打ち解けることが出来た。また、他の日にはマッサージにも連れて行ってくれた。普段授業等でほとんど会話を交わしたことがない方とも、途中から「大哥（お兄さん）」と呼べる仲になった。また、毎晩部屋では友人たちと、日中の書の話に花を咲かせた。日本の話をするとどうしても日中関係のことを心配していたが、その問題について話す人は誰一人としていなかった。私たち日本人は中国の書法についてとても関心をもっているが、中国人も日本の書道にとても関心があり、日本の三筆、三跡が中国でも有名であったことに、当時私はとても驚いた。

六日間という長期間の研修旅行だったため、夜ホテルに着くと皆下着などを洗濯し、部屋中にそれらを何も気にすることなく干しはじめた。こういう光景を見ると、まるで家族旅行に来ている気分になった。よく中国人は「我的兄弟」「我的哥们」というがその意味がその時少しわかった気がした。

研修旅行では、貴重な文物をみることもさることながら、皆と寝食を共にし、お互いをより知ることができた。また何よりもうれしかったのが、自分は日本人留学生であったが、特別扱いすることなく中国人の仲間の中に入れてくれたことである。この研修旅行は留学生活一番の思い出である。

この留学から帰国し日本で修士号を取得したが、一年間の留学だけでは飽き足らず今度は中国政府奨学金で再び中国に留学している。あの頃の友人はすでに卒業し皆離れ離れになってしまったが、今でも時々連絡を取り合っている。一年間という短い時間でしか一緒にいられなかったが、私の一生の友人である。

最後に研修旅行で登った崋山のことについて当時詩を作ったので、拙い詩ではあるがここに紹介し筆を擱きたい。

『崋山』
西岳無塵俗、書生弄物華。山容雲四合、峡谷路三叉。
冷気寒威迫、濃嵐雪意加。同行尋絶景、一帯見疑花。

浅野 泰之（あさの やすゆき）
一九八九年（平成元年）、神奈川県横浜市生。大東文化大学大学院文学研究科書道学専攻博士課程前期課程修了。修士課程在学中に首都師範大学中国書法文化研究院交換留学一年。現在、中国美術学院書法系博士研究生在学。

浅野泰之
1989年出生于神奈川县横滨市。毕业于大东文化大学文学院书法系。获大东文化大学研究生院书法学专业硕士学位。读硕期间赴首都师范大学中国书法文化研究院交换留学一年。现为中国美术学院书法系博士研究生。

忆难忘的考察之旅

我曾留学于北京首都师范大学的中国书法文化研究院。该学校和我当时在日本就读的大学是合作院校。大学时的专业是书法，为了更好地掌握它也曾一度考虑去中国留学。但是终究没有再往前踏出一步的勇气，不知不觉大学毕业，研究生一年级也接近尾声。就在这个时候，接到导师的联络，说是海外留学制度奖学金还有名额，学校发出了补招通知。当时就觉得如果现在不去的话这辈子都会后悔，于是马上和指导老师商量并决定去留学。

那个时候的中国书法文化研究院，包括我在内只有两名日本留学生。加上另外一位是博士生，所以一般上课的只有我一个日本人。由于在日本基本没有学习过汉语，所以一开始别说是听懂上课内容，就连和朋友的交流也无法进行，觉得又着急又窝心。但幸运的是院里的同学对日本留学生都非常友好。对于那些我不清楚的地方总是通过肢体语言或者笔记来告诉我。记得当时刚好是微信在中国开始普及的时候，我也利用它和大家交流。而它不但让我及时掌握到了当地的信息，也让我接触到了很多在字典里面没有的汉语表达。

也许是我从不错过一堂课的学习态度奏效了，不知不觉中汉语融入了我的生活。

当时院里每年年末都会面向研究生一年级学生开展考察活动。虽说考察的地方每年都在变，但是都跟书法有关，我也刚好赶上了那样的活动。来中国已经10个月，但是对自己的中文水平还没有足够的自信，和中国人的交流也并非那么顺利。加上没有和中国人一同吃住的经验，比起期待，更多的是感到了不安。

当时的考察路线是西安、洛阳和安阳。就那样，我坐上了驶向西安的列车。那是我有生以来第一次搭乘卧铺，面对那么漫长的旅途有点不知所措，不自觉地开始东张西望。

“列车里的时间是用来嗑瓜子、赏风景、玩卡片游戏的。”

朋友一边对我说一边把我拉到座位上教我嗑瓜子。托他的福，到晚上就寝的时候我已经完全掌握了嗑瓜子的方法。

到西安后，我们接连参观了昭陵、昭陵博物馆、西安碑林、陕西博物馆、大雁塔、兵马俑，还登了华山。后来又前往洛阳，游览了龙门石窟、殷墟和文字博物馆。

考察期间，我被安排和一位比我年纪大很多的中国人同住一个房间。一开始不知道该用自己笨拙的汉语跟他说什么好，显得非常拘谨。他也许是看出了我的紧张，特意邀请了几名好友带上我一起去吃夜宵。也许是因为喝了一点酒，大家很快就聊开了。后面几天还带我去做了按摩。不知不觉中我也变得会跟那些平时在课堂上没有说过话的同学称兄道弟了。另外，我们每天晚上都会在房间里热烈地谈论关于日中书法的话题。每次谈到日本，总是会不自觉地担心提及日中关系的问题。但是关于那些，却没有一个人提起。虽说我们日本人对中国书法非常感兴趣，但是令我没有想到的是中国人对日本书法也非常有研究，日本书法中的三笔三迹在中国也非常有名。

因为是6天5晚的长时间考察，晚上回到宾馆后大家都需各自清洗内衣。然而不知从何时开始，彼此都毫不介意地在房间里晒起了衣物。看着那样的景象，就经常有种自己是和家人一起出来旅行的错觉。然后多少开始理解了中国人经常说的“我的兄弟”“我的哥们”的含义。

考察过程中，看到宝贵的文物自不用说，更通过和大家一起吃住，加深了对彼此的了解。其中最让我开心的莫过于，作为日本留学生非但没被大家特殊对待，而是帮助我融进中国学生的队伍里。因为这些可爱的中国人和事，那次考察活动成了我留学生活中最美好的回忆。

结束一年的留学生活后回到日本，拿到硕士学位。但是总觉得一年的时间不足以满足我对中国的了解，于是现在又再次拿到中国政府的奖学金来到中国留学。当年的那些中国朋友们早已毕业各奔东西，但是现在也还常和他们保持着联系。虽说在一起只有一年的时间，却成为了我一生的挚友。

最后想以当时登华山时作的诗收尾，拙劣的文笔，还望包含：

《华山》

西岳无尘俗，书生弄物华。山容云四合，峡谷路三叉。

冷气寒威迫，浓岚雪意加。同行寻绝景，一带见疑花。

二等賞

香港で掴んだ友情と誓い

―日中の架け橋へ―

大学院生　宇田　幸代（北京師範大学／香港中文大学）

私は、大学三年生の夏に香港中文大学へ留学した。敢えて、香港を留学の地に選んだのは、イギリスから香港が返還され十五年近くが経ち、広東語はもちろん普通話や英語などの多言語と異文化が交わる国際都市に興味があったこと、そして普通語を学ぶ環境が中文大学では整っていると留学した先輩に話を聞いたからである。実際に香港へ来てみると、食文化や標識ひとつとっても、イギリス文化を残しながら、中国文化が生活に根付いており、それでいて大陸とは異なる独自の文化を形成していたので、驚きや戸惑い、一方で新しいことを知る喜びで溢れる毎日であった。中国語の授業も初めは指示すらもわからなく、ただの「音」のように聞こえていたが、それも必ず言葉として聞こえてくる日が来るから辛抱強く勉強を続けなさいと現地に住む日本人の方々に励まされ、不安を尻目に中国語を習得するという目標に向かって勉強に励んでいた。

元々病弱だった私だが、現地に来て一カ月が過ぎた頃、体調を崩し、救急車で病院へ運ばれた。幸い大事には至らず、抗生物質を服用し完治したが、そこからが試練の始まりだった。微熱が下がらず、ご飯を食べる度に、吐き気・腹痛・下痢に悩まされるようになった。学校内のクリニックを受診すると、ホームシックだから帰国した方が良いと勧められた。食事の時間が憂鬱になり、授業後毎回恒例となっていた夕食会にも参加できずクラスメイト達との交流の機会が無くなっていくことに寂しさや焦りが募っていった。症状は日々悪くなる一方で、病院を数カ所受診するも、原因不明とのことであった。拙い言葉でうまく自分の病状も説明できず、集まりに参加しなくなる内に、どんどん孤独になり、毎日の大きな楽しみであった食事も満足に摂れないことから次第に元気を無くし自暴自棄になっていった。そんな折、香港に来た頃に知り合った現地在住の日本人の方が心配して訪ねてくれた。自分の不安な気持ちを泣きながら打ち明けると、「大丈夫だよ。絶対良くなるからね」と励まし、香港人の友人を紹介してくれた。体調の悪い私を気遣って、友人は度々薬膳スープなどを作ってくれた。香港では、漢方薬局が至るところにあることからわかるように、薬膳や漢方が生活に浸透しており、まさに医食同源を目の当たりにした。健康に配慮された食べ物も教えてもらい、

2015年、香港国際創価学会文化会館で友人と
2015年，香港国际创价学会文化会馆留影

中国らしい粗食も体験できた。特に印象に残っているのは、飲み水であった。病院の先生も含め、友人はよく、「冷たい飲み物は体を冷やすから飲んではよくない。お湯を飲みなさい」と言っていた。私は冷たい水しか飲みたくない、と最初は抵抗があったものの、お湯を飲み続けるうちにお湯独特のおいしさを感じるようになり、日本に戻った今でも水はお湯を飲んでいる。中国の人ははっきりした味が好きなイメージであったが、お湯の魅力を知っている繊細さもあると感じた。友人と仲が深まると家族との交流も始まり、最初は語気が強く、冷たい印象を受けたが、一度打ち解けるとまるで家族のように迎えてくれる温かさがあった。今の日本では家族間・親戚間の距離が遠いことは多いが、中国では親戚の繋がりが非常に強いことを感じた。海を越えた遠い親戚が香港に訪ねてきた時は、私にも紹介してくれ、華僑のネットワークの広さにも驚いた。一方で症状は着々と進行し、発症して七カ月が経った頃、私は遂に自分で歩けない程弱り切っていた。時を同じくして、ようやく病院から、病気の原因がわかったとの知らせが届いた。なんと、初めに飲んだ抗生物質が原因で、腸の病気を起こしていたのだった。緊急入院をした際も、毎日代わる代わる現地の

方々がお見舞いに来てくれ、中華家族の温かさを身をもって感じた。皆の真心からの励ましと心遣いに勇気をもらい、治療は成功し、元気になって帰国日を迎えることができた。一番の課題だった語学も自分の病状を伝えたい一心での必死の勉強、香港の友人との交流が実を結んだ。病気のお陰で、語学も大切な友人もできたと今では思っている。

香港での十カ月に渡る留学生活は、私自身の考えや視野を広く、そして肉体的にも精神的にも強くさせた。現在、日中はアルバイトに徹し、学費と生活費を賄いながら、夜は大学院で中国語教育への学びを深めている。虚弱だった以前の私では考えられないようなハードな毎日をこうして送ることができているのも、香港での闘病を乗り越えた経験、何よりも友人達への感謝の気持ちがあるからだ。私の夢は日中友好の一助となる大学の教員になること。普段、私たちが目にする報道などで知ることのできる中国はほんの一部である。縁あって留学できた私だからこそ、学生が実際に中国へ行ってみたいと思える、中国の魅力や中国の人々の温かさを自分の体験を以て伝えていきたい。そのためにも、一日一日を着実に努力し続けていく決意である。

宇田 幸代（うだ さちよ）

一九九二年北海道札幌市に生まれる。北海道札幌南高等学校を卒業後、東京学芸大学教育学部国際理解教育課程多言語多文化専攻へ入学。二〇一二年に北京師範大学へ短期留学を経て、二〇一四年夏から香港中文大学ＩＡＳＰへ十カ月の交換留学に行った。帰国後は、中学・高校の英語の教員免許を取得したほか、中国語の教員免許も取得するため佛教大学の通信課程で学ぶ。現在は、東京学芸大学大学院において、中国語教育について研究している。

宇田幸代

１９９２年出生于北海道札幌市。北海道南札幌高中毕业后考入东京学艺大学教育学院国际理解教育课程多语言多文化专业。２０１２年赴北京师范大学短期留学，２０１４年夏赴香港中文大学参加为期十个月的国际亚洲研究（ＩＳＰＡ）交换留学项目。回国后，取得初高中英语教师资格。此外，为获得汉语教师资格正在攻读佛教大学函授课程。目前在东京学艺大学研究生院进行汉语教育研究。

宇田 幸代

我在香港收获的友情

我在大学3年级时赴香港中文大学留学。香港自回归中国近15年以来，作为一个普通话、粤语和英语并行、多种文化和谐共生的的国际化大都市，对我而言有着独特的魅力。特别是去中文大学留学过的前辈曾向我提及，在中文大学里还可以学到普通话。这些得天独厚的优势，让我将香港选作了留学的目的地。真正到了香港之后，我一方面对饮食和交通中残留的英国印记怀有好奇，另一方面又对与大陆同源的香港文化如何自成一派感到不解。但总的来说，每一天都充满了对新鲜事物的喜悦。记得刚开始学习中文时，我连最简单的单词都听不懂，只闻其声，不明其意。这时，当地的日本朋友鼓励我说："加油，要相信自己总有一天会听懂的。"于是，我逐渐放下了心中的不安，朝着这一目标开始努力学习。

虽说我的体质一直比较虚弱，可谁知刚到香港才一个多月就生了场重病，被急救车送去了医院。万幸的是没查出什么大碍，便服用了一些抗生素进行治疗，没想到那只是后来重重历练的开始。出院后我一直低烧不退，每次吃饭时都感觉恶心，还伴有腹痛、腹泻。去校医室检查后，医生说是这是过度思乡引起的，建议我尽早回国。吃饭这件事突然变成了负担，连放学后的聚餐也无法参加，自然也就失去了和同学们交流的机会，于是寂寞和焦虑与日俱增。病情在不断加重，可去了好几家医院都检查不出病因。我没办法说清自己的症状，没机会和同学们交流，内心也逐渐被孤独所占据。曾经挚爱的美食已无法令我提起精神，我感到身心渐疲，逐渐自暴自弃起来。

就在这时，转机出现了。初到香港时认识的日本朋友因为担心我的情况来看望我。在和她哭诉了内心的不安之后，她安慰我说："没事的，你肯定会好起来的。"然后介绍了一位香港朋友给我认识。那位香港朋友得知我在生病，多次为我送来了药膳汤等滋补品。这时我发现，在香港，中药店遍布大街小巷，药膳和中药渗透到了生活的每一个角落，这让我真切地感受到了药食同源的道理。香港朋友还向我推荐了很多养生的食品，我也开始试着像中国人那样吃粗一些。印象最深的是喝水这件事。香港的医生和朋友都一直劝我说："冷的东西容易让人着凉，所以喝水要喝热的。"我从前只喝冷水，刚开始对喝热水很抗拒。但尝试了几次后，我逐渐体会到了热水特有的可口。即使是回到日本之后，我也一直在喝热水。以前我一直觉得中国人口味偏重，但从喝热水这件事中，我了解到中国人在味觉的感知上也十分精细。

随着和这位朋友感情的加深，我也开始接触到她的家人。最初，他们语气比较生硬，感觉对人很冷淡。可一旦敞开心扉地聊过以后，他们就开始待我像家人般亲切温暖。每当有亲戚从海外回香港，他们都会连我一起介绍，同时我也惊诧于海外华人网络的庞大。然而，随着病情日益严重，在患病7个月之后，我终于彻底倒了下来，连路都无法走。也正是这个时候，医院终于查明了病因，一切竟是刚到香港时服用的抗生素导致的肠胃疾病引起的。在紧急住院后的那段日子，每天都有不同的当地朋友来看望我，让我切身感受到了中国家庭的温暖。大家的关心和鼓励让我重获勇气，最终我得以痊愈并健康地回到了日本。在为了描述病情而努力学习中文的过程中，我的中文水平已经达到可以和香港朋友进行交流的程度，可以说达到了此次留学的目的。因为生病而学会了中文、交到了朋友，可谓是因祸得福。

在香港长达10个月的留学生活中，我的思维与视野得到了拓展，无论是身体上还是精神上都变得更加坚强。现在，我白天打工挣学费和生活费，晚上去学校读汉语教育的硕士课程，过着曾经虚弱的我无法想象的忙碌而充实的生活。这一切，都要归功于在香港战胜病魔的经历和收获的感恩之心。我的理想是做一名对日中交流有所贡献的大学老师。平时，我们接触到的新闻里的中国只是中国很小的一部分。正是有去中国留学经历的老师，学生也才会真正地想要去中国看看。我想通过自己的经历，告诉日本人中国的魅力和中国人的温情。为了这个目标，我会在今后的每一天都踏踏实实地努力下去。

二等賞

遼寧大学で出会った未来の妻

団体職員　瀬野　清水
（北京語言学院／遼寧大学）

一九七六年九月二十三日、私は外務省語学研修生の一員として初めて中国へ足を踏み入れた。香港の羅湖から深圳河にかかる川幅五メートルくらいの鉄橋を歩いて渡ると、そこが中国だった。橋のたもとに入国管理事務所の建物があり、事務所では一様に黒い腕章をした係官が黙々と作業をしていた。長時間かけて所持品の一つ一つを細かく調べた後に、ようやく入国が認められた。

一九七六年は中国にとって国難ともいうべき一年だった。一月に周恩来総理が、七月に朱徳委員長が、相次いで逝去し、追い打ちをかけるかのように同月、河北省唐山地区で強い地震が発生し二十四万人が犠牲になった。そして九月九日、毛沢東主席が逝去し、国中が喪に服していた。道行く人までも喪章や黒い腕章をつけていたのはそのためだった。

私は、最初の一カ月を北京語言学院で過ごし、その後の留学先は「分配」と称して中国の教育部が決めることになっていた。私は北京での留学を希望していたのだが、何故か瀋陽の遼寧大学に行くことになった。瀋陽は北京から東北に八百キロも離れたところと聞くと、まるで地の果てにでも行くような心細さを感じた。冬はマイナス三十度以下にまで気温が下がる、極寒の地だったが、そこに住む人々は皆、春のように暖かかった。

今でこそ、中国はものであふれているが、当時の中国は計画経済で国民が一カ月に購入できる生活物資の量が決められていた。このため、衣服を買うには「布票」を、そこに綿が入っていれば「綿票」を、肉には「肉票」、主食には「糧票」、砂糖には「糖票」といった具合に、お金がいくらあっても様々な「票」と呼ばれる切符がないと売ってもらえない時代だった。

遼寧大学での冬のある日、私は街中でミカンを買おうとした。黒く干からびたミカンの小さな山を前に、店の人はお金の他に何かを出さないと売れないという。当時の私の語学力ではとても聞き取れず、紙に書いてもらうと、そこには「大夫的診断書」と書かれていた。日本人はこういう時、紙と鉛筆さえあれば何とか意思疎通ができることに、改めて感謝したものだ。ミカンは病人が食べる貴重品なので医者の診断書がないと売れないというのだ。私は驚いて、それなら結構である。私は日本から来た留学生で冬にミカンを食べる習慣があったもので、などと話していると留学生なら話は別だと、それでなくとも安いミカンをさらに安く売ってくれた。外国人や留学生を大切にしてくれる気風がこんな街中にまで浸透していることに、この国の文化力を感じたものだ。

大学の正門でクラスメートと。左端が筆者
与同学在大学正门合影。左为作者。

　遼寧大学では「文革」の名残か、「開門弁学」というカリキュラムがあった。農村や工場に行って社会の実際と結びついた勉学をするという教育改革の一環で、学生が農村や工場で一定期間働いていた。留学生も例外ではなく、工場と農村でそれぞれ一週間、「労働」という名の課外学習があった。特に農村では、農家に寝泊まりして、昼は農作業を手伝い、日暮れには近所で収穫したばかりの果物や地元料理をつまみながら、様々な国籍を持つ学生が農家の人たちとのよもやま話に花を咲かせた。日本にいては到底できない貴重な経験だった。

　ある日のこと、大学で生活指導をしている先生が留学生をご自宅に招いて下さった。当時は切符がないと買えない大きな魚や肉の料理など、テーブルに乗らないほどたくさんの料理でもてなして下さった。そこに、食事の場には加わらず、少し離れたところから私たちを見ている小学生くらいの女の子がいた。「うちの娘です」とその先生が紹介すると、少女は恥ずかしそうに隠れてしまった。それから三十七年後、私が外務省を退職して第二の人生を送っているとき、その娘さんから電話がかかってきた。うちの学校の卒業式に来賓として出席してほしいというのだ。なんとその娘さんは東京で三つのキャンパスを擁する大きな語学学校を経営しており、指導教官だったお父様も東京で一緒に住んでいるという。私は二重、三重に喜んだり驚いたりした。

　私と妻は同じ遼寧大学に学ぶ留学生だったので、その指導教官は私の妻の恩師でもあった。私たちは留学を終えた二年後に結婚し、今では三人の子どもと四人の孫に囲まれている。三人の子どもの一人は現在、中国語の通訳として、日中の架け橋となっている。

　北京での留学を望んでいたのに、名前も聞いたことがない遼寧で学ぶことになったが、ここでの留学がなければ妻と巡り合うこともなく、子や孫たちも生まれてはいなかったであろう。人生、思い通りにならなかったとしても、そこにはきっと深い、大きな意味があるということを教えてくれた留学時代でもあった。

　お世話になった大学と教職員の皆さまには感謝の言葉もない。今は何とかそのご恩の一分でも報じたいと、中国から来た学生をホームステイで受け入れたり、日本の学生に中国のことを伝える講演会をしたりするなどして、後進の育成に努めている。日中の相互理解に役立つことなら何でもさせて頂こうと心に決めている昨今である。

瀬野　清水（せの　きよみ）

一九四九年、長崎県生まれ。七五年外務省入省。七六年から香港中文大学、北京語言学院、遼寧大学に留学。アジア歴史資料センター資料情報専門官、外務省中国課地域調整官、在広州総領事館首席領事、在重慶総領事などを歴任。現在、（一財）Marching J 財団事務局長のほか、大阪電気通信大学客員教授、（一財）アジア・ユーラシア総合研究所客員研究員など。

瀬野清水

1949年出生于长崎县。1975年进入日本外务省工作。1976年依次留学于香港中文大学、北京语言学院、辽宁大学。历任亚洲历史资料中心官员，外务省中国处地区调整官，日本驻广州总领事馆首席领事，日本驻重庆总领事等职务。现任一般财团法人Marching J财团事务局长，大阪电气通信大学客座教授，一般财团法人亚洲・欧亚综合研究所客座研究员等。

在辽宁大学相遇未来的妻子

1976年9月23日，我作为日本外务省的研修生，第一次踏上了中国的土地。从香港的罗湖越过一座仅约5米的铁桥，桥下流淌着的是深圳河，而桥的那头，便是中国。出入境管理局的办公大楼就坐落在桥畔，里边的工作人员们都清一色地挽着黑纱，各自埋头工作，一言不发。他们对我的行李进行挨个儿的检查，经过好一番功夫后，我终于被批准入境。

对于中国而言，1976年可谓是命途多舛的一年。周恩来总理、朱德委员长相继于1月、7月逝世；祸不单行，此时的河北省又发生了唐山大地震，死亡人数多达24万人；9月9日更是雪上加霜，毛泽东主席逝世，举国哀痛，路上的行人都戴上了黑纱、黑臂章以表达心中的哀思。

我刚来中国的第一个月是在北京语言学院度过的，之后去哪儿留学则要听从中国教育部的安排，那时候都管它叫做“分配”。我本是希望能继续留在北京学习，但事与愿违，莫名其妙地就被分配到了位于沈阳的辽宁大学。沈阳地处东北，距离北京800公里之遥，光听到这个消息我就已经打退堂鼓了，脚跟儿完全提不起劲儿。那儿的冬天，气温能降到零下30度，可谓是天寒地冻。但是生活在那儿的人们，却各个都怀有一颗热心肠，好似春天般的温暖。

如今的中国，物质极大丰富，但当时却不同，国家实行的是计划经济，老百姓每月能购买到的生活物资都是受限制的。买衣服需要“布票”，若是加棉的，则还需“棉票”，买肉需要“肉票”，买粮食需要“粮票”，买白糖需要“糖票”。在那个年代，即便有钱，若是没有这些个所谓的“票”，就没有人会把东西卖给你。

那是在辽大的某个冬日，我走在街上，心思着买一些柑橘。站在一堆果皮已经干瘪发黑的橘子前打算买些，店家却说光有钱还不行，还得出示一些什么东西才能交易。当时我的中文水平还不足以听明白他的话，于是我请他写在纸上，递过来一看，上面写着“大夫的诊断书”几个大字。凡是这种情况，只要有白纸和铅笔，日本人便可勉强与中国人进行交流，我再次为自己是日本人而感到庆幸不已。方才知道，蜜柑是给病人吃的稀罕物，必须持有医生开的处方才能够购买。我感到有些惊讶，心想既然这样，那不吃也罢。我又告诉他自己是日本来的留学生，到了冬天有吃蜜柑的习惯。结果店家说留学生的话就另当别论，不但不需要诊断书，还以更低的价格卖给了我。重视外国人及留学生的风气充满这里的每个角落，这让我切身地感受到了这个国家的文化包容与礼遇。

或许是文革的余波，当时的辽宁大学还在实行“开门办学”制度，这就是让学生深入农村、工厂，把理论知识和社会实践结合起来的一种教育改革，要求学生在农村及工厂进行一定时间的劳动。留学生也不例外，需要在工厂、农村分别参加为期一周的室外课程，当时这门课的名称就叫作“劳动”。这其中，特别是在农村，入住到当地农家，晌午帮忙干农活，太阳落山在地里吃着刚收获的果实以及当地的佳肴，来自世界各地的学生与当地农家谈天说地，不亦乐乎。而这种经历在日本是完全体验不到的。

有一天，大学里的生活指导老师邀请留学生们去他家里做客。老师端出了当时只能凭票购买的大鱼大肉，招待我们的美味佳肴摆满了一桌子。这时，在离饭桌稍远的地方站着一个小女孩并一直盯着我们，看起来还是个小学生。老师介绍说“那是我女儿”，话音刚落，小女孩便害羞地躲了起来。37年后，我从外交部退休，开始人生的第二段征程。此时我竟接到了当年那位小女孩打来的电话，说是想邀请我作为嘉宾参加她学校的毕业典礼。原来当初的那个小女孩现在东京经营着一所拥有三个校区的大型日语学校，而她的父亲，我当年的指导老师，也与她共同生活在东京。听到这个消息时我惊喜不已，这简直是双喜临门，不，应当说是三喜临门啊。

我与妻子同是在辽大进修的留学生，所以那位指导老师也是我妻子的恩师。我们俩在留学归国两年后结婚，共同养育了3个孩子，现在还添了4个孙辈。3个孩子里其中一个现在从事汉语口译，成为了日中交流的桥梁。

最初盼望着能够在北京留学，没想到最后去的是连名字都没有听过的辽宁。但如果没有在那里的留学经历，我也不会遇到我的妻子，也不可能有今天的儿孙满堂。即使人生没有能够按照自己所制定的计划走下去，在这条路上也必将拥有更深刻、更富有意义的东西等着你。这也是我在留学期间所领悟到的。

对于曾经关照过我的辽宁大学以及诸位老师，感谢之情已经无法用语言来形容。现在的我正为培养后起之秀而努力，除了邀请中国留学生到家里过体验生活，我也会举办演讲会，将我所了解的中国介绍给日本学生，尽自己的绵薄之力去报答那些恩情。如今我心已决，但凡能够促进日中两国相互理解的事情，我愿不辞辛苦，效汗马之劳。

二等賞

烤羊腿

―思い出の傍には大きいお肉

大学日本語教師　田中　信子（渤海大学）

「錦州には名物なんて、何もないよ」。学生、特に瀋陽や大連など都会から来た学生は口々にそう言う。そんなことはない。遼寧省錦州市にも、烤羊腿―羊の太腿の丸焼きという名物があるではないか。数十年後、日本に帰国した私が思い出すのは、きっと烤羊腿のことだろう。何故なら、日本語教師と留学生、二足の草鞋を履く私のドタバタ生活で起こる楽しいことの多くが、この烤羊腿と共にあるからだ。

私が初めて烤羊腿を見たのは、中国滞在を始めて一カ月ほど経った頃だったと思う。中国語だけで行われる授業での緊張と日々の生活の疲れ、日本語教師としての仕事上の戸惑い。いろいろなことが重なって、錦州に来て良かったのだろうか、「後悔」という二文字が頭をよぎり出した、まさにそんな時だった。

今日はなにか外で美味しい物を食べて、元気を出そう。大学の外を一人で歩いていた時に、いい匂いがした。その匂いに導かれ近づくと、見たこともない大きなお肉。暗がりでも滴る脂が見えるお肉。『はじめ人間ギャートルズ』のお肉みたいだ。一旦は通り過ぎたものの、どうしても気になる。すぐに引き返し、勇気を出して「いくらですか」と尋ねた。「大きさによって違う」「例えば今焼いているのなら？」「一人では食べ切れない！　四人以上で食べに来な」当時はこれくらいの中国語会話が精一杯だった。「二百元か。払えなくはない。頑張って友達と一緒にこれを食べられるようになろう。」烤羊腿は、食べる前から私に勇気を与えてくれた。

留学生活二学期目となる「春学期」は、韓国人を中心に、南アフリカ人やカザフスタン人と、多国籍なクラスだった。特に、韓国人女子留学生、素萍と金叢は外食好きで、「週末ご飯に行こうよ」「テストが終わったら打ち上げしようよ」などと、よく誘ってくれた。そんな時に食べるのは、決まって羊肉串という串焼だった。中国各地に羊料理はあるようだが、錦州のそれはとにかく肉を小さく切ってある。部位ごとに味が違うし、一本から注文できるので少人数でも楽しめる。もちろんおいしい。しかし、私が本当に食べてみたいのは、大きな大きな烤羊腿だった。

ある日、大人数で食事に行くことになったので、「烤羊腿が食べてみたい。大勢でしか食べられないから、今日はこれにしようよ」と言ってみた。クラスメート全員が最年長者の私の意見を尊重してくれ、その日、初めて烤羊腿を食べることになった。

まず、テーブルに開いた四角い穴に、赤く燃える炭が入った箱が入れられる。その上に、路上で途中まで焼いた骨付きの腿肉が吊るされる。焼けた所から、各自が細いナイフとフォークを使って食べるのだ。自国では見ることがない大きな肉の塊。炭に脂が落ちる度に沸き立つ香り。口に広がる肉汁。流し込むビール。私達は、その全てを好きになった。烤羊腿は、大勢でないと食べられない。以後、クラスの食事会が増えた。

三学期目となる「秋学期」のクラスメートは、大半がアフリカの小国ブルンジ人だった。彼らは中国の食事が合わないらしく、ほとんど外食をしない。錦州の料理を楽しんでほしい、烤羊腿を食べてみてほしいと私は常々思っていたが、奨学金で学びに来ている彼らの経済状況が分からないので、誘えずにいた。

学期最終日、韓国人留学生、李宰瑛の「皆で烤羊腿を食べに行こう」の一言で、急遽食事に行くことになった。テーブルに二本の腿肉が運ばれてきた時、大きな歓声が上がった。十人以上の留学生が、初めて烤羊腿を見たの

2017年5月、3・4学期目の留学生と共に
2017年5月，与第三、四期的留学生在一起

だから、その歓声は店内中に響いていたことだろう。お肉が焼き上がるまでは、もちろん撮影タイムだ。かぶりつく真似やナイフとフォークで切るポーズ、自分の顔と大きさを比べる、思い思いのやり方で写真を撮り合った。ひとしきり騒いだ後、お目当ての肉を口にすると、誰もが「非常好吃」（すごくおいしい）と言った。どんどん食べたいのだが、肉を上手に切ることができない。結局、何度か食べたことがある李宰瑛が食事会の間中ずっと、肉を切り分けることになってしまった。母語ではない中国語で、数時間も何を話していたのだろうか。とにかくその日は盛り上がり、「店からビールがなくなるんじゃないか」と思うほど飲んだ。結局大学の閉門時間を過ぎてしまい、誰かが造った「非公式の通用門」から校内に入ったのだから、楽しい一夜だったことは間違いない。

今、私の留学生活は四学期目だ。三月下旬、日本から三人の友達が来てくれた。日本人が十人ほどしか住んでいない錦州という田舎町で、一年半以上もの間どんな暮らしているのだろうと、私を心配して、わざわざ来てくれたのだ。懐かしい人と日頃の話をしながらの烤羊腿もまた、美味しかった。

これからの中国生活でも、日本にない食べ物に出会うことはあるだろう。でも、帰国後真っ先に思い出すのは、烤羊腿に違いない。

田中 信子（たなか のぶこ）

大阪出身。二十六歳で上京。テレビ番組のリサーチャーとしてTBS『王様のブランチ』や『はなまるマーケット』などに携わる。退社後、アルバイト先で中国人と知り合い、中国語を始める。その後日本語教師の資格を取得。二〇一五年より、中国遼寧省錦州市にある渤海大学で教鞭を執る。趣味は銭湯巡り。東京都内に六百軒ある銭湯の内、百二十軒を制覇。長期休暇で日本に帰国した際の楽しみは、銭湯巡りと日本食三昧。

田中信子

出生于大阪，26岁时前往东京。参与制作TBS电视台的〝国王的早餐〟以及〝花丸市场〟等节目。辞职后，在打工时结识了中国人，从此开始学习中文。之后又考取日语教师资格证。2015年起，执教于中国辽宁省锦州市的渤海大学。兴趣爱好是逛大众浴池。东京都内的六百多家大众浴池已经逛过一百二十多家。利用长假回日本时，最大的乐趣就是享受大众浴池和品尝日本美食。

田中 信子

烤羊腿

“要说锦州的特产吧，这还真没有。”学生们，特别是来自沈阳、大连这些城里的学生们总爱这样说。其实不然。辽宁省锦州市的烤羊腿——把羊的大腿整一块儿拿来炙烤的美食，难道不能算作这儿的特产吗？几十年后回到日本的我，能在脑海里浮现出来的，一定是这个“烤羊腿”吧。之所以会这样说，是因为我有着日语教师和留学生的两重身份，在如此纷繁琐碎的生活中，正因为有烤羊腿的陪伴，我才能够乐趣无穷。

初次与“烤羊腿”相遇，记得那是刚到中国一个多月。全程汉语授课给我带来的紧张感以及日常生活中的疲倦，加之作为日语教师工作上的不顺，各种压力向我扑面而来，“来锦州真的是正确的选择吗？”我的头顶上高高地悬着“后悔”两个大字。

今天就在外面吃一顿好的吧，换换心情。独自漫步在校园外，一阵香气扑鼻而来。顺着这个味道寻去，映入眼帘的是我未曾见过的一块硕大烤肉。虽然天色已暗，烤肉上的油光四溢却清晰可见。就好像动画片《山林小猎人》中出现的那块肉一样。最初我没有停下脚步，默默地经过了那里，但是心里却怎么都放不下，于是马上又折返了回来，鼓起勇气问道：“这个多少钱？”“大小不同，价格也不一样。”“就您现在烤的这一块呢？”“这个你一个小姑娘吃不了，凑够4个人你再来吧。”那时候，这种程度的汉语对话都能让我吃尽了苦头。“200块嘛，也不是买不起。这东西，得和朋友一块儿来吃。加油努力交朋友吧。”烤羊腿，在我还没有吃它之前就给了我勇气。

留学生活的第二个学期，也就是春季学期，以韩国人为主，南非、哈萨克斯坦等，班级里出现了许多国家的新面孔。特别是韩国女留学生素萍和金丛，她们很喜欢下馆子，“周末一块儿出去吃饭呗”，“考完试后出去庆祝一下吧”等等，总是约我出去。这时候吃的，我们总会选择羊肉串这种烧烤。中国基本上各个地方都能吃上羊肉，锦州羊肉串的特色在于肉块切得细小。肉的部位不同，味道也有差异，可以一串一串地买，就算是人少也能吃得很开心。当然，味道是毋庸置疑的。

一天，大家相约一起出去吃饭，于是我试着说：“咱们去尝尝烤羊腿吧，人多才能吃得下，今天咱们就去吃这个怎么样？”我是班里头年纪最大的，所以大家都很尊重我的意见，就这样，这一天我终于吃上了烤羊腿。

首先端上来的，是一盆烧得正旺的炭火，将它安置在桌上的四角凹槽里。接着就把在店外烤得半成熟的带骨羊腿吊起来。烤熟了的地方，大家就可以动起刀叉，一块块地切下来享用。这是我在日本从未见过的大肉块。渗落炭火上的油溅起的醇香，仿佛在嘴里融化开的肉汁，一饮而尽的啤酒。此时此刻，我们每一个人对它的喜爱已不言而喻。烤羊腿就是要人多一起吃才有味道，有了这一次的经历，班级的聚餐也频繁了。

第三个学期，也就是秋季学期，班里头来了一大批非洲布隆迪的学生。他们好像不太习惯中国的饮食，几乎不到外面去吃饭。特别想带他们去尝尝锦州的美食，尤其是烤羊腿，我经常在心里头这么计划着。但又顾忌着他们是靠奖学金来留学的学生，经济条件或许也不太宽裕，最终还是打消了念头。

学期末的最后一天，因为韩国留学生李宰瑛的一句“一块儿去吃烤羊腿吧”，大家来了一个约饭大集结。当店员把两只羊腿端上桌时，响起了欢声一片。或许是因为有10多个留学生是第一次见烤羊腿，喜悦的笑语声久久在店里回荡。在羊腿烤熟之前，当然是拍照时间啦。有的摆出张开大口、舞弄刀叉的姿势，有的将羊腿和自己的脸比着大小，想尽各种方式将这美好的瞬间用照片留存下来。欢闹片刻后，便正式进入“享用时间”，鲜肉入口，大家异口同声地夸着“非常好吃”。大家恨不得立马干掉眼前的佳肴，但苦于切肉手法不够娴熟，最后还多亏有“身经百战”的李宰瑛从头到尾给大家服务。操着并非母语的外国腔，我们竟用汉语聊了几个小时。总之，那天大家非常尽兴，饮得酣畅淋漓，都感觉好像已经把烧烤店的啤酒喝光了。结果，过了学校的门禁时间，也不知道是谁弄出来的“非正式通道”，我们就从这儿偷偷钻进了校园，那一夜的喜悦着实让我难以忘怀。

如今，已迎来了我留学生涯的第四个学期。3月下旬，有三个朋友从日本专程来看我，他们担心我在这个只有十来个日本人生活的锦州，这一年半到底是怎样过来的。跟日思夜想的朋友相聚，话语间穿插着那些往事流金，再看看眼前的烤羊腿，依旧是那么鲜嫩可口。

行走在中国大地，或许接下来的生活中，我会邂逅更多日本所没有的新奇美食。但唯有这烤羊腿，将会成为我回国以后最深刻的回忆。

二等賞

中国短期留学をきっかけに

元日本語教師　桑山　皓子（上海交通大学）

私の「留学」は、たったの二週間で、一般に言われる留学とは言えないかもしれない。しかし、それは私にとっては、初めての中国訪問であり、何もかもすべてが新鮮で、忘れがたいものになっている。また、この時お世話になった先生とクラスメートの一人は、それまで私が思いもしなかった道に私を導いてくれた。この「留学」は、まさに『忘れられない中国留学』になったのである。

一九八八年八月、大阪港から鑑真号で出発した。「期待に胸を膨らませて」と言いたいが、実は少しばかりの不安と後ろめたさも感じていた。

一九六八年に大学の中国語科に入った。当時は日常中国語を耳にすることもなく、テレビコマーシャルなどでたまに聞こえてくるのは、変なアクセントの和製中国語であった。また、入学してすぐ学園紛争が激化し、まともに授業があったのは一年生と四年生の時だけ、その上、自分のなまけ癖もあって、きちんと勉強しないまま卒業してしまった。そんな中、一九七二年九月に日中国交正常化のニュースを聞き、心が騒いだが、その時にはすでに就職しており、訪中など縁遠く感じたものだ。その後、結婚、三人の子育てと、環境がどんどん変化する中で、きちんと勉強していないという負い目はずっと心の隅にあった。そして、末の子が小学三年生になり、ひと段落した時に目にしたのが「上海交通大学夏期短期留学」のチラシだった。子供たちは夏休み中、教員の夫も家にいる時間が長い、「チャンス！」と申し込んだ。そして、見送りに来た末っ子の半べそ顔を振り切って船に乗り込んだ。

上海交通大学では、子持ち専業主婦の私には夢のような、贅沢で興奮の時を過ごした。クラスメートたちは現役の大学生から退職間近のサラリーマンまで。早朝にみんな一緒に太極拳を習い、午前は中国語授業、午後は習った中国語を生かすために街に出る、という毎日。「これが最初で最後の中国」と思い、午後は足がふらつくまで貪欲に歩き回った。歩道の隅に山のように積み上げられたスイカ、建設中のビルの周りに組まれた竹の足場、店の正面ガラス戸の「冷気開放」の張り紙、いつも満員で、必死の形相で乗り込んだトロリーバス。今でも、あの時の陽光、雑踏をにおいと共に思い出す。

上海交通大学夏季短期留学、授業風景（学生前列右から三番目）
上海交通大学课堂一景（前排右3为作者）

私の短くも充実した「留学」は、満足のうちに終わった。しかし、それから二年して、あの時の中国人先生とクラスメートから「上海交通大学夏期短期留学」の引率をしないかという声がかかった。前回は「これは『留学』であり、勉強なのだ」と家族にも自分にも言い聞かせていたが、やはり「自分だけしたい事をしている」という後ろめたさはぬぐえなかった。しかし、今回は違う。「仕事」なのだ。二つ返事で承諾した。

それからは、毎年夏に中国語学習者を連れて上海を訪れ、学習後は中国各地を回って観光した。中国の発展は目を見張るほど速く、年ごとに街が変化していくのを見るのも楽しみだった。しかし、当然のことながら、大学と日本人学習者双方の期待、要望も変化し、十年を過ぎた頃から私たちの短期留学という形式は徐々に必要ではなくなっていき、二〇〇四年でやめることを決めた。私自身も子供に手がかからなくなり、夏だけの中国では飽き足らなくなってきていた。春も秋も冬も体験してみたい、そう思い始めた頃、上海の日本語学校が日本語教師をさがしていることを知り、「一年だけ」と夫を説得して、一人上海に向かった。ところが、その一年後には夫も仕事を辞めて、上海で日本語教師になった。それからは、あっという間に十四年が経ち、今度は上海以外の都市にも行ってみたいね、と縁あって南京の大学へ。そこでもまた五年が経ち、夫七十一歳、私六十六歳で日本に帰って来た。

二週間で終わるはずだった中国体験がいつの間にか二十八年。その間、いろいろなことがあった。各地への旅行や学生との会話で、戦争の傷痕に痛みを感じた。反日デモや日本製品ボイコットの最中は、知らない人に「どこから来たの」と問われると、「日本から」と答えるのに一瞬身構えた。それでも、周りの人や学生たちとの温かく、楽しい交流は、心の中にたくさん残っている。

帰国してもうすぐ一年。中国での教え子たちが大勢留学してきている。休みになると、何人かで遠くから遊びに来てくれる。深夜の高速バスを利用したり、我が家の畳の部屋に大喜びしたりと、初めての経験を積み重ねている。

彼らを見ていると、私自身の中国滞在時の生活と重ねてしまう。日本でのたくさんの経験が人生の財産となって、平和な社会の中で役立つようにと心から願う。

桑山 皓子（くわやま ひろこ）

一九七二年三月、大阪外国語大学中国語科卒業。一九七二年四月、大阪でコンピューター関係の会社に就職。一九七三年三月、結婚して岡山へ。公民館・文化講座などで中国語講師、岡山県残留邦人生活自立支援、日本語指導員、岡山市小・中学校中国帰国児童日本語指導。一九八八年八月、上海交通大学短期留学。一九九一年～二〇〇四年、上海交通大学短期留学 引率。一九九七年九月～二〇一一年八月、中国「上海朝日商務培訓中心」日本語教師。二〇一一年九月～二〇一六年六月、南京大学金陵学院 日本語教師。二〇一六年七月、帰国。

桑山皓子

１９７２年３月，毕业于大阪外国语大学中文系。１９７２年４月，进入大阪某计算机公司工作。１９７３年３月因结婚前往冈山。先后担任公民馆文化讲座汉语教师，支援冈山县遗留归国日本人生活日语指导员和归国儿童日语老师。１９８８年８月，赴上海交通大学短期留学。１９９１年至２００４年，担任上海交通大学短期留学项目领队。１９９７年９月至２０１１年８月，担任中国上海朝日商务培训中心日语教师。２０１１年９月至２０１６年６月，担任南京大学金陵学院日语教师。２０１６年７月回国。

以中国短期留学为契机

我的留学生活只有短短的两周，跟普通意义上的留学或许不太一样。但那是我第一次去中国，一切都那么新鲜，一切都成了我人生中难忘的回忆。而在留学期间遇到的老师和同学也对我的人生起到了重大作用，正是在他们的指引下，我走上了自己从未想过的人生道路。所以这两个礼拜的“中国留学”真正可以算得上是“难忘的留学”故事了。

1988年8月，我从大阪港乘坐“鉴真号”，踏上了去往中国的留学之路。虽然我很想写下“我的内心充满期待，激动不已”这样的话语，但事实上，当时我还是感到一丝不安和紧张。

1968年，我进入大学中文系。那个时候，我们并没有什么机会能够听到中文，偶尔在电视广告上听到的，也都是音调怪异的“日式中文”。而且我入学不久，学园纷争便开始加剧，因此真正算得上正经上课的阶段只有大一和大四。再加上自己懒惰懈怠，大学生活很快就结束了，我还没怎么好好学习就迷迷糊糊地毕业了。1972年9月，日中邦交正常化。听到这个消息以后我不禁心动了。但是那时，我已经参加工作，去中国仿佛是一件遥不可及的事情。紧接着，结婚、养育三个孩子，生活环境不断地变化，而我大学时没好好学习的懊悔心情也一直萦绕在心头。后来，当我家最小的孩子上了三年级，我的人生到达一个节点时，我凑巧看到了“上海交通大学夏季短期留学”的宣传单。孩子们都在放暑假，身为老师的丈夫在家的时间也很长。“这不正是一个绝好的机会么！”这么一想，我果断地报名了。出发之前，小儿子前来送行。望着他哭丧的小脸儿，我把心一狠，转身登上了前往中国的船只。

上海交通大学对于我这种已经有孩子的家庭主妇来说简直就像梦一般的存在，在那儿我度过了一段既奢侈又痛快的时光。同班同学既有在校大学生，也有快退休的白领们。清晨，大家一起学习打太极拳，上午一起上中文课，下午则各自上街，练习刚学的中文。这就是我们每一天的生活。一想到这将是我“第一次也是最后一次的中国体验”，每天下午我都贪婪地在街上转悠，一直逛到走不动为止。街道一角堆得跟山一样高的西瓜，施工中的大楼旁搭建起来的脚手架，店铺正面玻璃门上写着“空调开放”的贴纸，永远都是满员不拼命挤就上不了的无轨电车……

那时候的阳光，那时候拥挤的景象，即使到现在，我依旧能够清晰地回想起来……我短暂而充实的留学生活就这样结束了。但是，两年之后，我收到当时在中国的老师和同学的邀请，邀请我做“上海交通大学夏季短期留学”项目的领队。

上回两个礼拜的中国体验，我对自己也对家人说“这是留学，是学习”。但说到底，也只做了自己想做的事情而已，想起来还是会感到内疚。但是这次就不一样了，这是一份工作。于是，我毫不犹豫地答应了。从那之后，每年的夏天我都带着学中文的日本人访问上海，学习结束以后再带他们到中国各个地方参观旅游。中国的发展日新月异，令人目不暇接，看着每年大街小巷的变化也成为了我的一大乐趣。但是10年过后，随着大学和日本人学习者需求的变化，我们这种短期留学的形式渐渐不受欢迎了。2004年，这种短期留学项目被正式取消。刚好那个时候，我的孩子已经长大，不再需要我的照顾，而我自己也不再满足于只看到夏天的中国了。春天的中国，秋天的中国，冬天的中国，我都想亲眼看一看。刚一这么想，我就得到消息，说上海的日语学校正在招日语老师。我说服丈夫让我去一年之后，就义无反顾地前往上海。一年之后，丈夫也辞掉工作来到上海当日语老师。转眼间14年过去了。我又想去上海以外的城市看看，于是机缘巧合就去了南京大学并在那里呆了5年。当丈夫71岁，我66岁时，我们才回到了日本。

原本两周就该结束的中国之旅不知不觉变成了28年。这当中发生了许多事。通过在各个地方的旅游以及和学生们的交流，我深切感受到了战争带来的伤痛。在反日游行及抵制日货行动最为激烈的时候，如果有陌生人问我“你是从哪儿来的”，我总是警惕而又小心翼翼地回答“从日本来的”。但即使这样，同周围人及学生们温暖且愉快的交流，依然给我留下了深刻的印象。

回国之后过了快一年，我在中国教过的许多学生们纷纷来日本留学。一到节假日，他们就结伴从很远的地方来我家玩。有半夜坐高速大巴过来的，也有来到我家和式房间就特别兴奋的……总之这里见证了许多孩子的“初体验”。

看着这些孩子们，我仿佛看到了当年在中国的自己。我衷心希望，在构建未来和平世界的过程中能看到这些孩子们的身影，希望在日本的经历能够成为他们人生中宝贵的财富，激励他们不断前进。

三等賞

互相理解　共同进步

会社員　廣田　智（北京語言学院）

手元にぼろぼろになって残っているテキスト『現代汉语进修教程语法篇』は、北京で学んだ一年を今でも鮮明に思い起させる。葦編三絶。もう破れてしまった緑色の表紙、三百八十三頁、四・八元のテキストには多くの書き込みが残っている。この一冊がもたらした価値を計り知ることはできない。語学習得に苦労しながらも学びの多かった留学を機に、今も大切だと考えるようになったのは、隣人に敬意を払い、意見が異なればそれを理解しようとし続ける姿勢だ。

始めの一歩

「中国へ行ったら身の回りの物は何も買えないぞ」そんな無責任なアドバイスを真に受け、大荷物で北京に着いたのは二十七年前の夏だった。パソコンもメールも、ましてやスマートフォンも無い時代の情報収集は容易ではなかったが、キャンパスにはさまざまな国の学生が往き来し、学生生活に一気に興味が高まっていった。一年間住むことになる「留学生宿舎」の自室にやっとの思いで到着した時は疲れ果てていた。

九月に入ってすぐ「分班考试」（クラス分け試験）を受けた。問題文は読めないが内容は推察可能だ。日本人なら回答の選択肢を四択から二択くらいまで狭めることができる。漢字に感謝。だがそれは悲劇の始まりで「二択テスト」の結果は中級班からのスタートだった。後に同班同学に聞けば既に半年、人によっては一年学んだ人たちのクラスだという。授業開始前のオリエンテーションから大きく躓いた。チェコ、パキスタン、アメリカ、ペルー、日本など十三名のクラスで出席の点呼を取るが、誰も返事をしないのが自分だとわかる始末だ。オリエンなのに先生の話の内容は皆目見当がつかない。担任の王又民老師に「私は間違えて中級班に来てしまいました。初級班に移りたいのですが」などと説明できるはずもなかった。

漢字との戦いが始まった。テキストを一文字ずつ辞書で調べる羽目になった。日本人は辞書を引き過ぎだとよく揶揄されるが、ピンインも声調記号も無い中級テキストの意味を理解し読み進めるためには他に手がなかった。午前は授業、午後は自習に加え「辅导」（指導）の先生を紹介してもらった。相当頑張ったつもりだったが、早朝から中庭や運動場でテキストを音読する地元中国人学生の意欲にはかなうはずもなかった。結局一日十時間、三カ月缶詰めになった甲斐あり学習のコツを掴むことができた。積極的に街へ出始めたのもその頃だったがもっと早く外へ出るべきだった。

1990年頃の北京市海淀区五道口付近
1990年的北京市海淀区五道口附近

おススメ勉強法？

学内で知り合った中国人学生ら数人と天安門広場まで自転車で向かった。十数キロの道すがら「往右拐」（右へ曲がるよ）などと教えてくれる。すっと頭に入ってきた。自動車も増えていたが自転車もまた大河の流れの如く走っていた。うまく流れに乗らないと右へ曲がるどころか永遠に直進するしかない。テレビの日本語講座も極めて有効だった。中国語漬けのなか日本語を耳にし、安心すると同時に中国語ではそう表現するのか、とこれもすんなり入ってきた。テレビと言えば、当時の人気ドラマ「渇望」放映の翌日には主題歌を口ずさむ人も多かった。ほとんどの番組に字幕があるのは学習者には大変ありがたかった。街での買い物もリスニングとスピーキングには素晴らしい訓練だが全くと言ってよいほど教科書通りにはいかない。そんなもどかしさもまた大きな学習成果の一つだった。

それぞれの違いを理解するまで

苦心惨憺しながらも第二の学生生活を満喫した後、会社に戻って中国やアジア関連の業務に就いた。中国事業を拡張する際、販売員研修がうまくいかないという話を聞いた。笑顔で接客できないというものだった。早速中国の友人に尋ねて驚いたのは、「見も知らぬ初めて会う人に笑顔は見せない」という中国の人には当たり前の事だった。一方私たちは接客なのだから笑顔で応対するのは当たり前だと思っている。それぞれの当り前も理解が足りないとそれは時として摩擦になる。双方何の非も無いにもかかわらずだ。当時、靴を買うために訪れた学校近所の小さな商店で、表現は申し訳ないがぶっきらぼうだった店員さんの態度を今は理解できる。

接客はたったひとつの例に過ぎないが、文化や習慣の違いを思えば相容れない言動や考えがあるのは極めて自然なことだ。その背景や理由を知れば理解し納得できる。今、我々に特に必要な事ではないだろうか。情報が少なかった二十七年前も、インターネットなどによる情報過多の今も、自身の目で見て体験した学びは何よりも貴重な財産だ。隣人に敬意を払い、理解しようとし続ける姿勢。これこそ友好を育む術なのだ。留学を機に学べたことは大きく深い。

廣田 智（ひろた さとし）

メーカー勤務。入社三年後の一九九〇年八月、北京語言学院（現在の北京語言大学）へ勤務先の語学研修制度を活用し初めて中国を訪れる。大学の第二外国語で中国語を履修するも散々な状況で学習開始。約十カ月学び、勤務先の北京駐在員事務所で五カ月の研修後帰国し中国・アジア地区の販売管理、マーケティング業務に就く。一九九五年から九八年、香港駐在員。現在は広報部で企業広報を担当。

广田智

某制造公司职员。入社三年后的1990年8月，利用公司语言学习研修制度的机会来到了北京语言学院（现北京语言大学）学习，首次到访中国。大学第二外语选修了汉语，学习了十个月后，在就职公司的北京办事处进修五个月。之后回到日本，从事中国・亚洲地区销售管理、市场营销的相关工作。1995至1998年，常驻香港。现在宣传部负责企业宣传工作。

廣田 智

互相理解 共同进步

手旁一本破旧的教科书《现代汉语进修教程语法篇》，让我清晰地回忆起在北京求学的一年时光。这本书共383页、定价4元8角，绿色的封面已经破损，书里还留着很多我做过的笔记。真可谓是“韦编三绝”。它带给了我无法衡量的价值。而在北京的留学经历虽然艰辛，却让我学到很多东西，使我明白了一个至今都觉得很重要的道理：要尊重周围的每一个人，不断尝试着去理解各种不同的意见。

初到中国

“去中国的话什么日常用品都买不到的哦。”

我听信了这样没有责任感的建议，在27年前的那个夏天，背着大包的行李来到了北京。在那个没有电脑、邮件、智能手机的年代，收集信息并非易事。不过看着学校里来来往往的来自世界各国的留学生，我对留学生活的兴趣也不由得高涨起来。千辛万苦到达将要居住一年的留学生宿舍时，我觉得疲倦不堪，心想着“可终于到了”。

进入9月份后不久，我参加了分班考试。虽然读不懂问题，但可以推测出大意。感谢中日相通的汉字，日本人大概可以从四个问题选项中选出两个，缩小回答范围。“选项考试”的结果使我得以从中级班开始就读，但这成为了我悲剧的开始。后来我问了同班同学，得知这个班的同学都已经学了半年或者一年中文的。上课之前的新生说明会上，我就遭受了巨大的打击。这个班级由来自捷克、巴基斯坦、美国、秘鲁、日本等国的13名同学组成。班上进行出席点名时，发现只有自己无法回答。虽是新生说明会，我却完全猜不懂老师说的话，又不能向班主任王又民老师说明：“我不小心错进了中级班，想换到初级班去。”

于是我开始了和汉字的战斗。课文里的每一个字，我都不得不翻阅字典仔细查阅。虽然经常被嘲笑你这个日本人查字典太过频繁，但是为了理解无拼音无声调记号的中级教材并往下阅读，除此之外别无他法。在学校，我上午上课，下午除了自习还有老师辅导。虽然自认为自己很努力，但和从早到晚在校园、运动场等处朗读课文的当地中国学生相比，我的学习热情还远远不够。经过每天10小时填充式的学习后，我终于掌握了一套有效的学习方法。也就是从那时起，我开始积极地走上街头——其实早就该如此行动了。

推荐的学习方法？

我曾经和在大学里认识的中国学生一起骑着自行车去天安门广场。10多公里的路途中，朋友们会告诉我“往右拐”等等指明方向。路上汽车不断增多，自行车也是川流不息。如果不能紧跟上车流，别说右拐，我怕是只能一直笔直往前，找不到方向了。所以我很快地记住了朋友的中文指令。

电视中的日语讲座也很有用。在周围都是中文的环境中听到日语，会让自己感到格外安心，同时还能轻松掌握日文表述所对应的中文说法。说到电视，在当时的人气电视剧《渴望》播放的第二天，就有很多人在哼这部电视剧的主题曲了。大多数的电视节目都有字幕，对语言学习者来说非常有帮助。上街买东西也堪称听力和会话的完美训练，不过教科书上学的那一套可以说完全行不通。这种情况下产生的焦急感倒也是一种巨大的学习成果。

理解各种差异

饱尝了第二次学生生活的辛酸苦辣后，我回到了公司，从事与中国、亚洲等相关的工作。在开拓中国事业时，我听说销售员的研修进行得不是很顺利，中国的销售员似乎不会用笑脸接待客人。我马上询问了中国的朋友，朋友说到：“对于中国人来说，与陌生人初次接触时不露笑脸是很正常的事。”这让我大吃一惊。对我们日本人来说，笑脸待客才是理所应当的。尽管双方都没有什么过错，但如果不能充分理解各自的理所应当，就会时常发生摩擦。我现在终于能够理解，为什么当初我去学校附近的一家小商店买鞋时，店员待客时表述上没有任何问题，但是态度却十分冷淡了。

招待客人只是其中一例。考虑到文化与习惯等不同，不同国家之间存在一些不能相容的言行及想法也是极其自然的事。如果知道其背后的原因，就能互相理解并接纳。这点对现在的我们而言尤为重要。无论是信息缺乏的27年前，还是网络等各种信息泛滥的今天，通过自己的眼睛去观察、亲身体验而学到的东西，是比什么都宝贵的财富。只有尊重并理解邻国，才能发展友好关系。通过这次留学，我收获颇深。

三等賞

「門礅」調査の思い出

「門礅」研究家　岩本　公夫（北京語言学院／陝西師範大学）

私達夫婦は、私五十八歳・妻五十六歳で退職し、一九九五年九月に北京語言学院に三年間、二〇〇一年秋に陝西師範大学に三カ月間留学しました。

門礅に出合う！

四合院の門に夕日を受け黒光りする太鼓型の石を見たのは、留学半年後の九六年二月です。北京孔子廟から帰り道、廟東の官書院胡同を右に曲がったら眼に飛び込んだのです。全体に模様が彫られた大変美しい石彫美術品だと思い、留学記念に写真を撮りました。

一年後、漢語促成系を終え、留学目的の書道・墨絵学習のため、芸術系に転入。日韓学生五人に教師三人と大変恵まれた二年目の留学生活を迎えました。この間も石への疑問は私の心を離れない大きな関心事でした。折り良く北京の民俗に詳しい侯長春老師が短期講師でこられました。これ幸いとたどたどしい中国語で教えを請いました。石は「門礅」と言う門扉開閉資材で、起源も沿革も定かではないが、邸宅主人の身分が分かる民俗工芸品であり、彫られている美しい模様は、一音が多くの文字を表わす漢字の特性を活かした吉祥模様で、当時の中国人の倫理観・人生観・願望を表す他国に無い文化財だと教わりました。

門礅との出合いが退職後の人生を変化に富んだ有意義なものにしてくれました。

私の決意

私が留学した二十世紀末は、オリンピック準備など大発展の時期でした。街中至る所で古い物を壊し、新生中国への工事で沸き返っていました。後日談ですが、「北語」創立五十周年に招待され母校を訪れた時、その周辺や旧城内の見事な近代化には感激しました。

留学中の或る日、西城区南楡銭胡同を歩いていると壊された四合院の瓦礫の中に門礅（写真の保存第一号門礅）が埋まっていました。当時あちこちで見た風景でしたが……。その時、ふっと日本の「根付」の事が私の脳裏に浮かびました。

「根付」は和服の帯に「煙管」や「矢立」を吊る為の小物です。日本人が和服から洋服に着替えた時、日本から消滅しました。住宅が高層化し門礅が不用品になっている今、保存と調査をしないと、門礅は「根付」と同じ道を辿ると直感しました。

保存第１号の門礅と共に
与第一号门墩合影

石刻博物館・北京古建築博物館の職員に幼稚な中国語で訴えたら「門礅？　それより保存すべき物が多くて無理！」との返事。そこで、言葉の出来ない私に出来るのは現状記録作業だと思い、妻に話すと「良い事ね、やったら。でも私は二年留学で帰るわ」と私の留学延期に賛同。それから二年半、北京旧城内の全胡同を自転車で廻り、六五〇〇余組の門礅の型と所在地番号を記録した《北京旧城内門礅所在地図》を完成させ、保存価値有る一〇六〇余組を写真に撮りました。

芸術系は学期後半の授業出席不要。早朝から一日中の調査活動を了解してくれ、これは留学を延ばした九九年七月まで許されました。

留学と調査活動を振り返って

多くの方々のご尽力が忘れられません。

寮の小姐が所在地図作りに必須の北京胡同詳細地図を黙って机に置いていてくれた事。文化学院前庭に門礅展示を許可下さった学院長。二十キロメートル離れた市内から重い門礅を大八車で運んで下さった緑化職員。屋外展示場「枕石園」を造って下さった大学。調査保存活動を朗々とした漢詩で讃えて下さった侯先生。九八年十二月中国歴史博物館で《北京門礅写真展》開催。報告書《北京門礅》出版。十数年間の各地門礅調査報告書《中国門礅》を未来出版社を通して国家出版署民間文化基金に申請し、〝十二五〟（第十二次五カ年計画）国家重点図書に選抜されるよう推して下さった張維佳北語大学教授。

陝西師範大学留学でも、自転車で六五八組記載の門礅所在地図製作と三三七組の撮影を行いました。

私のこの活動を知った澳洲大学院からの華僑留学生は、論文提出期限直前なのに「貴方の行動は政府がやるべきです」と私を文化局へ引っ張って行き、小雁塔文物保存所長に面会、私の門礅保存の活動支援をする約束を取りつけてくれました。二十年後でも所長は多方面で支援してくれています。彼女の祖国文化財への愛情に感動！しかし彼女の名は覚えていません。

可能な限り北から南まで中国各地の門礅を撮影、採拓して廻りました。

浙江省寧波市で。門礅撮影調査に同行された初対面の楊氏は、帰国後、氏撮影の周辺の歴史と由来有る門礅写真五枚（蒋介石家祖廟含む）を説明文付きで郵送下さいました。

福建省漳洲市旅館で。小姐が通勤に使う自転車を十日間貸してくれ、礼金は取らず林檎と香蕉（バナナ）だけ受け取り、にっこり笑った笑顔。

全てが老留学生には身に余る感激で「忘れられない中国留学最高のエピソード」です。

岩本 公夫（いわもと きみお）

一九三七年、広島県福山市生。一九六〇年、山口大学経済学部卒業。同年、大阪マツダ販売株式会社入社。一九九四年、大阪マツダ販売株式会社退社。一九九五年、北京語言学院（現在の北京語言大学）留学。一九九六年、北京門礅調査開始。一九九八年、「北京門礅撮影展」開催（於国立中国歴史博物館）。《北京門礅》出版。一九九九年、北京語言文化大学卒。二〇〇一年、陝西師範大学社会発展研究中心留学。留学終了。二〇一二年、『中国の門礅』出稿。二〇一五年、在日留学中国学生に郷里門礅撮影呼びかけ開始。『中国の門礅』概要はHPを参照。http://mendun.jimdo.com

岩本公夫

１９３７年出生于广岛县福山市。１９６０年，毕业于山口大学经济学院。同年进入大阪马自达销售股份有限公司工作，１９９４年辞职。１９９５年，走北京语言学院（现北京语言大学）留学。１９９６年开始调查北京门墩。１９９８年于中国历史博物馆开办〝北京门墩摄影展〟。出版了《北京门墩》一书。１９９９年毕业于北京语言文化大学。２００１年，赴陕西师范大学社会发展研究中心留学并完成学业。２０１２年，完成《中国门墩》书稿。２０１５年开始呼吁在日中国留学生参与〝故乡的门墩〟摄影活动。《中国门墩》概要可参照主页：http://mendun.jimdo.com

回忆"门礅"调查

那一年，56岁的妻子和58岁的我一同退休并开始了我们的留学生活，1995年9月开始的三年间在北京语言学院，2001年秋开始的三个月则是在陕西师范大学。

初遇门礅

1996年2月，留学生活已过半年。一天，我正走在从北京孔庙回家的路上，从庙东面的官书院胡同右拐，在一家四合院的门口发现了一块石头。这块石头在夕阳映照下，黑亮似大鼓。当时我心想："这个雕满花纹的玩意儿真是一件极美的石雕美术品呐"，随即拍下照片留作纪念。

为期一年的汉语进修结束后，为了学习书法和水墨画，实现留学的目标，我们转入了艺术系。当时我们五个来自日韩的留学生有三位老师指导，我第二年的留学生活可谓是师资丰厚。此间，我心中对于那石头的疑问一直未曾打消。幸运的是，深谙北京民俗的侯长春老师恰巧担任了我们的短期讲师。于是我操着一口生硬的中文向他请教石头的来历。他告诉我，那石头名为"门礅"，乃是用于稳固门扉开合之物。其起源及演变虽不可考，却是可凭之确认宅邸主人身份的民俗工艺品。门礅上那些美丽的花纹，皆是活用了一音表多义的汉字，雕刻而成的吉祥花纹，表达了当时中国人的伦理观、人生观及美好愿望，是世界上独一无二的中国文化遗产。与门礅的相遇改变了我退休后的生活，使我的人生更有意义。

我的决心

我的留学生涯始于20世纪末，那时候正是筹备北京奥运会的大发展时期。街道上的古物悉数被毁，中国正上下齐心地进行着迈向新世纪的工程。后来为庆祝北语创立50周年我应邀重访母校时，四下里以及旧城中皆是一片现代化的景象，让人不免心生感慨，这是后话了。

尚在留学时的某天，我走在西城区南榆钱胡同，看到门礅被埋在拆毁的四合院瓦砾中，而此种场景在当时随处可见。这使我忽然想起了日本的"根付"。

"根付"乃是为了方便在和服带子上挂烟管或墨壶而佩戴的一种坠饰。此物在日本和服到洋装的历史变迁时湮灭了。在住宅高楼化的当下，门礅沦为无用之物。如若不加以保存和调查，想必今后也会遭遇与"根付"同样的结局吧。

我用生疏的中文将此想法告知石刻博物馆·北京古建筑博物馆的工作人员时，得到的回答是："门礅？不行。比这值得保存的文物太多了。"于是，有口难言的我想到自己能做的只有记录现状了。跟妻子说明此事，她赞成我延长留学并说道："这是好事呀，试一试吧。但我留学两年后就先回国咯。"此后两年半，我骑着自行车辗转于北京旧城大大小小的胡同，完成了记录6500余组门礅形状以及位置号码的地图，并为其中有保存价值的1060余组拍下了照片。

艺术系每到学期末便不再要求上课出席，得知我从早到晚的调查工作后，允许我持续此状态直到留学延期后的1999年7月。

兼顾留学与调查工作

难忘多方援手。

宿管女士把北京胡同的详细地图悄悄放到我桌子上，这对我制作位置地图来说是不可或缺的；院长批准了我将门礅展示在文化学院前院；绿化工人们从20公里开外的市内用板车帮我搬来了重重门礅；学校为我打造了室外展厅"枕石园"；侯先生爽朗作诗赞誉我的调查保存工作；1998年12月在中国历史博物馆举行了"北京门礅摄影展"；出版了报告书《北京门礅》；北语张维佳教授通过未来出版社为十几年间各地门礅调查报告书总集《中国门礅》申请了国家出版署民间文化基金，并推荐其入选"十二·五"国家重点图书。

留学于陕西师范大学期间，我依旧骑着自行车到访各处，完成了658组门礅的位置记载图并拍摄了337组照片。

来自澳洲研究生院的华侨留学生得知我的工作后称："您的这些工作本应是政府该做的。"接着全然不顾自己的论文即将截稿，拉着我到文化局，将我引荐给了小雁塔文物保管所所长，所长向我承诺会一直支持我的门礅保存工作，20年后仍一直给予援助。她对于祖国文化遗产的热忱令人感怀！遗憾的是，我已经想不起她的名字了。

我竭尽所能从北到南造访中国各地，挑选石礅并拍照记录。

在浙江省宁波市，与我同行做门礅摄影调查的杨先生，虽是初次见面，却在我回国后将他拍摄的周边历史古迹和来源可考的门礅（包括蒋介石家宗祠）共5张照片附上文字说明邮寄赠予我。

在福建省漳州市的旅馆，一名女士将平日上班用的自行车借给我，分文不收，仅收下了苹果和香蕉，并对我莞尔一笑。

以上种种，皆是令我这名老留学生感激涕零的"难忘的中国留学中最为珍贵的故事"。

三等賞

私の初旅行

大学生　稲垣　里穂（華東師範大学／四川師範大学）

私が留学をしたのは、大学三年生の夏から一年間でした。場所は四川省成都市。日本人のイメージとしては、四川料理の麻婆豆腐くらいでしょうか。あとは、パンダや三国志好きには有名な場所かもしれません。私は、学校の交換留学制度で奨学金のために四川を選びました。どこにあるかも知らないままに。本当は上海に行きたかったのに、と思いながらもたどり着いた成都市は、私の住んでいる岐阜県よりも大都会でした。そして、日本より大きい。四川と一言で言っても広大で世界遺産の宝庫であると知りました。

そんな私の初めての旅行が四川省内の標高四千メートル近い山々を連ね、最後のシャングリラと称される稲城亜丁という自然保護区への国慶節を利用した旅行でした。これが、忘れられない旅になるとは露知らず友人たちと旅行の準備を行いました。企画は、旅行学科の中国人学生、この学生ツアーに留学生八人と共に参加しました。国慶節を利用した五泊六日、費用を抑える為に一日おきにキャンプをする、という予定。中国留学経験者の中でも、少数民族が暮らす高原地帯でキャンプをした人はあまりいないのではないでしょうか。よくわからないままバスに乗り出発しましたが、どれだけたっても到着しない。朝六時に出発をしたはずなのに気が付けば夕方、途中、トイレ休憩は一元を払ってようやく使えるトイレ状の穴でした。そこからまだまだ山道は続きました。四川省をなめていました。夜中十二時にバスが止まったのは宿の駐車場でした。運転手さんは宿ですが、私たちはここからテントを準備して火をつけて煮詰まっていないインスタントラーメンを二十五人で分ける夕食。もちろんシャワーも洗顔も水が十分にないので初日に化粧は諦めました。この旅行ほどお風呂に入りたい、顔を洗いたいと思ったことはありません。そして、水の大切さを実感しました。一日目を終え、次の日バスはまた走り続けました。結局三日間、毎日十五時間ほど走り続けてようやく目的地に到着です。もうこの頃にはスマホは電源を切って鞄にしまい、ずっと外の景色を眺めていました。日本では、上海では見ることのできなかった景色でした。野生のヤクの群れが遠くを歩いていて、山の上にはチベット文字が見えました。途中からヤクの群れも見飽きてテントの片付けも早くなっていき自分が強くなっているのを感じて友人と笑うしかありませんでした。この中で最も印象的な出来事はチベット族の宿に宿泊した時です。チベット族のおばあちゃんが最新薄型テレビとスマホを片手に、もう片方で手作りのヤクのチーズとサラミを勧めてくれました。そして、フランス人の友人とおばあちゃんが普通話で話している光景は、とても愉快でした。語学を勉強していて、はっきりと通じ合える人が増えたことを自分の目で確かめられた瞬間でした。稲城亜丁の景色は、本当にどこをとっても絵葉書のようで下まで透き通った小川と野生の馬、雪化粧をした山々を一度に目にしてとても贅沢な気持ちになりました。三日間バスに乗ってきたからこそ観られた景色だと思うと頑張った自分をほめたくなりました。今でも、この時の写真は何度も何度も見返します。何度見ても満足します。もう一度行く勇気はありませんが。楽しい旅行記のようですが、実は本当に過酷でした。折り返し四日目には半分以上のメンバーが体調を崩し、お金を払って宿に行くかキャンプをするか選択を迫られることもありました。体調もお金も気持ちも自分しか頼りになるものがなく、誰もがイライラを積もらせ拙い中国語で喧嘩をしながら過ごしました。この時は、皆参加しなければよかったと思ってい

国慶節、国境を越えた友人たちと共に
国庆节，与来自世界各地的朋友在一起

たと思います。しかし、最終日にはみんなでビールを買ってピーナッツを食べながら歌を歌ったりトランプをしたり、留学生と中国人の壁を越え、頑張った私たち、という見えない団結力が生まれたように感じました。

参加しなければよかったと思った四日目、五日目を振り返りながら今では行ってよかったと思えます。お風呂に入らない、壁のないトイレ、なんて日本人には耐えられないと思いますが、やってみたらどうにかなるものです。途中で食べたインスタントラーメンも本当においしく感じました。そして、普段汚いと文句を言っていた宿舎に帰った瞬間の安心感。いかに日々の生活に不満ばかりを見出していたか気が付きました。感謝するべきことに気が付けた旅行でもあり、また迷ったら挑戦してみることで乗り越えられないことはない、と知ることができた旅行でもありました。

大都会上海や北京も素晴らしいですが、ぜひ日本人の少ない場所を留学や旅行先に選んでみてください。語学以外の経験もできると思います。

稲垣 里穂（いながき りほ）

愛知県立大学外国語学部中国学科四年。初めての海外旅行で上海万博に行き、中国に興味を持つ。その後、二年次に上海、華東師範大学への一カ月の短期留学。三年次に学内の交換留学制度を利用し四川師範大学に一年間語学生として留学。

稲垣里穂

爱知县立大学外国语学院中文系四年级学生。第一次海外旅行是去参观上海世博会，从此对中国产生了浓厚兴趣。大学二年级时，赴上海华东师范大学短期留学一个月。大学三年级时，利用学校的交换留学制度赴四川师范大学留学一年。

稲垣 里穂

我的首次旅行

大三那年的夏天，我远赴中国四川省成都市，开始了一年的留学生活。作为一个日本人，我对四川的印象仅限于四川料理的麻婆豆腐，还有可爱的熊猫和被“三国志迷”所熟知的一些有名地点。事实上，原本打算去上海留学的我连四川在中国的哪个地方都不知道，但是根据学校的交换留学制度，去四川留学可以拿到奖学金，所以才选择了这里。然而，到了成都我才发现，这是一个比我住的岐阜县还要繁华的大都市，而四川省的面积甚至比日本还要大。这里幅员辽阔，是不折不扣的世界自然文化遗产宝库。

利用国庆节假期，我参加了一次独特的旅行，前往四川省内被称作“最后的香格里拉”的稻城亚丁自然保护区。那里群山连绵，海拔将近4千米。出发前，我和朋友们一起做旅行准备，那时的我根本没有想到这会成为一次让我终身难忘的旅行。旅行攻略是由学生旅游团里的旅游专业的中国学生和我们八名留学生共同商讨制定的。利用国庆节的7天假期，我们计划六天五宿、隔天露营，以节省开支。我想，即使是在中国留过学的外国人，也很少会去少数名族居住的高原地带露营吧。我对将要发生的一切所知甚少，就懵懵懂懂地坐上了启程的巴士。

然而，前路漫漫，不知何时才能到终点。我们清晨6点出发，不知不觉一天就就过去了。绵亘不绝的山路蜿蜒缠绕在四川大地上。途中有付费1元才可以使用的简陋厕所。深夜12点，巴士停在了旅馆的停车场上。司机师傅要在旅馆住宿，而我们则支起了帐篷，生火煮面。没有煮熟的方便面被分成了25人份，就当是我们的晚饭了。因为水不够大家洗澡洗脸，第一天我没有化妆。那时的我，无比怀念能泡澡和洗脸的日子，也真真切切地感受到了水的宝贵。第一天就这样过去了，第二天我们乘上巴士继续前行。就这样我们每天前行15个小时，终于在第三天到达了目的地。徘徊在远处的野生牦牛，浮现在山壁上的藏族文字……我把手机关机放进包里，尽情欣赏这在日本和上海根本看不到的美景。沿途的牦牛群让人大饱眼福，而我收拾帐篷的速度也越来越快，觉得自己成长了不少，开心地和同伴分享这份喜悦。

借宿在藏民家的时光令我最为印象深刻。亲切和蔼的藏族婆婆一手拿着最新型的平板电视和智能手机，一手拿着自制的牦牛奶酪和腊肠来招待我们。同行的法国朋友用普通话和婆婆聊天，不亦乐乎。那一刻我切身体会到，越来越多的人正在通过学到的外语，突破了语言交流的障碍。

稻城亚丁风景如画，不管从哪里拍照都能成为一幅绝美的明信片图案。清澈透底的小河、野生奔驰的骏马、银装素裹的山峰，简直是视觉的盛宴。是的，这是我们忍受了整整三天的舟车劳顿才看到的景色。一想到这里，我也不禁佩服“拼命三娘”一般的自己。如今，我也会经常拿出那个时候拍摄的照片反复欣赏，百看不厌。然而，这次旅行虽然给我留下了很多美好的回忆，但是过程实在艰苦，我没有勇气再次尝试。事实上，在第四天返回的途中，就已经有半数以上的人熬不住了，甚至被迫面临是花钱住旅馆还是野外露营的选择。每个人都自顾不暇，只能自己调整身体状况，稳定情绪，节省开支。大家开始焦躁不安，还用不太流利的中文大声争吵起来。那时候，大家都十分后悔参加这次旅行。然而，到了最后一天，我们还是买来了啤酒，一边吃着花生，一边嗨歌、打扑克牌，一片欢声笑语。那一刻留学生和中国人已不分你我，成为一个团体，一股无形的凝聚力将我们紧紧团结在了一起。我们为如此努力的自己感到自豪。

回程的第四、第五天，我一直在后悔参加了这次旅行。然而，现在回想那些日子，我为自己的选择感到万分庆幸。这次旅行让我重新认识到了许多事情：不能泡澡、要去没有隔板的厕所方便……这些作为日本人难以忍受的事情，咬咬牙也能熬过去；长途跋涉后吃到自己亲手煮的方便面，即使没有煮熟，也觉得是无比的美味；平时总是抱怨脏兮兮的寝室，在旅途奔波劳累后回归的那一刹那也感觉无比安心。是的，我认识到了要对自己拥有的一切心存感激，认识到了在迷茫困惑时只要勇于尝试挑战，就没有跨不过去的坎儿。

上海和北京是繁华无比的大都市，令人心驰神往。但是如果有机会的话，还是希望大家能够去一些日本人比较少的地方留学或者旅行，相信一定能收获学习外语以外的其他宝贵经历。

三等賞

私は中国で夢を見つけました

会社員　井上　正順（北京語言大学）

二〇一二年、日中国交正常化四十周年の記念すべき時に、私は北京に留学していました。当時留学二年目の私は、大きな夢や目標も無く、毎日をただ平凡に過ごしていました。九月十一日、アメリカの同時多発テロが発生した日に、日本が尖閣諸島を国有化したとのニュースを目にしました。当時の私は事の大きさに気づかず、それをただ普通のニュースと同じように流し読むだけだったのですが、それから一日ごとに周りの環境が変化していきました。気づけば日本大使館前での大規模デモ、大学近辺にも日本人は出て行けとの垂れ幕が張られ、学内からも日本の国旗が外されました。タクシーに乗っても、買い物をしても、どこに行っても「お前はどこの国から来た？　日本じゃないだろうな」と言われる日々。自分は中国に留学しているのに、なぜここまで肩身の狭い思いをして過ごさなければいけないのかと悩みました。そんな中、私の大学で日中交流会が行われ、そこで私の人生を変える大きな出会いがありました。

同じテーブルに座っていた中国人の子は、大学に入学したばかりの日本語学科一年生。大学に入るまで日本語は勉強したことが無く、覚えたての単語を使い積極的に話しかけてくれました。その後、日本語と中国語の相互学習をすることになり、学校の図書館やカフェでよく一緒に勉強をしました。彼女は日本語のことだけではなく、日本の文化や習慣についてもたくさん私に質問してきました。例えば、なんで日本の人は礼儀正しいのか、なんで日本製品は評判がいいのか等、普段日本に居たら考え無いようなことばかりでしたが、世界の人が日本に対して抱いている疑問にたくさん気づかせてくれ、また日本の良さを知るきっかけになりました。そんな彼女がある日を境に、私に日本の政治の話、歴史の話をするようになりました。気のせいか、その話をしているときはいつもより言葉に刺があり、違和感を覚えました。そして、気づいたら毎日私に日本の悪口を言うようになり、コミュニケーションを取るのも大変になりました。居ても立ってても居られなくなった私は思い切って聞いてみました。「趙さんは日本のことが嫌いなの？」、趙さんは答えました。「私は日本のことが大嫌いだ」。暫くの間沈黙が続いた後、趙さんが自身の生い立ちを話してくれました。彼女は山東省の反日感情が非常に強いある地域で生まれ、幼い頃から反日教育を受け、何かあれば日本が悪い、悪いことをすれば日本兵が襲ってくると常に言われ大きくなったとのこと。そこまで日本のことが嫌いなのに、なんで日本語を学ぶのか聞くと、「大学入学試験の成績が悪く、学校の先生が無理やり選んだ」と言いました。私は今まで日本語を学習している人は全員日本のことが好きで学んでいると思っていましたが、実際には望まれないで日本語を学ぶ人が存在している現状を知りました。本来であれば、ここで趙さんとの友人関係は終っていたと思いますが、そのとき私は「趙さんを変えてあげたい、日本語を学んでいる人全員に日本のことを好きになってほしい」と思いました。

2013年、北京語言大学世界文化祭で趙さんと
2013年，与小赵参与北京语言大学世界文化节

それから趙さんに会うごとに、日本の良いところをたくさん語り、趙さんの抱いている疑問に一つ一つ答えていきました。最初の頃は自分の主観でのみ判断していた趙さんが、次第に私の考え方も尊重してくれるようになり、最終的には日本のことを好きになってくれ、よき理解者へと変わってくれました。この趙さんとの出会いを通し、真剣に向き合っていけば人は変わることを実感し、

私は日中友好という一生涯の夢を見つけることができました。その後、私は日中両国の人材が直接触れ合い、ひとりひとりの絆を強めていく場を作りたいと思い、趙さんとの出会いのきっかけとなった北京語言大学日本人留学生会に入り、二年間代表を務めました。そこで月一回の日中交流会をはじめ、日中合同の成人式や夏祭り等、日本文化を紹介するイベントの企画・運営に携わり、自分から主体となり日本と中国を繋げる経験をしました。

大学卒業後も日中友好の最前線で働きたいと決めていた私は、現在自分の母校である北京語言大学の東京分校で働いています。中国語、中国の文化に興味を持ってもらうべく、様々なイベントの企画をはじめ、実際に学校等に訪問し自身の留学体験談を通した講演会を行い、将来の日中関係を背負っていく若い世代に中国の理解を深める仕事に携わっています。日本での反中感情が高まっているといわれている昨今ですが、趙さんとの出会いで学んだ「真剣に向き合えば人は変わってくれる」、この経験を糧に、今後も草の根交流を通したくさんの日中友好の種を播くことが私の使命だと決め、私の夢である日中友好という名の平和の種がより開花していくように今後も尽力して参ります。

井上 正順（いのうえ まさゆき）
一九九二年七月十一日生まれ。東京都出身。二〇一一年～二〇一五年まで北京語言大学に学部留学。漢語国際教育専攻卒業。二〇一五年八月より北京語言大学東京校入試広報部にて勤務。主に学生募集を担当。

井上正顺
1992年7月11日出生，东京人。2011年至2015年在北京语言大学本科留学，国际汉语教育专业毕业。2015年8月起进入北京语言大学东京分校工作，主要负责招生宣传。

在中国放飞梦想

2012年是日中邦交正常化第40年，也是我来北京留学的第2个年头。当时的我还没有明确的目标和远大的梦想，庸庸碌碌地过着每一天。9月11日，在这个美国曾发生系列恐怖袭击的日子里（2001年9月11日发生在美国纽约世界贸易中心的一起系列恐怖袭击事件），我听到了日本单方宣布尖阁诸岛（中国钓鱼岛及其附属岛屿）国有化的新闻。当时我并没有感觉到事态的严重性，只是把它当做一则普通的新闻一扫而过，但事实并非如此，从那天起周遭的环境每天都在变化。留心的话可以发现，在日本驻华大使馆门前出现了大规模示威游行，学校周边也悬挂着各种写着“日本人滚出中国”的条幅，学校也撤掉了所有的日本国旗，就连日常生活也不同于往昔了：每次乘计程车亦或是去买东西时，无论去哪里只要我一开口，便会被追问“你是哪国人？不是日本人吧？”。那时的我十分苦恼，我只是来中国留学的学生，为什么要过得这么狼狈呢？就在我为此伤神的时候，学校举办了一场日中交流会，从此我的人生发生了翻天覆地的变化。

交流会上和我同桌的中国人，是个刚入学不久的日语专业大一新生。她在大学前没有接触过日语，但还是坚持用有限的词汇和我积极地交流着。那次交流会后，我俩常常在一起互相切磋学习，有时也会在图书馆或咖啡馆相伴自习。我俩的话题当然也不仅限于日语，她常向我了解关于日本文化和习俗的一些事情。比如：为什么日本人如此注重礼节，为什么日本制造的产品会在国际社会被如此推崇，等等，这些都是常住日本的人几乎不会去留意的问题，但恰恰是外国人对日本最感兴趣的部分，也是他们发现日本优点的契机。记得从某天开始，她也和我谈及一些关于日本政治和历史的话题。不知道是不是我神经过敏，我总感觉她与往常不同，话里有刺，让我很不自在。渐渐地，我发现她每天都在同我讲日本的坏话，连日常交流都变得十分费劲。这种状态持续了一段时间，最后坐立不安的我还是决定打破这个尴尬的局面，问个明白。“小赵，你是不是讨厌日本？”我问她。“对，我的确讨厌日本”……短暂的沉默过后，小赵向我讲述了她的成长经历。她出生在山东省一个反日情绪很高的地区，从小就受到反日的教育，也常听老人们讲起日本有多可恶，日本兵在中国做了多少丧尽天良的事情。当被我问及，既然如此憎恶日本，为什么还要学习日语的时候，她说：“高考成绩不理想，就被学校调剂到了日语系。”我一直以来都认为学习日语的学生都是出于对日本的喜爱，直到此刻我才明白，被迫选择学习日语的学生也大有人在。话题进行到这一步，我以为我和小赵的友谊也要画上句号了，但不知怎的我心底萌生了这样一种想法：“我要改变小赵的看法，我想让所有学习日语的学生都发自内心地喜欢上日本！”

从那以后，每当遇到小赵，我就会滔滔不绝地向她介绍日本的优点，并耐心解答她关于日本的种种疑问。一开始，小赵仍抱有先入之见，但渐渐地，她开始尊重我的想法，最终也喜欢上了日本并能够客观地去理解日本了。通过和小赵的相处，我意识到，只要愿意敞开心扉，人是可以改变的。我也找到了我当下乃至一生都要追寻的梦想——做日中友好的桥梁。后来，我为了进一步创造日中两国人才深度交流的机会，加入了北京语言大学日本人留学生会——这个当初我认识小赵的地方，担任了为期２年会长。其间，我策划组织了一月一次的日中交流会，包括日中联合成人节等一系列介绍日本文化的活动，以主人公的姿态，努力促进日中两国的友好交流。那时我就想，大学毕业后，我仍要继续奋斗在促进日中友好的第一线，于是毕业后我就在母校北京语言大学的东京分校工作了。为了让日本人喜欢上中文和中国文化，我在日本也策划了许多活动，并在多所学校开展宣讲会，分享自己的留学经历，希望未来背负着建设日中友好关系重担的年青一代们可以更客观地认识中国。虽然近年来日本国内的反华声音高涨，但是我通过和小赵的相处认识到：只要愿意敞开心扉，人是可以改变的，我以这句话为自己的座右铭，希望通过民间交流，在两国播撒日中友好的种子。

让“日中友好”这颗承载着我的梦想的和平之种生根发芽，是我一生的使命。

三等賞

会話は日中友好への近道

中国語講師　平藤 香織
（北京師範大学／首都師範大学）

一九九六年の二月、私は冬空の北京に降り立った。十一歳の時に、習い事の一貫で始めた中国語が、一年半の留学という時間で、私の中心部を占める、大きなものとなった。

二十歳の時、「思い切って行ってみよう」と、北京師範大学の門を叩いた。留学先は歴史を感じられる首都北京で、そして自転車で町に出られて市井の人々の息遣いが垣間見ることができる街中が良いと決めた大学である。

私の中国との本格的な付き合いはそこから始まった。当時の北京の街並みは、思い出しても懐かしく、そして愛おしくてたまらない。ギュウギュウのバス、ブレーキが利かない自転車、ドアの無いトイレ、お釣りを投げてくる店員さん。どれをとっても驚きの連続で、中国というものは、かくも異文化で、何と面白いものかと。大変であればあるほどその魅力に取りつかれていった。

私の中国語は、次の三つが日々ぐるぐると駆け巡ることで上達していった。まずは、刺激的な授業。「一人っ子政策について」などのディベートなどでクラス中が真二つになる程の熱い授業に、モチベーションもぐんぐん上昇した。二つ目は自宅学習。翌日になるとクラスメイトが前日の新出単語やフレーズを使って会話をしてくる。もうテキストを食べているのではないかと思うくらいよく覚えてくる。その仲間たちについていきたくて夜な夜な必死で単語を覚えたものだ。

しかし、最も思い出深く、最も上達し、そして心に響いたのは、この最後の一つであると私は断言できる。それは、「中国人とのおしゃべり」だ。中国の留学が実りあるものだった、と言えるのは、このお喋りの時間に他ならない。

中国人の友人、町に出てそこらの人と交わした会話、旅の電車の車内で激論をした内容それこそが、今でも私の中国語表現を支えている。

1996年、北京師範大学での小売部にて
1996年，北京师范大学小卖部留影

中国人は、優しい。こんな日本人の聞きにくい下手な中国語を、辛抱強く聞いていてくれ、そして時には訂正して答えてくれる。そして日本人ということで自身が持つ好奇心をめいっぱい開かせて、率直な質問も投げかけてくる。

一番多かったのは「お父さんの年収はいくら？」だった。最初は驚き、「父親の年収を尋ねるなんて没有礼貌（失礼）だ」と思っていた。しかし、そのうち「千元くらい」とウソも方便で答えられ、「ウソつけ！」と、そこから始まる会話も楽しんでいた。

中国と日本は、歴史的政治的に双方の主張が折り合わない中でも、私と目の前の中国の人とは、個人的に何のわだかまりも無い。そして、お互いがお互いを理解できれば、私は中国を、話した相手は日本を「そんな悪い人じゃあないよ」と、語ることができるであろう。

当時、戦争の話も沢山出た。当時の首相が戦争問題で謝罪をしないことに不満を覚えている中国人にも沢山出会った。私は言う「首相に謝罪をさせることはできないけれど、私が今ここで日本代表として謝ることはできるよ。でも、今ここであなたと私が話している、そして友達になろうとしている、これは紛れもない事実であり、ここから始まる関係でも良いのではないか」と。そして最後に肩を組んで歌を歌う。当時九六年の流行歌のサビ部分「抱一抱～」だけをひっさげて、私はよく電車の硬座やら硬臥などに乗って、長時間の車中を、沢山の中国人とのお喋りの時間に費やしていた。

「日中友好は、小さな種まきをし続けていくことで成しえることかもしれない」。これは私が留学で得た一つの悟りであった。私は思った。「私は一人で十三億を越える全員と対話をしていくことは困難だけれど、私が中国語を教えることで、教わった人が中国の人と交流が出来、ひいては友好の輪が広がるだろう。そしていつの日か、日本と中国は本当の意味での朋友になりえるだろう」と。

現在、私は仕事で中国語が必要な社会人に向けた、中国語の講師という天職に就き、日々奮闘している。

私が教える中国語は一貫して「下手でもいい、とにかく中国の人と沢山会話をすることで、その人と、中国を知って欲しい」。それは私が下手ながらも、会話をし続けたことで沢山助けてもらい、沢山理解が出来たことで今でも中国を近しい場所と思える経験から来ている。

私は今後も中国語を教えることを通じて、日中友好を育む草の根運動を続けていきたい。そして、引き続き中国的朋友たちと、他愛もないお喋りをしていこうと思う。

平藤 香織（ひらふじ かおり）

十一歳より習い事で中国語を学ぶ。関西外国語短期大学を卒業後、北京師範大学及び首都師範大学にて一年半中国語を学習する。留学終了後、返還されたばかりで熱気渦巻く香港が見たいと電車に乗り、そのまま現地で就職。慣れない広東語と英語と少しばかりの北京語で、多様な国籍と共に広告業界で働く。帰国後は放送局の営業職に。その後中国での経験を活かし、日中友好の架け橋になりたいと中国語講師に従事、現在に至る。

平藤香织

11岁开始在兴趣班学习汉语。关西外国语短期大学毕业后，赴北京师范大学和首都师范大学留学，学习了一年半的汉语。留学结束后，想去看看回归中国不久的香港，于是乘火车前往，并最终留在香港就职。在被世界多文化熏陶的香港，用不熟练的广东话，英语和些许北京话，从事广告行业工作。回国后进入电视台的营业部工作。之后利用在中国积攒的经验，想成为日中友好的桥梁，从事汉语教师工作至今。

平藤 香織

通过会话交流 促进日中友好

1996年2月的冬天，我来到了北京。

那之后一年半的留学期间，续写了我11岁时开始的中文学习之旅，成为我生活的中心。

20岁那年，我曾心想“世界那么大，我想去看看”，多年后便迈入了北京师范大学的大门。中国的首都北京是一座充满历史文化气息的名城。学校位于市内的小街巷里，骑着自行车出门到街上转悠便可以近距离感受老北京人的日常生活。我觉得自己来对了地方。

在这里，我开始了和中国打交道的人生。

我现在依然十分怀念北京那时候的大街小巷。拥挤不堪的公交车、刹车不灵的自行车、没有门的厕所、把找钱扔给我的店员……种种遭遇都让我惊讶万分。在中国切身体验这般独特的文化，真是特别有趣的经历。强烈的文化冲击也让我愈发喜爱这个国家。

在坚持做以下三件事后，我的汉语也取得了长足的进步。一、积极参与课堂活动。在课上，班里同学分为两组，以辩论等形式对“独生子女政策”进行了激烈的讨论。活跃的课堂氛围极大地激发了我学习中文的热情。二、自主学习。在第二天上课之前，班里同学会用前一天学过的单词及短语和我进行会话练习。他们每次都能将所学的内容烂熟于心。为了追上他们，我也每晚拼命地背诵单词。

但是，最令我印象深刻、受益匪浅的，是最后这件事。

那就是“和中国人聊天”。我能够在留学期间有所收获，都应当归功于那些和中国人闲聊的时间。

平日里和中国的朋友侃大山，在路上和当地的人们聊天，旅行时在火车车厢内和别人激烈地讨论……正是因为我积极地交流，极大地锻炼了我的中文表达能力。

中国人很体贴。他们忍耐着一个日本人口齿不清的中文，还时不时地纠正我的错误。当然面对我这个日本人，他们也充满了好奇和疑问，总是抓住机会问东问西。

其中被问得最多的便是“你父亲一年的收入是多少？”最初听到这个问题时我大吃一惊：问别人父亲的收入？这简直太没有礼貌了吧。不过我还是敷衍着回答道："一千元左右吧。"

"怎么可能，你肯定在撒谎！"随后我们聊起天来，倒也乐在其中。

虽然日中两国在历史和政治上的主张完全不同，但是我和周围的中国人之间，完全没有隔阂。只要大家都互相理解，我作为日本人就会觉得中国人很友好，中国人也会认为日本人并不坏。

我和中国人也会经常谈论有关战争的话题。当时的日本首相拒绝对侵华战争道歉，很多中国人对此表达了不满。我说："尽管日本首相不肯给你们道歉，但是我愿意在这里代表日本道歉。我们现在互相交流，成为朋友，这也是不容纷争的事实，这份感情也很珍贵啊。"最后，我们搭着肩膀唱起了当时九六年风靡一时的歌曲"抱一抱"。我也经常乘着火车，坐硬座或者硬卧，在长途旅行中和很多中国人谈天说地。

"星星之火可以燎原，日中友好亦得从小事做起。"这是我留学时领悟到的。"虽然我一个人很难和超过13亿的中国人对话，但是通过教授汉语，我的学生就可以和中国人交流，进而促进日中友好。我相信终有一天，日中两国会成为真正的朋友。"

现在，我在给一些在工作中需要使用汉语的职场人士教授汉语，我是一名汉语教师——一个神圣的职业，每天都在努力奋斗着。

我教授汉语时贯彻一个原则，即"不管你汉语说得多差，都要主动和中国人交流，了解中国人和中国文化。"这也正是我根据自身经验总结出的建议。我刚开始学习汉语时说得也不好，但是我坚持和中国人沟通交流，在交流中得到他们的帮助，也提高了自己的理解能力，愈发觉得中国于我而言是如此地亲近。

今后，我还将继续教授汉语，播撒日中友好的种子。我也要继续和中国的朋友一起谈天说地拉家常。

三等賞

私が訪れた中国

大学生　畠山　絵里香（華東師範大学／四川師範大学）

「中国」と聞いて日本人は何を思い浮かべるのだろうか。テレビで報道される「中国」。学校の歴史の授業で登場する「中国」。良い印象を持っている人は少ないだろう。中学三年生まで私もそのうちの一人だった。そして、一生のうちに中国に行くことなんてないだろうと思っていた。

私が住んでいる愛知県犬山市は、毎年中学生を対象に一週間程の海外派遣を実施している。行き先はその年によって様々である。中学三年生の時、担任の先生や両親の強い勧めもあって、勇気を出して応募してみた。行き先は万国博覧会を開催中の上海だった。派遣メンバーに選ばれた時、当然うれしかったが生意気にも少し不満だった。中国よりも欧米方面に行きたいと思っていたからである。しかし、実際に行ってみると私の想像をはるかに超える光景を目の当たりにした。中心街は、見上げると首が痛くなるような高層ビルで埋め尽くされ、車線の数は両手で足りないほどだった。子供ながらも日本とは比べ物にならない経済力の高さを実感した。それ以来、私の中で「中国」は経済力がある発展した国だという認識に変わった。

「中国」に対して興味を持ち始めた私は大学で中国語を専攻した。二十歳の冬に再び上海へ行き、一カ月間の留学生活を送る。日々の生活の中で、これといって不自由に思ったことはなかった。五年前に感じたあの驚きが変わらず、むしろその経済発展がさらに進んでいるように思えた。

昨年の秋から、私は四川師範大学で留学生活を送っている。一年間の留学期間はすでに残り一カ月余りとなった。今回の留学生活の中では、友人との国内旅行を通して、経済発展以外に違う印象を持つようになった。北京の「万里の長城」へ登った時には、造られた当時の技術力の高さを実感した。歴史の教科書だけではあの力強さ、壮大さは感じ取れない。青海省へ行った時は、中国の持つ多種多様な大自然に驚いた。私が実際に見たのは北欧を連想させる「雪山」、アフリカを思わせる「砂漠」、海のように果てしなく続く「湖」、そして南米さながらの「塩湖」といったものだ。どれも日本では見ることのできない自然の雄大さに立ち尽くしてしまった。中国にいるはずなのに、まるで違った外国にいるかのような感覚にさえ陥った。

留学中旅行した昆明

昆明留影

そんな大自然へ向かう道中、私はいろいろと考えさせられた。市内からバスで五～六時間移動する途中に必ずトイレ休憩がある。そこで私は今までに見たことのないトイレを目撃した。なんとドアがないだけでなく、個室の壁すらないのだ。簡単に言うと、和式のトイレが整然と横並びにされているのである。しかし、乗客はさほどうろたえもせず用を足していた。私は驚愕のあまりすぐその場を後にした。それと同時に、先ほどの光景に嫌悪感を抱かずにはいられなかった。しかし、よく考えてみるとそれほど驚くようなことではないと思い直した。なぜなら、以前クラスメートの友人（日本人ではない）と温泉について話していた時のことを思い出したからである。友人に、日本では一般的に裸で温泉に入ると話したところ、信じられないという顔をしていた。同性同士とはいっても、見知らぬ人に裸を見られるのはあり得ないことなのだろう。だが、私たち日本人にとってはごく当たり前のことである。こう考えることで、私はあのトイレに対しての嫌悪感は減った。また、バスの外から見える景色も私に色々と考えさせた。大自然が広がる所に上海や北京で見かける高層ビルはどこにもない。小さな家がポツポツと点在しているだけである。そこで生活する人はお世辞にも裕福であるとは言い難い。以前の私なら可哀そうだと同情していたかもしれない。しかし、今の私にはそんな感情は生まれなかった。人それぞれ文化や生活があると気づいたからである。その人の幸せは他の人の尺度で測ることは決してできないと思った。

一週間や一カ月では知ることができなかった中国を、今身をもって体感している。私が見ている「中国」は発展しているところもあれば、大自然に恵まれた雄大なところもある。どちらも魅力で溢れておりそれは一言では言い尽くせない。

私は、留学に行く前に多くの人に心配された。あたかも「中国」が危険な国であるかのようにだ。しかし、実際は活気に満ちた人情溢れる人たちばかりの国である。

日本に帰ったら、私は自分が体験したエピソードをできるだけ多くの人に伝えたい。テレビやインターネット、教科書からは読み取れないことがたくさんある。また「中国」に少しでも興味があったら思い切って旅行または留学に行くことをお勧めしたい。メディアにはまだ取り上げられていない、可能性に満ち溢れ刻々と変化を遂げている「中国」を発見してほしいからなのだ。

畠山 絵里香（はたけやま えりか）

二〇一四年三月、愛知県立江南高等学校卒業。二〇一四年四月、愛知県立大学外国語学部中国学科入学。二〇一六年二月二十五日～二〇一六年三月二十六日、中国上海華東師範大学留学。二〇一六年九月十二日～、中国四川師範大学留学。二〇一七年六月三十日、留学修了。

畠山绘里香

2014年3月，毕业于爱知县立江南高等学校。同年4月，就读于爱知县立大学外语学院中文系。2016年2月至2016年3月，赴中国华东师范大学留学。2016年9月赴四川师范大学留学，2017年6月结业。

我所到访的中国

听到“中国”一词，日本人脑海里会浮现出一副怎样的景象呢？也许是电视中报道的“中国”，又或是学校的历史课上讲到的“中国”。对中国有好印象的人恐怕很少吧。初三之前我也是这其中的一员，并且认为自己这辈子都不太可能造访那片异土。

我住在犬山市，市里每年都会举办以初中生为对象，为期一周的海外派遣活动。每年活动的目的地也各不相同。初三在班主任和家长的强烈推荐下，我鼓起勇气报名参加了活动。那一年的派遣地点是当时正在举办世博会的上海。我被选中后当然很兴奋，但出于年轻气盛也有些不满。因为比起中国，我更想去欧美国家。但真正踏上中国的土地之后，我所目睹的景象远远超乎我的想象。在上海的商业中心，高楼大厦鳞次栉比，抬头仰望都会觉得脖子疼。街上车道数量繁多，用两只手都数不过来。当时只是孩子的我切身感受到上海的经济实力是日本无法匹及的。自那以后，我内心对中国的看法就改变了，认为“中国”是一个经济实力雄厚、飞速发展的国家。

从此，我开始对中国感兴趣，大学选择了中文作为专业。二十岁的冬天我再次去了上海，度过了为期1个月的留学生活。每天的日常生活井井有条，完全没有不适感。5年前的上海带给我的震撼依旧存在，我甚至觉得上海经济发展的步伐更加迅速了。

去年秋天，我在四川师范大学开启了新的留学生活。为期一年的留学生活眼看只剩1个多月了。这次留学期间通过和朋友在中国各地旅游，除了经济发达以外，我对中国也有了其他的印象。在北京登“万里长城”时，我亲身体会到了当时建筑技术的高超，那是在历史教科书上体会不到的大气与磅礴。在青海省游览时，中国多种多样的自然地貌使我惊叹。眼前的景象让我联想起了北欧的雪山，非洲的沙漠，如海一般一望无际的湖泊，以及极具南美风情名为“盐湖”的景致。这些景色尽显自然雄浑壮大之气魄，在日本都是无法领略的。虽然身处中国，我却有一种置身于另外一个外国的感觉。

在前往自然景区的途中，很多事引发了我的思考。从市内坐巴士到景点要五、六小时的车程，中途都会停车休息，给乘客一些时间上厕所。那里的厕所是我从来没见过的，不仅没有门，连作为间隔的墙都没有。简单来说，就是些一字排开的蹲坑。然而，乘客们居然能够面不改色地上厕所。我感到十分惊愕，立即离开了现场，并对刚才看到的场景顿生厌恶。但之后好好想想，好像这事也没有那么好大惊小怪，因为我想起了以前和一位同班好友（不是日本人）关于温泉的对话。我告诉朋友在日本一般都是全裸泡温泉，朋友脸上立刻浮现出难以置信的神情。就算是性别相同，在陌生人面前赤裸身体怎么说都是一件很难为情的事吧。但对于我们日本人而言，全裸泡温泉是再正常不过的事。这样一想，我对那个厕所的厌恶感就减轻了。之后，在巴士窗外看到的景象也让我浮想联翩。在广阔的大自然里，没有上海和北京四处可见的高楼大厦，只有小巧的房舍星星点点散布其间。居住在那里的人们无论如何都算不上生活富裕吧。以前我目睹此景可能会抱以同情之心，觉得他们很可怜，但现在我不会那样想了。因为我意识到不同的人有不同的文化背景和生活方式，人的幸福是绝对不能够用他人的尺度衡量的。

之前我在中国只停留了一星期或一个月，有很多东西无法了解，而现在我正在亲身体会这个国家。我所见的“中国”既是不断向前发展的，也拥有丰富雄奇的自然景观，不管是哪一面都魅力四射，一言难尽。

我去留学之前很多人都表示担心，觉得中国是个危险的国家。但事实上中国是个充满活力的国家，那里生活着许多极富人情味的人们。

回到日本之后，我想尽量把自己的亲身经历告诉给更多的人。有很多东西仅通过电视、网络和课本是无法得知的。如果对“中国”感兴趣的话，我推荐大家抛开所有顾虑去中国旅游、留学，希望大家能发掘媒体上还未报道过的，前途无限、日新月异的中国。

三等賞

日中友好のシルクロード

会社役員　矢部　秀一（北京語言学院）

もともと歴史に興味があった私は、日本の源流である中国文化を学んでみたいと思い、一九八六年九月から北京語言学院（当時）に留学しました。まだ人民服を着た人も多く、自家用車もなく、交通手段はもっぱら自転車とバスと言った時代です。学院には多くの国の留学生が学びに来ていて、敷地内にある寮にも、我々の他にスーダン人、パキスタン人、北朝鮮人などが寄宿していました。北朝鮮の留学生は、良くギター片手に遊びに来てくれ、一緒に歌を歌ったりして楽しみました。イスラム系の人たちもいて、ラマダンの季節には、夜通し食事をしたり騒いだりしていたので、良くけんかになりました。今のようにスマホもなく、テレビも置いていなかったので、休日はもっぱらサッカーやバスケットボールなどをして過ごします。当時、外国人は外貨兌換券を使っていたので、学校の周りにいた闇の両替商から、たびたび声をかけられました。百元の兌換券で百五十元位の人民元と交換できたでしょうか。貧乏学生にとっては少しリッチな気分になれます。又、彼らも交換した兌換券で外国製のテレビ等を買って高く売りさばいていたようでした。まだサービスと言う概念が無かったのか、買い物をする時も店員は皆とても無愛想で、本棚にある本を買おうとしても「没有」（ない）と言われる始末です。こうして憧れていた留学生活のイメージとかけ離れた現実の異文化の環境の中で、教室と宿舎との単調な往復、食欲のわかない脂っこい学食といった生活をしてゆくうちに、体重は十キログラムも落ち、ついに夜中に急に胃が痛くなって、病院に運ばれる破目になります。病院では急患にも関わらず、先に検査費用を請求され呆気にとられました。その後暫く療養し、何日かぶりに授業に出席した際、担任の中国の先生は「矢部来了」（矢部さん、来ましたね）と何とも言えぬ優しい表情で迎えてくれ、私の事をとても心配していてくれたようで、異国の地で精神的に打ちひしがれていただけに、温もりが心に沁み渡る思いがしました。中国人は表面的には冷たい感じがしますが、親密になるととても心温かいと感じます。しかしその後も体調は優れず、二年目から吉林大学で勉強する事が決まっていましたが、残念ながら諦めざるをえませんでした。

その後、中国は改革開放路線に転じ、経済的にも大きく発展してゆきます。私も二〇〇二年に会社の中国事務所設立に伴い家族で上海に赴任する事になりました。駐在にあたり深く心に決めた事があります。それは「日本は文化の大恩人である中国に対して、多大な精神的苦痛を与えた。少なくとも私は、日本人にも信頼できる人はいると言われるような存在になろう」という事でした。

北京語言学院のクラスの仲間と担任の先生を囲んで
与北京语言学院的同学们及任课老师合影

赴任後暫くした二〇〇三年、SARSの流行が起こります。上海でも、見えないウイルスの恐怖の中、一時駐在者を帰国させる企業も出てきましたが、私達は、同じ環境で日本人だけ避難するのでは中国人スタッフから信頼が得られないと思い、中国に留まる事にしました。

その後の二〇〇五年には反日デモが起こり、日本領事館を襲ったデモ隊は我々日本人の多く住む居住区にも押しかけて来ました。群衆による気勢は、恐怖となって我々に襲いかかり、中国の人々の心の奥底にある反日感情の噴出を目の当たりにした思いがしました。しかしこのような状況の中でも、会社のスタッフや中国の友人たちは、いつもと変わらない態度で接してくれ、ほかの中国人の非難からも守ってくれました。こうした様々な出来事を通して、彼らとも信頼関係が深まって行ったように思います。

私が帰任した現在、会社は中国人スタッフのみで運営しており、大規模ではないにしろ、このような日系企業はそう多くないと自負しています。帰任する二〇一〇年までの期間は丁度中国が急激に経済発展してきた時期でもあり、その段階を体感できた事は幸運であったと思います。

私が、中国留学、駐在の経験を通して実感している事は、中国にも信頼できる友人は大勢いるという事です。相手を理解しようとする事、敬う心が大切だと思います。そうすれば、相手も自分に興味を持ってくれ理解してくれます。こうした一人とひとりの繋がりがネットワークとなり網の目のように結びついて行けば、どんなに国と国との関係が困難な状況に陥ったとしても、友情の絆で必ずそれを乗越えて行ける。私はそう信じています。

矢部 秀一（やべ ひでいち）

昭和三十七年東京生まれ。明治大学で考古学を専攻。卒業後、北京語言学院（現在の北京語言大学）に一年間語学留学。帰国後、現在の電子部材等を取り扱う商社である川竹エレクトロニクス㈱に入社。二〇〇二年から二〇一〇年まで家族を伴って上海に駐在。現在は常務取締役として中国企業との業務提携ほか、東南アジア、欧米など、営業全般を管轄する業務に携わっている。

矢部秀一

1962年出生于东京。在明治大学学习考古学，毕业后赴北京外国语学院（现北京外国语大学）留学一年。回国后就职于经营电子构件材料相关业务的kawatake Electronics公司。2002年至2010年，被派遣到中国工作，和家人一起生活在上海。现在作为常务董事，主要管理与负责同中国企业的业务合作，以及在东南亚、欧美等地区的经营工作。

矢部 秀一

日中友好的丝绸之路

本来就对历史很感兴趣的我，想要学习作为日本之源的中国文化，于是1986年9月我来到了北京语言学院（现北京语言大学）留学。

在那个时代，很多人都还穿着中山装，也没有私家车，说起交通工具也就是自行车和公交车而已。在学院里，来自众多国家的留学生汇聚一堂。校园内的宿舍里，居住着来自苏丹、巴基斯坦、朝鲜等各国的学生。朝鲜留学生经常边弹着吉他边来找我们玩，大家一起唱歌十分开心。也有信奉伊斯兰教的人，在伊斯兰斋月的时候通宵吃饭玩闹，有时会影响到其他人以至于发生矛盾。不像现在，那时候没有手机也没有电视，所以休息的时候就只能踢踢足球或打打篮球。

当时，外国人使用的是兑换券，所以学校周边的地下货币兑换商经常会过来搭话。那时100块的兑换券可以兑换150块左右人民币。对于穷学生而言，这样的事多少还是有些甜头的。他们好像用换来的兑换券购买外国制造的电视机等等，再高价卖出赚取差价。而且，因为那时候人们意识里没有“服务”这一概念，所以即使是买东西的时候店员也一点儿都不热情。即便客人想要买书架上的某本书，店员竟然也会回答说“没有”。现实中的留学生活和我一直以来向往的大相径庭。

在这种异文化的环境中，我每天单调地往返于教室和宿舍。学校食堂的饭菜十分油腻，让人一点儿食欲都没有。在这样的情况下，我竟然瘦了有10公斤。到最后，有天晚上突然犯了胃痛，不得不被紧急送往了医院。在医院根本不管你是不是急诊病人，一上来就要你交费，着实让人目瞪口呆。之后我暂时疗养了一段时间，很长一段时间都没上课。再次回到课堂的时候，中国的班主任老师说道“矢部来了”，脸上洋溢着无以言表的温柔欢迎着我，好像十分担心的样子。身处异国他乡，仅仅是精神上受到冲击，这份温暖也会直沁心脾。中国人表面上感觉很冷漠，但是亲近之后就会感觉非常温暖。然而，我之后的身体也不太好，原本决定从第二年去吉林大学学习的，遗憾的是最终不得不选择了放弃。

后来，中国实行改革开放，经济进入飞速发展时期。在2002年的时候随着公司在中国成立事务所，我也来到了中国工作，和家人一起来到了上海。在上海期间，发生的一些事情深深震撼了我——中国是日本文化的大恩人，然而在精神方面日本给中国带来了巨大的痛苦。因此至少，我想成为一个中国人眼里可以信赖的日本人。在上任不久的2003年，SARS席卷中国。上海也被笼罩在了一片病毒的恐怖带来的阴霾当中。虽然也有一些企业让驻扎人员暂时回了日本，但我认为我们在同样的环境中若只有日本人在逃避的话，是不能获得中国员工信赖的，于是我决定留在中国。这之后的2005年又发生了反日游行，前往日本领事馆示威游行的队伍蜂拥而至堵在居住了很多日本人的小区。群众的反日声势愈演愈烈，一股恐怖的气息向我们袭来，我亲身地感受到了中国人从心底喷发出的反日情绪。但即使在这种情况下，公司员工及中国的朋友们对我还是和以前一样，保护着我不受其他中国人的谴责。

通过这种种事情，我觉得我和他们建立了更加深厚的信赖之情。我结束派遣任务回国后，现在只有中国员工在经营公司。我想，与其说公司规模不大，不如骄傲地说像这样的日企已经为数不多了。截止我回国的2010年，这一时期恰逢中国经济急速发展，能够亲自体验见证这一时期，我觉得十分幸运。

通过在中国留学及工作的经历，我认为在中国也有很多可以信赖的朋友。重要的是，彼此要相互理解、相互尊重。如此一来，对方也会对自己感兴趣，也会理解自己。我认为，如果像这样将人与人之间的联系像网络一样连接起来的话，无论国与国之间处于怎样的困境，友情的羁绊必定能跨越这道鸿沟，我深信着！

三等賞

母の遺したもの

大学生　吉永 英未（復旦大学）

二〇一四年八月二十七日、私は鹿児島空港国際線の出発口にいた。周りには、父と叔母、大学の恩師、そして友人たちがいた。これから向かう上海、復旦大学で始まる三年間の修士課程、その出発の日を、こんなにもたくさんの方々に見送られて、私の「夢」は始まろうとしていた。しかし、そこには、私が一番望んでいる人の姿はなかった。その人の姿を私が次に見るときは、その人を、見送らなければならない時だということを、私はあの夏の日、まだ、覚悟できていなかった。母を失う覚悟を、その悲しみを隠すように、私はただ前だけを向いて歩いた。

二〇一七年五月二十五日、修士論文の口頭試問が行われた。論文に向き合い、奮闘し、そして多くの友人に何度も添削を加えてもらい、やっと完成することのできた修士論文。口頭試問の合格に、嬉しさと共に、三年間の留学生活に、まもなく終止符が打たれようとしていることも悟った。

中国で過ごした三年間を、言葉にすることはとても難しい。しかし、私には確信を持って言えることがある。それは、友情は国境を越えることができるということ。心と心のコミュニケーションは国籍を問わないということ。悲しいときは涙を流し、嬉しい時は抱き合って喜ぶ、人間の心は、日本人も中国人も、そして世界中の一人ひとり皆共通して持っているということである。そんな当たり前のことを、しかし意識しづらく、対立してしまいがちな国と国との関係を、ひとりの民間として見つめ、そして確信を持つことができた。そんな確かな「友情」の存在に気づかせてくれたのは、「中国」だった。

二〇一五年夏、私は湖南省懐化市の小さな村の小学校で二週間、ボランティアを行った。「私は、中国人ではない。だから、国語を教えることも、受験勉強について教えることもできない。でも、たったひとつ私が子供たちに伝えたいことは、ひとりの外国人も、あなたたちに関心を持ち、少しでも力になりたいと思っていること。村に住む子供たちのほとんどは、両親が出稼ぎに行き、祖父母と生活している。母を失った私は、子供たちの切なさが痛いほどに分かる。私は子供たちに、私の伝えることのできる『愛』を精一杯伝えたい。そして文化や音楽、愛は国境をも越えることができるのだということ、努力をすれば夢は必ず叶うのだということを伝えたい」。

湖南省懐化市での「支教」ボランティア、子供達と山登り
在湖南省怀化市担任支教志愿者时与孩子们一起爬山

私は自らの気持ちを応募用紙に綴った。中国語で「支教」と呼ばれるこの経験を通して、私はまた一つ、新しい「中国」を見た。子供達のたわいない笑顔とその裏側にある、格差の存在。そして、子供達との間に築くことのできた絆。村を離れる前日、私は子供たち一人ひとりから手紙をもらった。「先生を一度も外国人の先生として見たことはありませんでした。わざわざ遠くから来てくれてありがとう」「過去の歴史がどうであれ、私たちはみんな平和を願っています。私たちの最初の日本人の先生になってくれてありがとう」。子供たちの言葉に、私は胸が熱くなった。

　復旦大学では、三年間、出稼ぎ労働者を支援するサークル活動に参加してきた。ボランティアで日本語の授業をしたり、囲碁や合唱などを通して、彼らが仕事を終え、宿舎に帰ってきてから就寝までの娯楽の時間を共に楽しんだ。時が経つにつれて、私と、彼ら出稼ぎ労働者の方々との距離はますます縮まっていった。私にとって、彼らは、単なる「苦しい」出稼ぎ労働者ではなく、母と同じ年代のおばさんは中国の「お母さん」であり、同じ年代の彼ら一人ひとりは、私にとってかけがえのない、友人、親友となっていた。もともと、少しでも彼らの力になれたら、と思って始めたボランティア活動であったが、留学に伴う孤独やプレッシャーにくじけそうになったとき、暖かく支えてくれる彼らに、私自身が救われ、助けられていた。

　来月卒業式を迎える私は、まだ、友人や、ここで出会った仲間たちに「さよなら」を言う準備ができていない。家族のように暖かい優しさをくれた中国の方々。三年間過ごした留学生寮と大学で過ごした毎日。中国で過ごした日々の中に、悔しいほど愛おしい思い出がある。そして、忘れられない思い出は、自信と、勇気となって、これからも私の背中を押してくれるのだと思う

「生きるということは、人のために生きるということ」。亡くなる前に母が遺してくれた言葉を私は心の中にずっと刻んでいる。私は、これからもずっと前を向いて生きていきたい。自信と勇気、そして母の遺してくれた「希望」を胸に。

吉永 英未（よしなが えみ）
二〇一四年三月鹿児島国際大学国際文化学部卒業。二〇一四年九月復旦大学大学院歴史学部入学。二〇一七年六月卒業。

吉永英未
２０１４年３月毕业于鹿儿岛国际大学国际文化学院。２０１４年９月考取复旦大学历史学院硕士研究生，２０１７年６月毕业。

母亲的遗物

2014年8月27日，在鹿儿岛机场国际航班出发口，父亲、姑妈、大学的恩师以及好友围绕在我的左右。从此，我就要前往上海复旦大学，在那儿开始为期三年的硕士研究生课程，翘首以盼的“梦想”即将起航。出发当天，亲朋好友都前来为我送行，但是，我最渴望见到的身影却没有出现。那个夏天，我甚至还未做好准备，为了逃避失去母亲的事实，为了掩饰失去母亲的悲痛，我只能大步地朝前走。

2017年5月25日，是硕士论文答辩的日子。经过自己的不懈努力，再加上数位友人的多次修改，我终于完成了论文。答辩的通过令我分外喜悦，与此同时，我也意识到了三年的留学生活即将接近尾声。

在中国度过的这三年，很难用语言来形容。但我能够拍着胸膛自信地说出一句话。这就是：友情无国界，心与心的交流无国籍，悲伤的时候为你流泪，开心的时候同你拥抱、与你分享，不论日本人还是中国人，世上所有人的心灵都是相通的。如此理所应当的道理，却常常被轻易地忽视掉，时而引起国与国之间的对立紧张，然而我作为一个普通人，对这样的关系却依旧抱有信心。告诉我这般“友情”的，正是中国。

2015年夏天，我来到了湖南省怀化市的一个小山村，在那里的小学进行了为期两周的志愿者活动。

“我不是中国人，所以我教不了语文，关于备考的知识我也全然不知。但是，唯独有一点是我想要向孩子们传递的：虽然我是外国人，但是我也很关心大家，想为大家献出一份力量。村里大部分孩子的父母都在外务工，他们跟爷爷奶奶相依为命。失去了母亲的我能够深切地体会到孩子们的悲伤。我想尽可能地向孩子们传递我所能传递的爱，也想告诉孩子们，文化和音乐以及爱是可以跨越国界的，只要努力梦想也一定能够实现。”就这样，我将自己的思绪记录在了稿纸上。通过“支教”活动，我见到了一个不一样的中国：孩子们天真无邪的笑容以及藏在他们背后的差异，还有我和孩子们之间建立起来的感情。离开村子的前一天，我收到了孩子们的一封封来信。“我们从来没有把您当做过外国老师来看待，非常感谢您远道而来”、“不管过去的历史怎么样，我们大家都渴望和平。感谢您成为我们的第一位日本老师”，孩子们的话每一句都发自肺腑，信中的每一个字都能够触动我的心灵。

吉永 英未

在复旦大学的三年间，我参加了帮助农民工的社团活动。作为一名志愿者，给农民工们教日语，通过组织围棋、合唱等娱乐活动，填补他们下班后到睡觉前的时间空白，愉悦身心。渐渐地，我和农民工们也打成了一片。对我来说，他们不单纯是艰苦奋斗的劳动者，他们当中跟我母亲年龄相仿的阿姨们，在我的心里就如同我的“中国妈妈”一样。而与我差不多大的同龄人，也都成为了我不可替代的“挚友”。本来是为了支援和帮助他们，才选择了参加志愿者活动。可没想到，在我留学过程中感到孤独无助、压力重重以及颓废沮丧的时候，反倒是他们向我伸出了援手，给予了我温暖与呵护。

就要迎来毕业典礼了，我还没有做好跟朋友、以及在这儿认识的所有人说“再见”的准备。这里有如家人一般真诚待我的中国朋友，有居住了三年的留学生寝室，还有大学校园里的美好时光。岁月匆匆，在中国度过的这些日子里，积攒下了无比宝贵的回忆。这些难以忘怀的回忆也将会化作自信与勇气，一直激励我大步前行。

“人活一辈子，都是为了身边的人而活”，母亲去世前的遗言一直深深地印刻在我的心里。从今以后，我也会挺胸抬头坚强地活下去，怀揣着那份自信与勇气，还有母亲寄托在我心中的“希望”走下去。

三等賞

「しんゆう」

大学日本語教師　平岡　正史（浙江大学）

十代の頃の私は金髪にサングラス、右手にはタバコ……、現在は七三に眼鏡、右手にはチョーク。私は中卒のいわゆる「不良少年」から、修士卒の「教員」となった変わり者だ。現在の私があるのも、多くの人の支えがあったおかげだ。感謝の心を忘れず、私のつたない中国留学のエピソードを紹介する。

通常より三年遅れて大学に進学した私は、進路に迷っていた。ある日、ゲームセンターの棚に置かれてあるお経が目に入った。

「なぜゲーセンに、お経が……」

数枚めくると、事故の写真が掲載されていたため、新聞だと分かった。私にとって、幼い頃から目にしたことのある漢字ずくめの文書といえばお経だった。それゆえ、中国語を初めて見た時、とても神秘的に思えてならなかった。

中国語に興味をもった私は、大学卒業後、地元の静岡県と友好姉妹都市である浙江省の浙江大学に留学した。そして、運よく孔子学院の奨学金試験に合格し、漢語国際教育修士課程に進学することができた。

留学時代は本当に充実していた。まず、孔子学院の援助があったおかげでお金の心配がなかった。学費・寮費・光熱費はすべて無料。生活費も毎月支給され、食堂で食べていれば貯金ができるほどだった。夏休みも生活費が支給されたので、旅行に行くこともできた。

肝心の学業といえば、まず月曜から金曜まで中国の学生と共に授業に出席することから始まった。授業はすべて中国人の学生向けに講義されるため、高速の中国語シャワーを毎日浴びていた。最初は全く聞きとれず、授業に臨むたびに自信を喪失し、悪循環へと陥っていた。中退して帰国することを何度も考えた。しかし、「最も苦しい時が、最も成長している」と父から教わっていた。そのとおりだった。ある日、突然中国語で物事を考えるようになり、独り言や愚痴も、中国語でブツクサ言っている自分に気づいた。そこから一気に聴解と会話能力が上達していった。

放課後は日本語学科の学生と相互学習をし、休日は日本語教師や中国語教師のアルバイト、通訳・翻訳などをし、毎日が充実していた。

いま、中国留学の思い出を振り返ると、なにが一番心に残っているのだろうか……。中国語の猛勉強、世界各国からの留学生との出会い。リュックひとつ背負って、中国の景勝地を計百日間ほどかけて歩き回ったりもした。しかし、過去の思い出のみに終らず、今でも続いていることは一つだけ。それは、「しんゆう」、帰城城君だ。

彼との出会いは、中国に着いてわずか一週間ほどだった。日中交流会の席で、たまたま彼と私は隣の席に座っていた。互いに自己紹介すると、なんと驚いたことに誕生日が同じではないか。ここで一気に意気投合した。

「これも何かの縁だろう、これから彼とは長い付き合いになるかもな……」。きっとお互いに、心の中で同じことを考えていた。

その後、城城君とはどれだけ酒を飲み交わしただろうか。見えない将来に対する不安と希望、挫折、後悔、恋愛、生まれ育った環境、教育、歴史、なんでも話し合った。彼とはもう、七年の付き合いだ。中国語に「酒逢知己千杯少（酒は知己と飲めば千杯でも少ない）」という言葉があるように、これからも彼とは幾度となく酒を飲み交わし、国は違えど、互いに理想に向かって、失望と希望の間をさ迷いながら、時と共に年を重ねていくのだろう……。

2011年、浙江大学で帰城城くんと
2011年，与归城城于浙江大学合影

日中国交正常化四十五周年の節目にあたる本年、私はこう提言したい。「個人における日中友好」とはなにか……。それは、相手国にどのような「しんゆう」がいるのかということだ。辞書で「しんゆう」をひくと、いくつかの単語が出てくる。勝手ながら、造語も合わせて自分なりに考えてみた。

中国では、食事会や各種イベントで「新」しく知り合った人とは頻繁にＷｅＣｈａｔ（微信、中国のＳＮＳ）を交換するため「新友」は百人、二百人、三百人と増え続けていく。学生であれば、相互学習をとおして互いの外国語能力を「伸」ばしあう「伸友」が大事だ。社会人になっても、時には朝まで飲みふけり、腹を割って話し合える「親」しい「親友」がいれば、ストレスなんてふっ飛んでしまう。ともに日中友好という大願に向かって「進」む「進友」、政治や歴史など、国が違えば話しにくいことまで「深」く話し合える「深友」。長い歳月をかけて、自然と「信」じあえる仲になった「信友」は誰でもそう多くはないだろう。そして「真」実の友人と思えるのであれば「真友」だ。

私は中国留学をとおして、数多くの「しんゆう」ができた。これが私の「個人における日中友好」だ。そして、私にとって帰城城君こそ、唯一無二の「真友」だ。

みなさんの「しんゆう」はどのような「しんゆう」だろうか。

平岡 正史（ひらおか まさし）

昭和五十八年（一九八三年）生まれ。静岡県静岡市清水区出身。日本大学国際関係学部卒業。浙江大学漢語国際教育修士課程修了。帰国後、日本大学国際関係学部にて中国語講師として働く。その後、鰹節メーカーにて国内営業・通訳・翻訳のキャリアを積んだ後、中国駐在員として鰹節文化の普及に専念。現在、中国浙江省の嘉興学院にて日本語教師として働いている。

平冈正史

1983年生于静冈县静冈市清水区。毕业于日本大学国际关系专业，浙江大学汉语国际教育研究生毕业。回国后，在日本大学国际关系学院担任汉语教师。之后在鲣鱼干制造厂负责日本国内销售，积累了口译、笔译的工作经验后，被公司派到中国，专注科普鲣鱼文化。现任中国浙江省嘉兴学院日语老师。

平岡 正史

朋友

十几岁时，我染着金发，戴着墨镜，右手叼烟……而如今则是七三分的发型，戴着眼镜，右手攥着粉笔。从一个初中毕业的“不良少年”，变成了一位硕士毕业的教师，也算是有着非同寻常的经历。能有今天的我，多亏了很多人的帮忙，不甚感激，在这里我想讲一下我在中国留学的故事。

我比别人晚上三年大学，因此对前途也很迷茫。一天，在游戏厅的架子上看到一本佛经。

“游戏厅……怎么会有佛经？”

随手翻了几页，看到刊载有事故的图片，才明白这是一份报纸。对我来说，从小看到的满是汉字的书籍当属佛经，因此，第一次接触中文时就觉得非常神秘。

我对中文很感兴趣，大学毕业后，去了跟静冈县缔结了友好关系的浙江省，开始在浙江大学留学。而且，很幸运通过了孔子学院的奖学金考试，得以攻读汉语国际教育的硕士课程。

留学生活相当充实，因为拿到了孔子学院的奖学金，基本不用担心钱的问题。学费、住宿费、水电等费用全免。每个月可以拿到生活费，如果在食堂吃的话还可以攒点钱。即使是暑假，也会给生活费，因此可以利用假期出去旅游。

说到最重要的学业部分，首先，周一到周五可以跟中国学生一起上课。课程都是面向中国人的，所以每天可以接受中文“淋浴”。起初并非全部都能听懂，因此每次上课都没有自信，一度陷入了恶性循环，还几次想退学回国。但是，父亲告诉我：“最痛苦的时候，就是进步最大的时候。”确实如此。一天，我突然发现自己可以用中文来思考，也注意到自言自语、偶尔牢骚的时候也都是自然而然地用中文来表达。从那以后，我的听力和口语都有了很大的进步。

放学后，和日语专业的学生一起学习，休息日帮着日语老师和中文老师做做口译、笔译的兼职，每一天都很充实。

现在，回顾在中国留学的日子，最难忘的是什么呢……是刻苦学习中文的过程，是结识了世界各国的留学生，还是背着行囊花100多天的时间走遍了中国各地的名胜？除了这些，最难忘的是延续至今的是与好友归城城的友情。

认识归城城，是我刚到中国一个星期的时候。在日中交流会上，我俩是挨着坐的。相互自我介绍后，惊讶地发现两人的生日竟是同一天，顿觉十分投缘。

“这也是某种缘分吧，之后会和他长期交往吧”，我们俩当时一定都这么想。之后，不时跟城城一起喝酒。面对未来的担忧和期待、生活中的挫折悔恨、恋爱情况、成长环境、教育、历史，无话不谈。到今天，我跟他的友情已经持续了七年。正如汉语中“酒逢知己千杯少”那句话一样，我跟他还会继续喝酒聊天，尽管国别不同，但是我们都朝着自己的理想，在失望和希望之间一边摸索，一边前行。

今年是日中邦交正常化45周年，我在这里想提议，推进“个人间的日中友好”。在字典上查“しんゆう”这个词，会出现好几个解释。我在这里随意组词谈谈自己的理解。在中国，通过聚会或者组织活动，结识新的朋友，然后互加微信频繁联络，这样的“新朋友”在一百、二百、三百地不断增加；对于学生来说，通过相互学习提升彼此的外语能力，这样可以“相互成长的朋友”也很重要；参加工作以后，如果还有可以彻夜畅饮、推心置腹的亲密好友，即“挚友”；还有为推进日中友好共同努力的“共同努力的朋友”；虽然国家不同，但是可以聊政治、历史等深度问题的朋友，称作“深入交流的朋友”；经过漫长的岁月，自然而然地信任对方变成“可信赖的朋友”的或许并不多，如果觉得是真正的朋友那就是“真朋友”啦。

通过在中国留学，我结识了很多的“朋友”，实现了“个人间的日中友好”。于我而言，归城城就是独一无二的“真正的朋友”。

大家的朋友是什么样的朋友呢？

注：“新友”、“仲友”、“親友”、“進友”、“深友”、“信友”、“真友”这些词在日语中都读作“しんゆう”。

三等賞

一期一会の金の思い出

自営業　池之内　美保
（北京外国語学院）

私は、高校の創立者より中国と日本の友好関係の重要性を教えられ、中国留学を決意しました。そして、一九八七年九月から一九八九年七月まで、北京外国語学院に留学しました。

中国の学生と交流する中で感じたのは、将来への明確な目標を持ちひたすら努力する強い向上心でした。大学で数年間日本語を学んだだけにもかかわらず、流暢な日本語を話すのに驚かされました。

また、留学中の旅行で二度の忘れ得ぬ出会いがありました。

一度めは、夏休みに北京から烏魯木斉《ウルムチ》を目指した、一人旅の列車での出会いです。硬臥に一人でいる日本人女性は、当時としては非常に珍しかったのでしょう、多くの乗客が興味深げに眺めていました。すると初老の男性が声をかけてくれました。男性は哈爾浜《ハルビン》の人でした。それからは退屈な長い列車の旅の間、お互いの家族や故郷のことを語り合いました。

偶然にも私たちの目的地は天水でした。当時の私は目的地に着いてから安ホテルを探すという気ままな旅でしたが、彼は夜に女性一人でホテルを探すのは心配だからと、私と一緒にホテルを探してくれました。四軒目でようやく空き部屋を見つけると、彼は「安心した」と言い、自分が予約していたホテルへと去って行かれました。長旅で疲れているにも関わらず、ホテルを探している間も優しく話しかけてくれたのは、私への気遣いのように感じました。

二度めの出会いもシルクロードを一人旅していた時のことです。庫車からキジル千仏洞を目指したものの、当時は公共交通手段もなくタクラマカン砂漠でヒッチハイクをする羽目になりました。

砂漠で車を待つこと三時間、ようやく止まってくれた車の人たちも運よくキジル千仏洞へ行く途中とのことでした。同乗させてもらった車には、男性が五人。日本人留学生だと話すと、彼らは口々に「信じられない！　何を考えているんだ！　女性が一人で見ず知らずの男性ばかりの車に乗るなんて！　自分達が良い人間だから良かったけれど、不用心過ぎる！」と、懇々とお説教をされました。私は叱られながらも、初対面の人間にこんなに真剣に話してくれるなんて、本当に良い人たちだなと心が温かくなりました。

そして、私がこの後カシュガルまで行くつもりであると話すと、彼らも明日途中のアクスまで行くので、そこまで乗せて行ってくれると約束し、その日は庫車のホテルまで送ってくれ、翌日約束通りにホテルまで迎えに来てくれました。

アクスまでの旅の間、食事をごちそうしてもらったり日本のことを話したり、あっという間に時間が過ぎました。そして、アクスへ着くとホテルを探して送り届けてくれました。その時、ホテルは停電で真っ暗でしたが、相部屋の人に私を紹介し、カシュガルまで行くと説明してくれると、一人の女性もカシュガルへ行くとのことで、同じバスに乗せてもらえるよう頼んでくれ、彼らは帰って行かれました。

しかし数時間後、彼らの中の運転手さんが戻ってきました。彼はさっき停電していたから心配で様子を見に来たとのことでした。その時にはすでに電気はついていましたので、彼は「安心した」と言うと、そのまま戻って行かれました。

この二度の出会いを通し、中国の人たちはたまたま知

1988年、北京外国語学院留学生記念写真
1988年，北京外国语学院留学生毕业照

り会った外国人にさえ、労を惜しまず親切にしてくれるのだと感じました。

中国の人たちは、知り合えばもう「朋友」で、今知り合ったばかりの「朋友」にすら惜しみなく情をかけてくれるのだと思います。

「一期一会」、出会った人々に再び会うことはないかもしれません。しかし、かけてもらった温情は消えることなく私の心の中で輝き続けています。

真の友好とは、相手の国の人々の顔を思い浮かべることができる、そんな心の中にこそ紡がれていくものだと思います。国と国との間も、お互いの国の中に心を通わせた友人がいれば、更に強固な友好関係を築くことができると確信します。

私は現在、通信制大学の日本語教員養成課で学んでいます。卒業後は中国で日本語を教えることを目標としています。

未来の中日友好のために、心を通わすことができる次世代の人材を育てることを念願しています。

池之内 美保（いけのうち みほ）

一九七九年、創価女子高校卒業。一九八一年、京都外国語短期大学英米語学科卒業。一九八四年、駿台外語専門学校中国語科卒業。一九八四年～一九八七年、新東邦㈱大阪支店勤務。一九八九年、北京外国語学院（現在の北京外国語大学）漢語課修了。一九八九年～一九九〇年、Orlit Corporation Japan Office勤務。一九九〇年～一九九三年、新東邦㈱広州事務所勤務。一九九三年～一九九六年、清水建設㈱香港支社勤務。二〇一四年～、創価大学通信教育部教育学部日本語教員養成課在籍。

池之内美保

１９７９年毕业于创价女子高中。１９８１年毕业于京都外国语短期大学英语专业。１９８４年毕业于骏台外语专门学校汉语专业。１９８４年至１９８７年，任职于新东邦公司大阪分公司。１９８９年，在北京外国语学院（现北京外国语大学）修完汉语课程。１９８９年至１９９０年，任职于Orlit公司日本办事处。１９９０年至１９９３年，就职于新东邦公司广州事务所。１９９３年至１９９６年，就职于清水建设股份有限公司香港分公司。２０１４年至今，就读创价大学教育学院函授课程，学习日语教师培训课程。

一期一会 黄金般的回忆

从前，高中的创始人曾教导我们中日两国之间的友好关系至为重要，我也从那时开始立志前往中国留学。于是，1987年9月至1989年7月，我在北京外国语学院度过了我的留学生活。

在和中国学生的交流中，让我感受最深的是他们对未来都抱有明确的目标，并怀揣一颗坚持不懈、努力奋斗的心。在大学里的他们只学了短短几年的日语，但那流利的口语令我惊讶。

此外，在留学期间的旅行中，有两次邂逅让我难以忘怀。

第一次发生在暑假，我独自乘坐从北京开往乌鲁木齐的列车。一个日本女孩独自一人乘坐硬卧列车，在当时是非常罕见的，周围的许多乘客向我投来了好奇的目光。这时，一个中年的男子向我打起了招呼。他是哈尔滨人。在漫长的列车之旅中，我们互相谈起了各自的家人和故乡。

碰巧的是我们的目的地都是天水。当时我想到天水后再随便找个便宜点的旅馆住下，但是他却担心我一个女孩子夜晚自己找旅馆会不安全，就跟我一同找了起来。跑了四家旅馆，终于找到了空房，他说："这下我放心了"，于是他才赶往自己预订的旅馆。尽管长途旅行很疲惫，在寻找旅馆的过程中他还热心地与我闲聊，使我感到了他对我的热心关怀。

第二次邂逅，发生在我独自踏上丝绸之路的旅途中。我打算从库车出发去克孜尔千佛洞，由于当时那儿还没有公共交通，所以只能在塔卡拉玛干沙漠等待便车。

沙漠中苦等3小时后，终于等到了愿意载我的汽车，而且幸运的是他们也要前往千佛洞。车里已经坐了五个男人，得知我是日本留学生后，他们的反应则是，"简直难以置信！""一个女孩子竟敢搭乘坐了一群男人的车！""还好我们都是好人，出门在外还是多个心眼儿好呀！"。在车上，他们这样亲切地教育我。他们对初次见面的人如此真诚，我倍感温暖，觉得他们十分善良。

接着，我告诉他们我打算前往喀什时，他们说明天会经过喀什，答应将我送到那儿。当天他们让我入到了库车的旅馆，第二天他们如约地到旅馆接上了我。

在前往阿克苏的途中，他们请我吃饭，我给他们讲日本的故事，时间很快就过去了。到了阿克苏后，他们还帮我找到了旅馆，并把我送到了那里。当时旅馆停电，黑漆漆的一片。他们向隔壁房间的人介绍了我，说我要去喀什。恰逢有一位女性也要前往喀什，他们又替我拜托这位女性带我同坐一辆巴士前往喀什，安顿好我之后他们才离开旅馆。

但几个小时后，他们中的司机又回来了。说是不放心停电才又回来看看情况。当时已经来电了，他对我说了一句“这就放心了”之后，才安心地离开。

通过这两次邂逅，我觉得中国人即使对偶然遇到的外国人也会不遗余力地热情相待。

中国人之间，相识后就可以互相称为“朋友”。对刚认识的朋友，他们会毫无保留地真诚相待。

正所谓是日语里的“一期一会”，有些人或许一辈子只有一面之缘，但是他们对我的温情一直在我的心中，永远熠熠生辉。

我认为，两国人民只有相互体谅，才能构建真正的友好。所以我坚信，即使是国与国之间，在彼此的国家有心灵相通、相互理解的友人，就能构筑更加坚固的友好关系。

现在，我在一所函授大学学习日语教师培训课程，打算毕业后到中国教授日语。

为了将来的日中友好，我愿意竭尽全力去培养心灵相通、相互理解的下一代年轻人。

三等賞

研究留学で見た中国

会社員　石川　博規（清華大学）

日本の大学を卒業した後、大学院の修士課程として、清華大学に約二年留学しました。

私は昔から海外で活躍するエンジニアになりたいと思っていて、海外勤務、特に新興国のパイオニアとして働く機会が多そうな資源開発の仕事に関心がありました。そのため、中国に留学すれば既に大きく経済発展した面と、これから発展していく面の両方を体験でき、自分の将来に大きなプラスになると考えました。

また、日本の大学で一緒に研究していた中国の留学生が皆とても優秀だったので、私も中国で学べばきっと良い刺激を受けられると思い、留学を決めました。

大学に到着して最初に驚いたのは、その広大なキャンパスでした。大学内には講義棟や、実験室に加えて、寮、銀行、スーパーマーケット、劇場までありました。大学は基本的に全寮制だったので、特に外出の用事がなければ大学内で生活が完結します。そのため、周りを見渡すと、常に研究、スポーツ、ロマンス……と各方面で濃密なキャンパスライフが展開されていました。

そして、留学前の予想通り、大学では勉強熱心で優秀な方に囲まれた生活を送りました。印象的だったのが、清華の学生が工学系の知識に加えて、大抵歴史にも精通している点です。研究室の友人には本当にお世話になっていて、休日になると私を連れて様々な北京の観光名所を案内してくれました。いつも感心していたのが、友人が行く先行く先でその場所に関する歴史や逸話をサラッと披露してくれたことです。言葉の節々から自国に関する高い関心や誇りを感じました。一方、清華の学生からすると、私が日本人代表となるのですが、日本のことをあれこれ質問されては答えられず、よく歯がゆい思いをしました。

また、大学内の劇場で開催されるオーケストラやオペラも度々鑑賞しました。単に学校の補助によってチケットが格段に安く買えるため通っていたのですが、何度か聞いているうちに、生の楽器のハーモニーや肉声から成る音楽には凄いパワーがあることに気づきました。ひょっとすると、大学の補助には、エリートには専門知識だけでなく幅広い教養も必要ですよと言うメッセージが含まれているのかもしれません。私はエリートでも何でもないですが、中国の持つ懐の深さや大局観の一端に触れ

大学院の卒業式にて
研究生毕业典礼留影

た気がしました。お陰で歴史やアート等、幅広い分野を勉強する楽しさを知りました。

このように、呑気にキャンパスライフを満喫していた私ですが、留学も折り返しに差し掛かったころ、実験が全く進んでいないと私の教授と実験パートナーの陳からかなり厳しいご指摘を頂きました。教授は一つの研究テーマを私と陳の二人に分担させていたので、私の進捗が良くないと、陳が頑張っても進捗無しとなってしまいます。

それからは、もう研究から逃げちゃダメだと気持ちを切り替え、実験に没頭しました。朝から深夜まで研究室にこもり、実験とデータ整理の繰り返しに忙殺される中、頭の片隅でこれこそが本来の留学生活なのか、と充実感も感じていました。

それから半年ぐらいした気温マイナス二〇度の寒い冬の日、陳と食堂で晩ご飯を食べていた時の事です。

「最近頑張っているね。見直したよ」

と陳は言って、食堂で買ったオレンジジュースを私に差し出しました。少しは認めてもらえてきたのだろうかと感慨深い気持ちになっていたのですが、ジュースに一口つけたら考えていた事が吹き飛びました。とんでもな

く熱かったのです。中国の寒冷地方ではジュースもホットで出てくることがあると知ったのはしばらく後の事で、その時は良い雰囲気を壊したくなかったので何も聞けませんでした。中国の故事の一説のように、俺たちの関係も雪解けしてきたなということを暗に示しているのかと頓珍漢な深読みをしながら黙って熱々のジュースをすすりました。

それからも大変な時期は続きましたが、多くの方の助けがあって、何とか修士論文を提出できました。私の送別会では教授から

「留学が終わっても清華を第二の故郷だと思ってくれたら嬉しい。We are family!」

と送別の言葉を頂きました。その日は〝We are family!〟で皆と何度白酒を乾杯したか覚えていませんが、ようやく〝留学生のお客さん〟から少し中国の懐の内側に入れたという達成感を味わえました。

そして留学から三年が経ち、今は当初の希望通り資源開発の会社で働いています。まだ海外で活躍するエンジニアには程遠いですが、留学で得た体験を心の故郷として、引き続き目標に向かって邁進していきたいです。

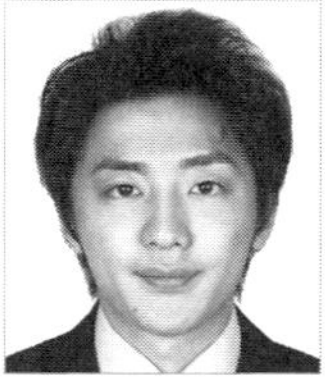

石川 博規（いしかわ ひろき）

一九八九年生まれ、静岡県出身。二〇一四年清華大学大学院材料学院修了。二〇一五年東京工業大学大学院物質科学専攻修了。現在はエネルギー企業で新原油の評価や設備管理を担当。趣味はピアノとギター、特技は中国で覚えた麻辣香鍋（料理）。

石川规博

1989年出生于日本静冈县。2014年获清华大学材料学院硕士学位，2015年东京工业大学物质科学专业硕士毕业。现就职于能源企业负责最新原油的评价和设备管理工作。爱好是钢琴和吉他，拿手好菜是在中国习得的麻辣香锅。

石川 博规

清华读研期间所看到的中国

日本的大学毕业后，我进了清华大学的硕士课程，在那儿度过了为期约两年的留学生活。

我以前一直希望能够成长为一名有所作为的海外工程师。资源开发类工作能有较多机会出国外派，甚至让我成为新兴国家这方面的开拓者，我一直很关注这方面的机会。

因此，我认为去中国留学既能感受到中国当今的经济发展成果，也能探知未来的发展潜力，可以说对自身发展大有裨益。

而且，我在日本读大学时一起做研究的中国留学生都非常优秀，我也觉得如果在中国求学一定能更好地激励自己，于是决定去中国留学。

初到清华，就被宽广的校园所震撼。学校里不仅有教学楼、实验室，连宿舍、银行、超市、电影院也一应俱全。清华基本是全寄宿制，如果没有特别需要出去办的事，在校内就能满足生活所需。因此，环顾四周，着迷研究的、热爱运动的、花前月下的……他们从不同角度勾勒出了一幅浓墨重彩的校园风情图。

接下来的生活果真就像留学前设想的那样，我身边尽是勤勉好学的优秀学生。清华大学的学生不但具有工科知识，还大多精通历史，这给我留下了深刻的印象。研究室的朋友也着实为我付出很多，到了休息日就带我去北京各大名胜游览。让我心悦诚服的是，朋友们能将所到之处的历史轶闻如数家珍地讲给我听。从他们的字里行间，我能感受到他们对自己祖国的关心，还能感受到他们心中的自豪。不过从清华大学生的角度来看，我虽为日本人的代表，面对他们有关日本的疑问却不甚了了，想来便觉得无地自容。

此外，我还观赏过好几次校园剧院举办的管弦乐和歌剧表演。虽然我只是因为学校有补贴，票价特别便宜才去的，可听了几次之后，我发现纯乐器和声与人类声带所组成的音乐有着极强的感染力。说不定高校所给的补助里，还暗含着“人才不应只有专业知识，还要广泛涉猎”的意味。虽然我还算不上什么人才，但还是被中国的宽广胸怀和大局观念所触动。也幸于此，我才能体会到在历史艺术等领域广泛学习的乐趣。

我就这样优哉游哉地享受着校园生活。可是留学快要结束的时候，因为实验几乎毫无进展受到了教授和同实验室搭档陈同学的严厉批评。教授把同一个研究课题交给我和小陈一起负责。如果不能取得较好进展，那么小陈再努力都只能是徒劳无功。

从那时起，我转变思想，决心不再逃避。我埋头学术研究，从早到晚泡在实验室，为实验和数据的反复整理忙得不可开交。那时的我感到：也许这才是留学生活原本的样子吧。这样想，心中也会涌起一股充实感。

接下来这件事发生在半年后一个零下二十度的寒冷冬日。我和小陈一起在食堂吃晚饭时，小陈说："你最近真拼呀，让我刮目相看！"然后把他在食堂买的橙汁递给我喝。获得了认可的我，心中多少有一点慰藉，不过一口橙汁下肚，心中这些思绪都消失不见了。橙汁，居然是热的！虽然不久后我知道了在中国比较冷的地方橙汁一般都是喝热的，但当时不想破坏我和小陈交流的良好氛围，因此没有表现出惊讶。我一边做着这样傻傻的过度解读，一边默默啜饮那热热的橙汁。就这样，我和小陈的关系也融洽多了。

从那之后，虽然艰苦岁月仍在继续，不过得益于很多人的帮助，我终于完成了硕士论文。在我的送别会上，教授语重心长地对我说："虽然你结束了留学生活，如果愿意把清华当做你的第二故乡，我们也会非常开心！We are family!"虽然，我记不清那天我们高呼着"We are family!"举杯畅饮了多少次，但我终于从"留学的客人"多多少少变成了中国的"自己人"，那种成就感令人难以忘怀。

留学结束至今已经过了三年。我已如愿以偿在资源开发公司工作。虽然距离在海外成为知名工程师的目标还征途漫漫，但我愿将留学所得珍藏为心之故乡，继续向着自己的目标奋力前行！

三等賞

中国版「ふるさとの味」

会社員　井本　智恵（大連外国語学院）

私は二〇〇七年から一年間、大連外国語学院（現・大連外国語大学。以下、大外）に留学した。留学生活で印象に残っているものと言えば、日々の授業や現地で出会った人々のことが思い出されるが、それに伴って思い出されるのはやはり「料理」である。私が初めて中国で長期滞在をした大連での思い出の味と言えば、「米線」と「地三鮮」をはじめとする東北料理である。

まず、米線との出合いについて簡単に紹介すると、初めて食べたのは留学する一年前に参加した大外での語学研修初日であった。当時私達のお世話をしてくれた大外の学生が最初に連れて行ってくれたお店が米線の店であり、その時に出されたのが「過橋米線」という土鍋に入った米線であった。中国に詳しい方ならご存じだろうが、米線は元々雲南省の名物である。それが私の留学する数年前から大連で流行り始め、味も少しずつ変わっていったのだという。したがって、私が食べていた米線は雲南省のものとは違う、スープの味が割とすっきりした、具は小松菜、もやし、鶉の卵、豆腐皮、肉等を入れた大連風の米線であった。しかしこれが非常においしい。私が好んで食べていた過橋米線のスープには必ず麻油という口がやや痺れる油が入っており、冷めにくく、またこれが味のアクセントとなって、米線やその他の具と絡んでも非常に良い味を出していた。米線にも色々メニューがあり、過橋米線のほか、普通のどんぶりのような器に入った米線もあったが、私は断然過橋米線が好きだった。当時、米線料理は五～十五元程度で食べることができたため、私は週二～五回のペースで食べに行っていた。夏には冷たい「涼米線」を、それ以外の時期は過橋米線を中心とした熱い米線を食べ、風邪をひいた時にもお粥と同じような感覚で米線を食べに行っていた。大連のあちこちに米線を出すお店があったので、「米線マップ」でも作ろうかと考えた時期もあったが、店の数が多すぎて断念した。ちなみに米線は日本人好みの味なので、日本人留学生には人気があった。

続いて地三鮮についてであるが、これはジャガイモ、ナス、ピーマンを炒めて醤油味で味付けしたシンプルなもので、東北料理の中で私が一番好きな料理である。地元のレストランに行けば大抵の店で食べられると思うが、私は大外近くの店に足繁く通っていた。友達と行く場合は地三鮮のほか、西紅柿炒鶏蛋（トマトと卵の炒め物）、鉄板豆腐等を注文し、自分の部屋で食べる場合は地三鮮とご飯のみを注文して持ち帰って食べることもあった。行きつけの店の料理の味も良かったが、そこで働いていたおばさん達とのおしゃべりも楽しく、我が娘のように可愛がってくれた人もいて、今思い出しても懐かしい気分にさせてくれる。

2007年、「大外」のクラスメートと
2007年，与大外的同学在一起

私は大学卒業後、上海で五年ほど働いたが、その時にも東北料理の店に時々足を運んでいた。しかし、具材の切り方が小さく東北料理特有の豪快さが見られず、がっかりすることがよくあった。幸い、上海で働き始めて最初の数年は年に一度大連に行くことがあり、留学中に通い詰めた米線の店や東北料理の店を訪れたこともある。値上がりしても変わらない味がそこにはあり、「やっぱりこの味だよね」と留学中に知り合った友人と懐かしがったりした。お店の主人が私の顔を覚えていてくれたのもうれしかった。

このように、米線も東北料理も私にとっては思い入れのある料理であり、中国における「ふるさとの味」と言える。中国人の友人から「こんな素朴な家庭料理が好きなの？」と驚かれることもあるが、今でも中国料理と言えば東北料理が食べたくなってしまう。しかしこれは私に限ったことではない。四川省に留学した人は四川料理を、北京に留学した人は北京料理を懐かしむといった具合に、同じ留学経験者でも留学した地域によって食べたい中国料理の種類が変わるという傾向が見られる。これは面白い発見であり、やはり食事は人々の記憶にしっかりと刻み付けられるものなのだということを再確認した。

　現在私は東京で働いている。大学卒業後から一貫して中国に関係する仕事をしているが、中国料理に関する話題が出るたびに、東北料理と大連の米線について熱く語ってしまう。残念ながら東京には大連風米線の店はないが、東北料理の店は数多く存在するので、それらの店を開拓しつつ、東北料理の良さを一人でも多くの人に伝えていきたいと思う。

　留学中の記憶が年々薄れゆく中、友人たちと様々なことを語り合いながら食べた料理の数々を私はこれからも忘れないだろう。心の拠り所とも言える味に出会うことができ、本当に運が良かったと思う。今後中国に留学予定の人、また現在留学中の人にはぜひ現地ならではのレストランに足を運んで、お気に入りの料理を見つけてほしい。それもまた留学して得られる貴重な体験になるのだから。

井本 智恵（いもと ちえ）

一九八七年島根県浜田市生まれ。北九州市立大学外国語学部外国語学科中国語専攻（現在の外国語学部中国学科）卒業。大学在学中に交換留学生として一年間大連外国語学院（現在の大連外国語大学）に留学。大学卒業後は五年間上海で法律事務所での中国語翻訳業務等を経験し、二〇一四年に帰国。現在は銀行で金融、経済関連の翻訳業務に携わる。東京在住。

井本智恵

1987年出生于岛根县滨田市。北九州大学外国语学院外语系汉语专业（现外国语学院中文系）毕业。大学期间作为交换学生赴大连外国语学院（现大连外国语大学）留学一年。毕业后在上海某律师事务所工作五年，负责中文翻译等工作，2014年回国。现居东京，在某银行从事与金融、经济相关的翻译工作。

中国版“家乡味道”

2007年，我在大连外国语学院（现大连外国语大学，以下简称“大外”）留学了一年。说起留学生活中令我印象深刻的事情，除了会想起每天的课程、结识的当地人之外，当然还会想起“美食”。大连，是我初次踏上中国、并在此长期生活过的土地。要说回忆中珍存的大连味道，那便是“米线”、“地三鲜”等东北菜的味道。

首先，我简单地介绍一下我与米线的相遇。留学前的那一年，我参加了大外的语言学习研修班。研修的第一天我第一次吃到了米线。当时负责接待我们的大外学生，最开始带我们去的那家店就是米线店。那个时候吃的米线是一种用砂锅盛的，叫作“过桥米线”。对中国有所了解的朋友大概都知道米线起源于云南省。在我来留学的前几年，米线开始在大连流行起来。据说它的味道也逐渐变得跟云南米线不一样了。我吃到的米线就跟云南的米线有所不同，它的汤底十分清透，配料有油菜、豆芽、鹌鹑蛋、豆皮以及肉等，是独具大连风味的米线，非常美味。我喜欢在吃过桥米线的时候加一点麻油，麻油在口中会让人感觉有点发麻。加入麻油后，米线不会那么容易变冷，麻油还能将米线中原本的味道凸显出来，与米线及其他配料相互融合，调出非常奇妙的味道。米线有很多种，除去过桥米线，还有的则直接盛在大碗里。当时，过桥米线一份大概5至15元，我每周大概要吃两到五次。因此我是过桥米线的“铁杆粉丝”。夏天，我就吃“凉米线”，其他季节我就吃像过桥米线一样的“热米线”。甚至在感冒的时候，我也会去吃米线，就跟普通人感冒时要喝粥一样。当时大连的很多餐厅都有米线，我甚至还萌生了自己制作“米线地图”的想法。但由于米线的店铺实在是太多了，我只好放弃了。米线还是日本人喜爱的味道，在日本留学生中人气颇高。

接下来我要介绍地三鲜。地三鲜是东北菜中我最喜爱的一道，它选用了土豆、茄子和青椒搭配，经过翻炒再加入酱油使之入味，是一道简单的家常菜。在当地的餐厅中基本上都能吃到这道菜。我频繁地出入于大外附近的餐厅，跟朋友一起吃的时候，除了点地三鲜，我们还会点西红柿炒鸡蛋、铁板豆腐等。要是打包回寝室吃的话，我就会只点一份地三鲜和米饭。我常去的那家店味道很不错，我跟店里的阿姨们都很聊得来，她们待我就像亲女儿一样。到现在，我回想起来还能感受到她们对我的亲切。

大学毕业后，我在上海工作了五年，那个时候我也常去东北菜馆。但上海的店配料都切得很小，完全没有东北料理那种大快朵颐的豪快感，我经常会感到很失落。但幸运的是，在上海工作的前几年，我每年都能去一趟大连。偶尔也会去留学时常去的米线店及东北菜馆。即便涨了价也丝毫不影响其味道，我跟留学时认识的朋友一致发出感叹“确实还是那个味道”。店主人还记得我，令我十分高兴。

米线也好东北菜也好，对于我来说，其中都包含着我对当地美食的记忆，可以说是我在中国感受到的“家乡味道”。我的中国朋友曾经对我说过令我吃惊的话，她说:“这么简单的家常菜你都能喜欢？”即便她这样问过我，到现在，一说起中国美食，我还是特别地想吃东北菜。这一情形不单单出现在了我的身上。我们会发现有这样一个现象：在四川留学的学生，他们都喜欢吃四川菜，在北京留学的学生他们都喜欢吃北京菜，即便是有着相同留学经历的人，他们也会因为自己所在的地域不同而喜欢不同地方的美食。这是一个非常有趣的发现，也再次体会到美食在人们心中留下深深的烙印。

现在，我在东京工作。大学毕业后，我一直从事着与中国相关的工作。每次提到与中国美食相关的话题，我就会滔滔不绝地讲起东北菜及大连米线。东京有很多东北菜馆，但遗憾的是，没有大连米线。我想多去体验这些东北菜馆，并且将东北菜的故事讲给更多的人听。

留学时的记忆逐年稀释，但在与朋友的交谈中，我总能想起我吃过的各种美食。我想，我是不会忘记那些美食的。能够与存放在心灵深处的某种味道重逢，是多么幸运的事啊。今后，将要去中国留学的朋友，或是现在正在留学的朋友，一定要去当地的餐厅寻找自己心中惦记的那一份味道。那将成为你们留学中的宝贵体验。

三等賞

教えられた朋友の真の意味

会社員　中根　篤（華東師範大学）

外国語の習得に必要な事は何でしょうか。私は、確固たる学習動機が存在する事と文化理解だと思います。外国人が日本語を学ぶ時、日本のアニメが好きで主人公のセリフを日本語で聞き取りたいとの思いは学習の十分な動機となり得ます。畳の文化を知っていれば、座布団という単語は理解しやすいでしょう。

私は、これらの外国語の習得に必要な事を中国語学習で経験しました。一九九四年の秋、私は突然会社から上海行きを命ぜられました。「仕事はしなくて良い。一年で中国語を習得するように。上海の華東師範大学に入校する事。学費と寮費は会社が負担する。学校は一年で終えて、二年目には上海の中国人と一緒に働いてもらう」。これが会社の指示でした。

中国へ自費留学する方からすれば、夢のような条件かもしれません。しかし、当時の私は中国に関心があったわけでもなく、一年で外国語を習得せよという課題に戸惑いました。既に三十歳を超えてもいました。ともあれ、これは仕事です。好き嫌いで判断して良い事ではありません。翌年の春、私は機上の人となりました。

学校で学習を始めてすぐに発音の難しさに閉口しました。中国語は声調を持ち、それが狂えば全く通じない難易度の高い言語です。数週間後には自信を失っていました。

教室の学習だけでは足らないと感じた私は、同じ大学の日本語学科に在籍する中国人の男子学生が相互学習の相手を探しているとの情報を得て、さっそく彼と週一回のペースで母国語を教え合うことにしました。

彼は南京大学の工学部を卒業して、国有企業に就職したものの、日本関連の仕事に新しい可能性を見出して会社を辞め、自費で前の年の九月から二年間の予定で日本語を学んでいる人でした。驚いたのは、日本語が正確でかつ流暢、さらには彼が一度も日本へ行った事がない、という事実でした。それまで日本語を話す外国人をテレビでたくさん見てはきていましたが、日本国内で生活しているという強みもあっての事でしょう。しかし、彼は母国語環境にいながら私と不自由なく会話するレベルに達しているのです。

「この人は会社を辞めて自分の将来を日本語に賭けているのだ。自分は会社から費用を出してもらって海外留学している。なんて恵まれた環境にいるのだろう。それなのに、自分の中国語のレベルといったらなんてお粗末な事か」と、恥ずかしく思い、彼に見習って前向きに取組む事を決意しました。

つまり、不甲斐なさを痛感したことが、私の確固たる学習動機となったのです。

彼と私は語学生同士という事もあり、すぐに打ち解け、その年の夏休みには、彼から江蘇省南通市の実家に帰省するので、一緒に行こうと誘いを受けました。いくら親しいからといっても、実家にお邪魔するのはさすがに迷惑だろうと断ったところ、中国の文化では互いに迷惑を掛け合っても平然としているのが友情の証しになるのだ、それが「朋友」というものだと諭されました。

「日本人の場合、親友であれば相手に迷惑をかけまいとし、仮に相手に悪い影響が及ぶのであれば静かに身を引きさえするというのに。この文化の違いはどこから来るのだろう。自分は今、中国語を学んでいるけれども、ひょっとしたら言葉だけ習得しても仕事には使えないのではないか」。もっと中国人を知りたいと思い、彼の誘いを受け、実家に行く事にしました。

上海から船に乗り、初めて長江を目の当りにした私が

1995年、上海黄浦江上にて
1995年，游览上海黄浦江留影

「大きな川だね」と言うと、彼は「これは川ではありません。江です」と教えてくれました。「江」を広い川くらいに思っていた私は、まったく別の概念である事を知りました。

実家は鶏が庭にいるのどかな田舎で、ご両親は私を歓迎してくれました。翌朝、鶏がいないので逃げたのか、と尋ねたら昨晩食べたでしょと言われました。

翌年、私は学習を終え上海で中国語を使って仕事をする事ができました。

その後は、中国関係の業務に就いたものの、次第に国内業務が主となり、仕事上中国との関係は薄くなり、ついには中国語を話す事もなくなりました。

それから十数年が経ち、私は突然、中国語の勉強を再開しました。東京オリンピックの開催が決まり、中国語の通訳ボランティアとして、大会に貢献したいと思ったからです。

不甲斐なさをバネにして覚えた中国語を久しぶりに聞くと、その韻律の美しさに心を奪われました。そして、その言葉を解せる自分がとても誇らしく感じられました。

二〇一七年の今、私は東京都が主催する街なか観光案内「おもてなし東京」で中国語の道案内ボランティアをしています。私がかつて上海で見た中国人と、現在東京を歩く中国人の雰囲気はとても変わりました。しかし、ひとたび声をかければ人懐こい眼差しが返ってきます。

訪日中国人の方々を温かく迎えて楽しんでもらう事、これは今の私の確固たる喜びです。私は、彼らが誰よりも家族や友達を大切にする文化を持っている事を知っています。

中根 篤（なかね あつし）

一九六三年、横浜生まれ。一九八六年、日本の大学を卒業、金融機関に就職。一九九五年、会社の命で上海の華東師範大学漢語進修班にて中国語を学ぶ。一九九六年、上海支店に配属。一九九七年、日本に帰国、海外業務部門に配属。一九九八年、香港支店に配属。二〇〇〇年、日本に帰国、国内業務部門に配属。二〇一三年、中国語の学習を再開。二〇一五年、ＨＳＫ五級二一八点。二〇一六年、中国語検定二級合格。二〇一七年、ＨＳＫ六級一八〇点。

中根笃

１９６３年出生于横滨。１９８６年毕业于日本国内大学并就职于金融机构。１９９５年，服从公司安排参加上海华东师范大学汉语进修班学习汉语。１９９６年进入上海分公司。１９９７年回到日本，进入海外业务部门。１９９８年调任香港分公司。２０００年再次回国，任职国内业务部门。２０１３年继续学习汉语。２０１５年以总分２１８分的成绩通过国际汉语水平（ＨＳＫ）五级考试，２０１６年通过汉语能力二级考试、２０１７年以总分１８０分的成绩通过ＨＳＫ六级考试。

什么是真正的朋友

学习外语最重要的是什么？我认为有两点，一是学习动机，二是文化理解。

比如外国人学习日语时，因为痴迷日本动漫，希望能够听懂动漫主人公所讲的日语台词就足够成为一个学习动机。再比如，如果了解了榻榻米所蕴含的文化，“座布团”一词就不再晦涩难懂。

通过学习中文，我切身体会到了这两点对于学习一门外语的重要性。1994年秋，公司突然决定将我派往上海。“到了中国，先放下手头的工作，给你一年的时间，去学一下中文吧。公司已经帮你联系好了上海华东师范大学，学费和住宿费由公司承担，希望一年的学习结束后，你能和中国同事并肩作战在上海开辟一片新天地”，这是当时公司的意思。

虽然和自掏腰包去中国留学相比，这简直是天上掉馅饼的好事，但是当时的我对中国并不感兴趣，所以对公司这样的安排感到困惑不已。况且我已经过了而立之年。但这是工作，容不得挑三拣四。于是第二年的春天，我就成为华东师范大学的学生了。

几次课下来，我发现自己完全应付不了复杂的中文发音。中文是一门非常难学的语言，它有声调，一旦声调错乱意思就完全不通。几周课下来，我的信心大受打击。

我深感仅凭课堂上的学习是不够的，于是当听说同校日语专业的一位中国男同学正在寻找伙伴一起结对学习的消息时，我随即找到他，两人一拍即合，当下达成共识，每周一次教对方学母语。

他本人毕业于南京大学理工专业，曾在一家国有企业任职。但因接触日本相关业务找到了人生的新方向，于是毅然辞职，从前一年9月起在华东师范大学自费开始了为期2年的日语学习。令我惊讶不已的是，操着一口准确、流畅日语的他竟然从未去过日本。虽然以前在电视上也看到过不少会说日语的外国人，但他们大多数有在日生活过的优越经历。相比而言，他虽然从未到过日本，可和我交流起来竟毫无困难。

“人家毅然辞职，把赌注都压在了日语学习上，而我呢？花着公司的钱来留学，可以说上天待你不薄，但看看你的中文水平，简直一塌糊涂。”扪心自问，我不禁觉得脸上火辣辣的，于是暗下决心要以他为榜样，认真学习中文。

可以说，“知耻”成为了我“后勇”的坚定动力。

他和我同是学习语言的，所以两个人很快就熟络起来了，那一年暑假，他要回江苏省南通市的老家，邀请我去他家做客。任凭两个人关系再怎么铁，去别人老家做客这种事说到底还是会给人添麻烦，出于这样的想法我拒绝了他的邀请，但是他告诉我，在中国的文化中，朋友之间互相关照是再正常不过的事了，这正是友情的象征，说明两个人是“朋友”。

“日本人即便朋友之间关系亲密，也会时刻注意不给对方添麻烦，假如自己的行为会给对方带去恶劣影响，甚至会选择默默抽身而退。中日文化的这种差异究竟源自于哪儿呢？我现在虽说在学中文，但是只学语言而不了解语言背后的文化，想必在工作中也难以发挥作用。”想到这，我决定接受他的邀请，和他一起去他老家，以便加深对中国人的理解。

我们从上海坐船出发，初次见到长江的我面对浩瀚的江面不禁感叹道：“好大的河呀”，他却告诉我长江是“江”，不是“河”。在我的概念里一直以为“江”就是稍微宽广一些的河，直到今天我才明白“江”与“河”的概念完全不同。

他的老家在农村，院子里养着几只鸡。对于我的到来，他的父母热情欢迎。第二天，我发现院子里的鸡不见了，就问他：“鸡怎么不见了？是不是跑掉了？”他答道“鸡不是进你肚子里了吗”。

第二年，我结束在华东师范大学的学习，进入上海分公司，开始使用中文办公。

后来，虽然从事与中国相关的工作，但日本国内的业务逐渐成为重心，工作上与中国的关系逐渐疏远，后来渐渐地也就没有了说中文的机会。

十几年过后，由于东京再次申奥成功，我希望可以成为一名汉语口译志愿者，为奥运贡献自己的力量，于是我又继续学起了中文。

当我久违地听到当年那知耻而后勇学会的中文，我被那优美的韵律陶醉了。并且，我为自己能够听懂这些话而感到由衷的自豪。

2017年的如今，东京都正在举办主题为“东京欢迎您”的城市系列宣传旅游活动，我是其中的一名志愿者，负责用中文为游客介绍东京的魅力。现在，漫步在东京街头的中国人和我多年前曾在上海所见识到的中国人有了完全不同的气质。但是，上前道一声好就会回之以熟悉的目光。

真诚欢迎每一位来日旅游的中国朋友，让他们满载喜悦而归，是我热切期望的，因为我知道中国人比任何国家的人都珍爱家人、朋友。

三等賞

かけがえのない出会い

大学生　宮脇　紗耶
（西安交通大学／上海対外経貿大学）

一年間の上海での留学生活を振り返った時、私のこころの中は、たちまち感謝の想いでいっぱいになります。二〇一六年三月、交換留学生として私は一人、見知らぬ土地にやって来ました。友だち〇人、中国語もほとんど話せない私の目に、上海という大都会は、誰もが互いに無関心であるかのような冷たい世界に映りました。これから始まる留学生活への不安と、未知の世界へのワクワクとが私のこころの中で入り混じっていました。留学生活を終えた今、充実した一年だったと、私に感じさせてくれているのは、間違いなく、出会いの一つ一つです。

その中でも、特に印象に残っているのは、Tちゃんとの出会いです。私は九月から、週一回、日本語学科の中国人学生の授業に加わって勉強していました。Tちゃんとはその授業で出会いました。彼女は、唯一の日本人である私がクラスに馴染めるように声を掛け、休みの日には一緒にご飯に行こうと誘ってくれました。なかなか中国人の学生と友人になる機会が持てなかった私にとって、Tちゃんとの出会いは非常に嬉しいものでした。もちろん、彼女は日本語を学んでいる学生だったので、日本人の私と関係を築くことにメリットを少なからず求めていたのでしょうが、それでも、親切に声をかけてくれたことがとても嬉しかったのです。Tちゃんは、アニメが大好きな女の子でした。日本人の私でさえ知らない日本の漫画やアニメについて話してくれました。オシャレも大好きで、日本の化粧品や、洋服をインターネットでよく買うそうです。そんなたわいもない話から、中国の女の子の日常や考え方を知ることができました。

大学での全ての授業を終え、一月、中国国内旅行をしてから帰国しようと思い、山が好きな私は、安徽省にある黄山に行くことにしました。一人では少し心細かったので、Tちゃんを誘ってみました。すると、黄山のある町はなんと彼女の故郷だったのです。ちょうど冬休みで帰省するというので、一緒に冬の黄山に登ることにしました。黄山は中国名山の一つで、五つの山の特徴を持つといわれています。ロープウェイで途中まで昇り、下り立つとそこは別世界でした。雪で凍った石段を一段一段踏んで、頂上を目指します。石段の両脇で凍った木の枝が垂れ下がり、日の光を浴びて、キラキラと美しく揺れていました。この景色を、私は一生忘れないでしょう。

2017年冬、黄山から見えた朝日
2017年冬，黄山日出

旅行中、Tちゃんだけでなく、彼女のご家族やお父さんのご友人にもお世話になりました。ちょうどTちゃんのご実家の引っ越し祝いで、親戚の方々が集まっており、その中に私もご一緒させていただきました。Tちゃんのご家族ははつらつとしたご様子で、日本人の私に笑顔で、「私たちの中国語聞き取れるかい？」と興味津々に話しかけてくれました。その時、Tちゃんと出会った時も同様に、気さくに話しかけてくれたことを思い出し、こんなご家族の中で育ったからだったのだと、納得させられました。また、お父さんの友人の方も、私のために車を出し、宿を提供してくださいました。Tちゃんのお父さんは、「お互いに困ったことがあれば、いつでも遠慮せずに頼れる関係を築いているんだよ。本当にありがたいことだ」とおっしゃっていました。それを聞いた時、私の父も昔、同じように言っていたことを思い出しました。父の言葉を聞いた当時は、相手に迷惑をかけることを前提に恩を売り、且つそれを善しとしている関係を何だか嫌だなと心の中で思っていました。しかし、自分が助けられる立場になって初めて、父が言っていたことの真意を理解できたように思います。

Tちゃんとは、何時しか恋バナをするほどの仲になっていました。彼女はこの春から留学生として、広島で暮らしています。今度は私の番です。友人に迷惑をかけることは、少し気が引けることかもしれませんが、その友人が困っていればいつでも私が助けるよ、という関係が成り立っているのなら、迷惑をかけることも、かけられることも、むしろ嬉しいものだというのが、今の私の考えです。

　吉野弘は『生命は』で、こう詩っています。〈生命は自分自身では完結できないようにつくられているらしい……省略〉。留学中、多くの方に親切にしていただきました。しかし、知り合って間もない私をなぜ、こんなにも優しく気にかけてくれるのだろうと、ありがたさと同時に、うとましく思うこともありました。その時には気付かなかったけれど、今ではわかります。全ての出会いが、私の欠如を満たしてくれる素晴らしい出会いだったのだということを。また、私自身、出会った人々にとって、かけがえのない存在だったということを。これは、私が人生を歩む上でこれからもずっと大切にしていきたい感覚です。この考えに至らせてくれた留学生活に、出会いの全てに、感謝の想いでいっぱいです。

宮脇 紗耶（みやわき さや）

一九九四年生まれ。県立広島大学人間文化学部国際文化学科在籍。大学一年から中国語を学び始める。二〇一四年三月、西安交通大学での短期語学研修に参加するため、初めて中国に行く。二〇一五年には、中国語の学習機会を得るため、広島市内で中国人が経営している中華料理屋でアルバイトを経験。二〇一六年三月から二〇一七年二月まで、上海対外経貿大学へ交換留学。卒業後は、日本での就職を予定している。

宮脇纱耶

出生于１９９４年。就读于县立广岛大学人类文化学院国际文化学专业。从大学一年级开始学习中文。２０１４年３月参加西安交通大学短期语言学研修项目首次来到中国。２０１５年，在广岛市中国人经营的中华料理店做兼职，获得学习中文的机会。２０１６年３月至２０１７年２月，赴上海对外经贸大学交换留学。

无可替代的相遇

每当回想起在上海一年的留学生活，我的内心就会充满着感激之情。

2016年3月，作为交换留学生，我孤身一人来到了这片陌生的土地。当时我没有朋友，而且几乎不会讲中文，在我的眼里，上海这座大都市仿佛就是一个大家互不关心的冷漠世界。对于即将开启的留学生活，我怀抱着几分不安，对于眼前的未知世界，我又带着些许兴奋。如今留学生活结束，正是曾经遇到的点点滴滴让我感受到这是十分充实的一年。

这之中，印象尤为深刻的是与小T的相遇。9月份起，我开始参加由日语专业中国学生的课程。就是在这门课上认识了小T。我当时是这门课上唯一一个日本人，为了让我熟悉班级，她主动和我打招呼，并邀请我在周末一起去吃饭。当时我没有中国同学的朋友，所以对我来说，与小T相识是非常开心的。当然，她是日语专业的学生，和作为日本人的我交朋友会有不少锻炼日语的机会，但是她热情地向我打招呼就已经让我十分开心了。小T是个特别喜欢动漫的女孩。她和我聊到许多日本的漫画、动漫，甚至有些是连我这个日本人也不知道的。她还很喜欢时尚的东西，听说她经常在网上购买日本的化妆品和衣服。从这些日常小事中我了解到了中国女生的日常生活和思考方式。

一月份大学的全部课程结束了，我打算在中国国内旅游之后再回国。由于我特别喜欢名山，于是想去安徽黄山。一个人去有些担心，所以试着邀请小T和我一起去。这才知道她的故乡恰好是黄山的一个小镇。并且当时正值寒假。黄山是中国的名山之一，兼具了“五岳”的特点。我们俩踩着冰雪封冻的石阶，向着山顶攀登。石阶的两侧，冰冻的树枝垂落下来，沐浴在日光下，闪着亮晶晶的光，在风中摇曳。眼前的风景，让我终生难忘。

旅途中，小T和她的家人，以及她父亲的朋友都非常照顾我。当时适逢庆祝小T家的乔迁之喜，诸多亲朋齐聚一堂，我也刚好在场。小T的家人都非常热情，兴致勃勃地问我这个日本人，能不能听懂他们说的中文。我想起了与小T相识时她热情地跟我打招呼，也许正是因为在这样的家庭长大的缘故吧。她父亲的朋友还为我开车，提供住宿。小T父亲说，“在需要帮助的时候能够毫不顾忌地向对方寻求帮助，这就是朋友。”听完这番话，我想起了我的父亲曾经也说过类似的话。在给别人添了麻烦以后还当作是接受别人的恩亲，看做一件好事，我听了父亲的话以后很不高兴，耿耿于怀。但是，当自己得到他人帮助之后，我终于明白了父亲那番话的真正意思。

我与小T成为了无话不谈的好朋友。她从今年春天起来广岛留学，这回轮到我该尽地主之谊了。我想，给朋友添麻烦多少会有些难为情，但如果朋友遇到困难时我都能予以帮助，那么无论是添麻烦的一方还是被添麻烦的一方，都会很开心的。

吉野弘曾在《生命》中这样写到，“生命，并不是你孤身一人就可以走完的……（后省略)”在留学期间，我获得了各种帮助。但是，为何如此热情地招待一个相识不久的人呢？现在我明白了——所有的相遇都是在弥补我自身的不足。同时，对于那些相遇的人而言，我本身也是无可替代的。在我今后的人生路上，将永远珍视这一点感悟。对于让我得到这点感悟的留学生活以及所有的相遇，我都满怀感激。

三等賞

中国で過ごした「ローマの休日」

中国語翻訳者・編集者　遠藤 英湖
（北京語言大学）

映画『ローマの休日』で、最も印象に残った訪問地を記者に問われたアン王女が「ローマです」と答えるシーンがある。私の視野を広げ、心を解放し、大きく包んでくれた魅力的な大地と人々。私にとっての永遠に忘れ得ぬ〝ローマ〟は中国山西省の万栄《ワンロン》である。

北京に留学したある秋の日、それは一本の間違い電話から始まった。

「もしもし、○○会社ですか？」

「いいえ、違います」

先方によると、ある会社にかけているつもりが、なぜか毎回外国人の私につながるのだという。とうとうお互い笑い出し、友達になることにした。潘《はん》さんという同い年の男性で、北京で働く山西省出身の会計士だった。

電話では李白の漢詩「静夜思《せいやし》」や読むべき本について教えてくれたので良い人だと確信。学校で何度か会ううち、幸運にも春節に故郷で行われる本人の結婚式に招かれた。

九州の留学生・志保ちゃんと北京を出発し、山西省の太原《タイユアン》で潘さんの従姉の崔《さい》さんと合流。山西省発祥の刀削麺《とうしょうめん》に舌鼓を打ち、世界遺産「平遥古城《へいようこじょう》」や『三国志』ゆかりの地を歩き、三人で旅を続ける。崔さんとも日に日に打ち解け、「友情とは染める度に少しずつ色が深まっていく藍染めのようだ」と感じた。

運城《ユインチェン》・万栄の村に着くと大歓迎され、初めて会う日本人を見に老若男女が次から次へと遊びに来た。

結婚式の日は朝から準備で大わらわ。なにしろ村全体が〝招待客〟のため大変だ。コックさんたちは大きな鍋を庭にずらりと並べて調理。春雨、かための豆腐、白菜が入ったスープと、小麦の香ばしさが立ちのぼる熱々の焼きマントウの朝食が、普段着で次々とやってくるお客さんに振る舞われた。

時間が来たので、銅鑼をたたき、チャルメラを鳴らしながら、大勢で真っ赤なウエディングドレスのお嫁さんを迎えにいく。花嫁は新しい靴に履き替え、馬に乗って村の入り口へ。新婦を背負った新郎は、村の青年たちからの〝難問〟をいくつかクリアした後、やっと家に入れるという風習だった。

式では大きなピンクのリボンを身につけた新郎新婦が天地の神や父母などを拝む「拝堂成親《はいどうせいしん》」に思わず見入る。

2002年、北京語言大学の恩師・ロシアの友人たちと
2002年，与北京语言大学的恩师、俄罗斯友人在一起

祝宴では夫婦が互いの腕を交差してお酒を飲む「交杯《こうはい》酒《しゅ》」に、みんなと直スプーンでつついた豚の角煮スープ。透明ビーズのようなざらめ糖をザアーッとかけ入れた極甘のご馳走は今でも時々思い出す。

バイクで見に行った「秋風楼《しゅうふうろう》」と黄河の跡地、唐辛子と黒酢で味わった独特のそば文化、抱きついて離れなかった子供たちや纏足《てんそく》のおばあさんとの出会い、オンドルで毎日一緒に寝起きした潘さんのお母さん……。中国の大自然、多様で豊かな文化、そしてなにより人にすっかり魅了されてしまった。

お礼に日本の歌を歌った時、戦争の経験で日本嫌いだった人が「あなたと出会って日本人が好きになった」と言ってくれたことは忘れられない。

一本の電話がひとつの出会いとなり、こんなにも貴重な体験につながった。北京に戻る日が近づき、感謝と寂しさで胸がいっぱいになる。

漆黒のデザート・亀ゼリーのような真冬の夜空。寒風で大気が揺れる。「落っこちまい」と必死で空にしがみつく満天の星々。その瞬きをロバと一緒に見つめながら、困難に負けず友好の信念を貫いた両国の先人を思い、「私も後に続こう」と固く心に誓った。

二年間の中国滞在は一生の宝となり、オリジナルな人生を歩む大きなヒントを与えてくれた。帰国後は新聞記者を経て、現在は中国語編集者やＮＰＯ法人での文化交流など日中相互理解に奔走する日々である。

日中関係の重要課題の一つに「若い世代への継承」がある。そのために、いかに「一人」と出会い、相手国に関心を持ってもらうか。いかにメディアを有効活用し、若者の直接交流を増やしていくか。

私は「日中の若者が一緒に日本と中国を旅するテレビ番組をつくり、両国で放送する」ことを提案したい。観光地だけでなく、今まで知られていない場所も紹介。土地の人情に触れ、新しい発見をし、友情を育み、恋もし、時にはけんかや議論をしながら相互理解を深めていく。見る人の声も生き生きと反映できる視聴者参加型にすればいっそう盛り上がるのではないか。番組や関連イベントで現役留学生や留学経験者に現地での経験を伝えてもらう。また、ユーチューブやスマホのアプリを活用し、文化の差異に着目したコンテンツを両国の若者が共同開発するのも面白い試みとはならないか。幼少時から相手国に興味を持ってもらうため、〝未来の若者〟向けの番組をつくるのも大切だと思う。

未知の体験に、認識の更新、新しい感覚に、懐かしい感覚……。それぞれの〝ローマ〟を見つけてほしい。隣人に対する関心・共感の中にこそ友好の源があると信ずる。まず互いに興味を持ち、好きになること。それがあって初めて、日中友好の様々な枠組みが生かされ、政府や民間の努力も実を結んでいくのではないだろうか。「友好の銀河の輝きよ、永遠なれ！」と願ってやまない。

遠藤 英湖（えんどう えいこ）

東京都出身。英国・ロンドンで生まれ、幼少期をインドとベルギーで過ごす。慶應義塾大学総合政策学部卒業。二〇〇一年～二〇〇三年、北京語言大学に留学。二〇〇四年～二〇一三年、中国語新聞『東方時報』記者。二〇一三年～現在、各種翻訳・編集業務に従事。ＮＰＯ法人 田漢文化交流会理事。東方文化芸術団理事。工学院大学孔子学院 中国・アジア研究センター客員研究員。

远藤英湖

祖籍东京，出生于英国伦敦，童年在印度和比利时度过。毕业于庆应义塾大学综合政策学部（系）。２００１年－２００３年，赴北京语言大学留学。２００４年－２０１３年担任中文报纸《东方时报》记者。２０１３年至今从事各种翻译、编辑工作。担任ＮＰＯ法人田汉文化交流会理事、东方文化艺术团理事、工学院大学孔子学院中国・亚洲研究中心客座研究员。

遠藤 英湖

我在中国的“罗马假日”

在电影《罗马假日》中有这样一幕，当公主被记者询问到最令她印象深刻的出访地是哪里时，公主回道：“是罗马。”而对我来说，令我永生难忘的“罗马”则是那开阔了我的视野，解放了我的心灵，充满无限魅力的中国山西省万荣的土地与人民。

一切始于某个秋日，在北京留学的我接到了一个电话。“您好，请问是某某公司吗？”

“不好意思，您打错了。”

据电话那边的人说，他原本是打给某个公司的，但不知为何每次都打到我这个外国人这里来了。最终我们都为此开怀大笑，也由此成为了朋友。他叫小潘，是一个出生于山西，当时在北京做会计工作的我的同龄人。

他在电话中教我读李白的诗《静夜思》，并告诉我应该多看哪些书，这让我确信他是个很不错的人。在学校与他见过几次面后，我很荣幸受邀参加春节他在老家举行的婚礼。

我与来自九州的留学生志保同学一同从北京出发，然后在山西太原与小潘的表姐小崔汇合。在那里，我们吃着好吃得让我直咂嘴的起源于山西的刀削面，漫步了世界遗产地“平遥古城”等地。

旅途中的我与小崔日益交心，这让我渐渐感觉到“友情就像是蓝色染布一样，越染越深”。

我们抵达运城市万荣县的村子时，受到了热情的接待。村子里为了看一眼日本人而赶来凑热闹的男女老少们也是络绎不绝。

婚礼当天从早上就开始忙碌起来。不管怎么说要招待的对象是整个村子的村民们，这实属不易。厨师们在院里排了一列大锅，进行烹饪。他们为陆续前来的村民提供了放了粉丝、豆腐块的白菜汤，以及散发着小麦清香而热乎乎的烤馒头等。

吉时已到，在喜庆的锣鼓和唢呐声中，大伙儿去迎接那穿着一身红色喜服的新娘子。新娘子换上了簇新的鞋子，坐在马上向村头走来。这里的一大风俗是，新郎须得背着新娘子通过村子里的年轻人们出的各种“关卡”后，方得进入家门。

婚礼上，披着粉色绸带的新郎新娘进行了“拜堂仪式”，我不由得看入了迷。喜宴上新婚夫妇交挽手腕喝下“交杯酒”，大家拿勺子去喝扣肉汤，因为喝汤之前要把透明得像珠子一样的砂糖放进汤里，所以那令人发颤的甜味让我难以忘记。

我们骑着摩托车一起去了秋风楼、黄河遗迹等地，见识到了用辣椒和黑醋调理出来的独特的面文化、常常给我拥抱的孩子们、缠过足的老奶奶、和每天在炕上与我同眠的小潘母亲……中国广阔无边的美景，丰富多彩的文化，更为重要的是这里的人们，这一切都让我沉迷不已。

最令我难以忘怀的是，当我唱了一首日语歌作为感谢时，那些因为战争而对日本深恶痛绝的人对我说的“认识你之后才开始对日本人有了好感。”

一个打错的电话成就了这样的交流，带来了无与伦比的珍贵体验。随着回京的日子愈来愈近，我满怀感激与离别前的寂寥。

深冬的夜空仿佛龟苓膏一样漆黑一片，空气也随着冷风在摇摆。为了“不坠落”而拼尽全力紧紧吸附于天空的群星，与身边的骡子一同仰望那闪闪光芒，让我想起了不畏困难始终坚持友好信念的两国先行者。不禁在心里发誓：“今后也要追随他们的脚步。”

在中国留学的那两年成为了我一生的宝贵财富，让我体验到与众不同的人生，也给我无数的启发。回国之后的我先是当了记者，现在则是作为一名中文编辑兼NPO法人的理事，奔走于促进日中文化交流等推进两国相互理解的工作之中。

日中关系的一大课题是，“面向年轻一代的传承”。那么为此我们要如何才能将人与人联系起来，使得人们对对方国家抱有兴趣。又如何高效利用媒体，推进年轻人之间的直接交流呢？

我的建议是，制作日中年轻人在两国旅行的电视节目，并在两国播出。不仅是去报道有名的景点，也为大家介绍此前未曾耳闻的地方。接触当地的风土人情，寻找新的发现，在这过程中或孕育友情，擦出爱情火花，在偶尔的争吵与讨论中，加深对彼此的理解。要是能做成观众互动类型，将他们的声音也切实反映出来就更加精彩生动了。

通过制作节目和举行相关活动，向大家展示当地留学生及有过留学经历的人在当地的生活。此外还可以利用YouTube及手机App，由两国年轻人共同开发出一些有关文化交流的作品，也是一种有趣的尝试。在我看来，为了让大家从小时就对彼此国家抱有兴趣，面向“未来的年轻一代”制作节目是至关重要的。

前所未有的经历、新的认知与感觉、令人怀念的情愫……我希望大家能寻找到自己的“罗马”。我相信，只要我们对对方抱有兴趣和好感，然后通过各种团体举行各式各样的活动，让两国政府与人民的努力开花结果。我在心中祈祷：愿这友谊的光芒，永远闪耀！

三等賞

新疆留学で見つけた目標

大学事務職員　塚田　麻美（新疆大学）

今、私は働きながら日本語の先生をめざして勉強しています。なぜ日本語の先生になりたいのかというと、二〇〇六年の中国留学の強烈な体験が忘れられないからです。

当時私は大学四年生で中国語を専攻していました。日本で教育を受けましたが、引っ込み思案な性格が災いし、四年生になっても中国語が口をついて出ることはありませんでした。同級生たちは次々に大陸に飛び立ち、留学生活を謳歌しているようでした。自分は自信がなく、積極的になれないもどかしさを感じながら、焦燥感に駆られていました。

友人たちが大陸で有意義に過ごしているのを聞き、せっかく学び始めたのだからと一念発起し、大学生活の終わりに中国留学をすることにしました。

私は中国の西北地域の少数民族文化に興味があったので、中国新疆ウイグル自治区を選び、留学しました。今まで積極性がなかったことを克服し、たくさんの人と交流してぺらぺらになろう、卒業したら中国で働いてみようとやる気に燃えていました。

ところが、中国留学が始まると、やはり周りの人が何を言っているのかさっぱりわからず、普通の生活を営むのも精一杯の状況でした。授業にしてもついていけず、私はどこでも落ちこぼれてしまうのだなと、とても虚しい気持ちでした。

二、三カ月は収穫がなく、授業以外にすることもないので、自分だけが異邦人で、間違ったところに存在しているような感覚でした。そんな時に、街で日本語教師をしていた先生から、ボランティアで日本語交流会に参加して欲しいと声をかけていただきました。私は日本語文法の知識もなく、何をすれば良いのかわかりませんでした。教えることはできないだろうと考えていましたが、ただ日本語を勉強したい方の話し相手になってくれるだけでいいと言われ、参加することにしました。

日本から遥か遠い中国新疆ウイグルの地で日本語を勉強したい方などほとんどいないと高をくくっていました。しかし当日会場に行ってみると、満席で用意した席に座れないほどの参加者がいました。年齢も中学生から大人まで様々で、見たところいろいろな民族の方がいるようでした。私は何も話すことを用意していなかったので冷や汗をかきながら、会話を始めました。教えるということに関しては何もスキルを持っておらず、ただ順番に取り留めのない会話をしただけだったと記憶しています。同じ留学生の友人の中には絵を描いたり、日本の観光地を紹介したりとても上手に交流をしている方もいました。私のテーブルの方たちは満足をしているのか心配で申し訳ない気持ちでした。交流会を終え、ぐったりしていると、たくさんの方からこれからも日本語で話して欲しい、プライベートでも交流をして欲しいと頼まれました。私は自分がこの土地でできることなどないと思っていたので、面食らいました。現地の方と繋がりが持てることもとても嬉しく、二つ返事でいろいろな方との交流を引き受けました。

当時日本語を勉強したい方の動機は様々でした。日本のアイドルやアニメに憧れている中学生、大学の第二外国語が日本語の学生、娘が日本に留学し、いつか尋ねてみたい先生、旅行社で日本からの客を相手にしている方など様々でした。日本に対し多角的な興味があり、日本語学習に純粋に目を輝かせる方に驚きと喜び、大きな刺激をもらいました。

ところが交流を続けているうちに障害も出てきました。

2004年、天安門で友人と

2004年，与友人天安门留影

私は日本語教授法を知らなかったので、教えることができませんでした。そしてあまりに熱心すぎる現地の方々からの要望に私自身の体力、能力もついていけなくなり、パンク状態になりました。中国語のレベルも未熟でしたので、交流に支障が出ることもありました。留学生活でも中国語は目標水準に達しませんでした。燃え尽きた感覚と、中国語学習の必要性、そして外国で働くことの大変さを実感しながら帰国しました。悔しい気持ちが大半で、この経験を就職に生かしたいと、学校の留学生窓口で働くことにしました。

現在私は学校で働きながら、日本語教授法などを学んでいます。十年間で約二百名の留学生支援をするうちに、自然と中国語が口をつくようになりました。目標だった語学検定にも合格しました。私の難解な中国語に付き合ってくれた学生たちのおかげです。窓口では日本社会の特徴や就職の事、日本語表現なども聞かれます。窓口に立つうちに自然と先生になりたい気持ちが生まれました。中国留学での喜びと悔しさから人生の課題を発見し、留学経験が私に仕事を与えてくれました。仕事をするうちに語学も上達し、新たな自己研鑽の場をいただきました。中国留学が私の人生を作っているとも言えます。これからも忘れられない中国留学をヒントに、この生き方が日中交流の助けになればいいなと思います。

塚田 麻美（つかだ あさみ）

愛知大学事務職員。茨城県下妻市出身。二〇〇三年愛知県立大学中国学科に入学、在学中に愛地球博発展途上国支援アテンダントとして中央アジア共同館に勤務。二〇〇六年、中国新疆大学に短期留学し、二〇〇八年三月、愛知県立大学卒業。卒業後、愛知大学で働きながら、日本語教師養成講座四百二十時間を修了した。二〇一五年名古屋大学大学院教育発達科学研究科に入学し、二〇一七年三月修了。修士課程での研究テーマは「留学生就職支援担当職員に求められる能力と開発方法」。

塚田麻美

爱知大学事务员。出生于茨城县下妻市。２００３年考入爱知县立大学中国学科，在学期间曾作为〝关爱地球博览会〟的工作人员在中亚共同馆工作。２００６年赴中国新疆大学进行短期留学。２００８年３月，爱知县立大学毕业。毕业之后，在爱知大学工作，在职期间修完日语教师养成讲座４２０小时的全部课程。２０１５年考入名古屋大学研究生院教育发达研究科在职研究生。２０１７年３月完成硕士课程的学习，研究题目为《留学生就业支援人员所需的能力及培养方法》。

新疆留学发现人生目标

目前，我正一边工作，一边为实现当日语老师的梦想而努力学习。我之所以想要当一名日语老师，是因为2006年在中国留学的经历在我身上留下了深刻的印记，让我终生难忘。

当时的我是一名中文专业的大四学生。虽说在日本学习汉语，无奈自己性格内向，不擅长主动跟人交流，以至到了大四也不能用汉语和人交流。当我的同班同学一个接一个飞往中国大陆，尽情享受他们的留学生活时，我只能为既缺乏自信又不习惯积极主动的自己感到焦虑，却又无计可施。

听闻同学们在中国的留学生活都过得多姿多彩、十分有意义，一个大胆的念头浮现在我的脑海：大学生活结束之前一定要去中国留一次学。

我对中国西北地区的少数民族文化很感兴趣，所以选择了去新疆维吾尔族自治区留学。我斗志昂扬，心想一定要克服自己畏缩不前的毛病，要尽量与他人交流，争取能说一口流利的中文，而且毕业之后要留在中国工作，证明自己的中文水平。

然而事与愿违。留学生活刚刚开始，我就发现我几乎听不懂周围的人在说什么，我的汉语也刚够日常生活中的交流。课堂上跟不上大家的进度，我一度十分沮丧，觉得自己无论到哪儿都落后于人。

两三个月过去了，我却一无所获。除了上课我无事可做，一时之间我觉得自己就像一个走错地方的异类，与周围的世界格格不入。就在那时，一位日语老师在街上叫住了我，希望我以志愿者的身份参加他们的日语交流会。我不熟悉日语语法，不知道自己能在交流会上做些什么，不知能教给别人什么。老师知道我的担忧之后告诉我，交流会上只要跟想学日语的人互相交流一下就行，于是我便接受了邀请。起初我并没有太重视这个交流会，因为我觉得新疆维吾尔族自治区离日本那么远，学习日语的人肯定不多。当我走进现场时发现座无虚席，甚至事先准备的座位都不够了。参加交流会的从中学生到成人，跨越各个年龄段，分别来自不同的民族。交流会开始了，可我事先没有准备任何可供交流的话题，因此紧张得冷汗直流。我不懂得怎么教别人日语，印象中整个交流会我按要求跟不同的人说着一些毫无头绪的话。同样都是留学生，我的朋友们有的画画、有的介绍中国的旅游景点，交流得十分顺利。我对跟我同坐一桌的小伙伴们感到十分抱歉，担心跟我的交流并没有满足他们学习日语的需求。交流会结束后，我觉得自己像被抽空了全身的精气一样，疲惫不堪。

就在这时，我收到了很多小伙伴的邀请，希望交流会之后也能一起用日语交流。我一直以为自己在这片土地上什么都不能做，什么都不会做，突如其来的邀请一时间让我不知所措。但我很高兴能够和当地人建立起联系，于是欣然接受了他们的邀请。

当时他们学习日语的动机各式各样。其中有喜欢日本偶像或动漫的中学生；有把日语作为第二外语学习的大学生；有女儿在日本留学，希望有机会能去日本看望女儿的老师；有负责接待日本客户的旅行社职员等等。也有人想多角度了解日本而学习日语。他们的存在让我既惊讶又欣喜，同时也在很大程度上刺激了我。

随着交流的继续，也逐渐出现了一些问题。我不懂日语的教学方法，不能很好地教他们日语。此外我的身体素质不行、语言能力也有限，即便我竭尽全力也不能很好地满足他们学习日语的渴望。而我不熟练的中文也常常会成为交流时的障碍。虽然在中国留学了一段时间，但我的中文水平并未达到自己的预期要求。留学结束我觉得自己像是被掏空了一样，我深切地认识到学习中文的必要性和在国外工作的不容易，带着这种无力与挫败感，我回到了日本。

留学归来，我的心里充满遗憾与不甘，我想要一份工作能使中国留学时的所学得以应用，于是选择了在学校为留学生服务的工作。

现在我一边在学校工作，一边学习日语教学法。在学校工作的10年里，我先后帮助了200多名留学生，而我的中文在这个过程中也越来越好，和人交流的时候几乎能脱口而出。曾经一直被我当作目标的汉语语言能力考试也顺利通过了，这也多亏了那些不嫌弃我中文蹩脚，耐心跟我交流的学生们。留学生们有时也会询问一些日本社会的特征、找工作等方面的问题。在跟他们交流的过程中，我有了想要成为一名日语老师的想法。中国留学的经历让我在喜悦与遗憾中找到了人生的方向，让我得以从事现在的工作。而这份工作不仅提高了我的日语水平，还让我更加认清自己，找到新的奋斗目标。在某种程度上可以说铸就了我的人生。

我永远不会忘记在中国留学的经历，在未来的日子里，我将以此为动力为日中友好交流尽自己的绵薄之力。

三等賞

上海・楊樹浦

非常勤講師　根岸 智代
（南京大学）

私は二〇〇七年から二〇〇九年の二年間、南京に留学していた。日本からの留学生も多く、また中国人の先生達に、とてもよくしていただいた。その中で、一つ心に残った中国での体験をお話ししたいと思う。

留学中、どうしても上海の或るところを訪ねてみたいと、私の両親が中国へやってきた。母は一九三五年、ちょうど日中戦争が始まる直前に生まれた。母は生後一歳の時、祖父の仕事の関係で上海へ渡り、そこで七歳まで暮らした。祖父は紡績関係の会社に勤める技術者で、上海の楊樹浦という場所にある工場へ転勤したのだった。

母達は日本資本の会社が保有する、いわゆる社宅で暮らし、当時、自分達の社宅の外の世界が戦争に巻き込まれつつあることを、少しは感じながらも、幸せに暮らしていた。当時の母の記憶は、洋館に住んでいたこと、その二階のベランダから落ちたのに無事であったこと、阿媽《アマ》と呼んでいた子守に可愛がられたことなど、聞いているとほほえましいエピソードばかりであった。亡くなった祖母も、子守をしてくれた阿媽が、大変母を可愛がってくれたということをよく話してくれた。母のいたずらを、祖母が怒ろうとすると、母の前に出てきて母をかばって抱きかかえていた阿媽の話は、祖母の定番だった。

戦後、社宅にいた引揚げ者達で「裕豊会」という同窓会を開いていたと聞く。その人たちも大勢が亡くなってしまい、今は、もうその会も解散してしまった。以前は「裕豊会」で語ることのできていた、母の懐かしく良い思い出は、口に出される機会が減っていった。その思い出をもう一度語りたいと思ったのであろう。私の留学を良い機会として、七十年近くも前に住んでいた家を再訪したいと、上海へ母はやってきたのだった。その日は、あいにく雨が降っていたが、楊樹浦という地名、祖父が勤めていた工場が今も中国の紡績工場として稼働していたこと、洋館が残っていたこともあり、すんなり母の昔の住居はみつかった。

洒落た洋館は健在で、レンガ作りの家には今も中国人家族が三世帯住んでいた。小さな庭には背の高い木が生えていて、母が落ちたというアーチ型の窓もしっかり残っていた。

母達が住んでいた楊樹浦にある社宅（2008年当時）
母亲在杨树浦的故居（2008年）

「こんなとこから落ちたのね」と、母にからかって言ってみたものの、この窓から上海の青空を眺めていたであろう、おかっぱ頭の母や中国にいても和服を着て楚々と写真に納まっていた祖母、その傍らでこの家で働いてくれていた中国人の阿媽の笑顔が雨滴の向こうにぼんやりと浮かんだ。

日本と中国は、その後は悲しい歴史をたどることとなった。戦争が始まると母も祖母も日本に引き揚げ、母の面倒をみてくれた阿媽も美味しい炒飯を作ってくれた中国人コックもそれきり、逢えなくなったと聞く。母も祖母も、当時自分達に関わってくれた中国人に、それは感謝をしていた。

そんな話を何度となく聞いていたためか、私は自然に中国へ興味を持つようになっていった。中国語を学び、日中戦争という暗い時代を学ぼうと考えたのは、祖父母と母の上海での体験が基本となっていた。

時を経て七十年たっても、母の家を見つけるまで、根気よくつきあってくれたタクシーの運転手や紡績工場と旧日本人社宅の場所を教えてくれた中国人と話をしながら、母や祖母や祖父も、こうして中国人と語ったり、相手の話を聞こうとしたり、こちらの話をしたりして同じ時間を共有していたのだろうなと思えるのであった。

母達が帰国した後、私は再び南京に戻った。自分の身内がお世話になった国で、勉強させてもらっているという感謝の念が、その後はより一層強くなったのは、いうまでもない。

あれから十年たち、楊樹浦の開発も進み、母の住んでいた洋館も、もうないかもしれない。しかしかの地は、私の中国研究のルーツの場所として永遠に心に刻まれるだろう。

根岸 智代（ねぎし ともよ）
二〇〇七年から二〇〇九年まで南京大学に留学。

根岸智代
2007年至2009年在南京大学留学。

上海·杨树浦

2007年到2009年的两年，我在中国南京留学。留学期间我受到很多来自日本的留学生和中国老师们的照顾。在这里，我想分享一下我在中国的一段经历，这段经历我一直铭记心间，从未忘怀。

留学期间，我的父母来过一次中国，因为上海有一处他们魂牵梦绕的地方。母亲出生于1935年，正值抗日战争爆发的前夕。母亲1岁的时候，因为外祖父工作的关系来到上海，一直生活到7岁。当时外祖父是一家纺织公司的技术员，调任的工厂就在上海杨树浦。

母亲他们生活在日资公司提供的员工宿舍里，虽说多少能感觉到宿舍以外的世界已经逐渐地被卷入战争中，但他们生活得依然很幸福。母亲的记忆里，满是当时在洋房里生活的片段：住在洋房的二楼，从二楼阳台掉下来却平安无事，被一个叫做阿妈的保姆百般宠爱等等。每次问及这些事情，母亲嘴角都会露出幸福的微笑。外祖母在世时也经常跟我讲保姆阿妈对母亲的宠爱。每次母亲恶作剧后，阿妈都会在外祖母要发火的时候跑过去抱起母亲，护着母亲，这也成了外祖母茶余饭后的谈资。

战后，听说同住在员工宿舍同事归国后共同创办了名为“裕丰会”的同窗会。如今，那群人多数都已离世，而同窗会也解散了。那些母亲在“裕丰会”上可以畅谈的美好回忆，被提及的机会也越来越少了。母亲一定很想再一次回味、倾诉那些回忆，想借着我留学的机会再次回到70年前曾居住过的地方，所以母亲来到了上海。那天，天空很不巧飘起了雨。但是因为杨树浦的地名没有变，祖父工作过的工厂如今还是作为纺织厂运作，洋房也被保留了下来，所以很容易就找到了母亲以前的居所。

洋房风姿依旧，砖砌的房子如今住着一个祖孙三代的中国家庭。小小的院子里长出了高高的树，母亲曾从二楼摔下来的那扇弓形窗户也被好好地保留着。

我跟母亲开玩笑说：“你当时就是从这儿摔下去的啊！”而身旁的母亲从窗口望向窗外，望着上海的蓝天。在雨水的尽头我似乎看到照片中娃娃头的母亲、身在中国穿着和服的祖母，还有站在她们旁边曾在这个家里工作的中国姑娘的笑脸。

之后，日中历史进入了黑暗时期。战争爆发后，母亲和外祖母都回国了。

听母亲说，回国之后他们再也没有见过照看母亲的阿妈和会做美味炒饭的厨师。对当时在中国遇到的、接触过的每一个中国人，外祖母和母亲都一直心怀感激之情。

听母亲一遍又一遍地讲她在中国的经历，渐渐地我也对中国产生了兴趣。而外祖父母和母亲在上海的经历让我萌生了学习汉语、学习日中战争那段黑暗历史的想法。

70年后，我和母亲一行又来到了上海，一起寻找曾经的居所。途中我们遇到了耐心陪同的出租车司机和告诉我们纺织厂和原来日本人员工宿舍地址的中国人，我一边和他们交谈，一边想象着那时外祖父母和母亲曾经也是这样和中国人交流，聆听对方的话并作出回应，和他们共有同一份回忆。

母亲一行回国后我又回到了南京。想到亲人曾在这片土地上受到关照，而自己又在这片土地上学习，心中的感恩之情也愈发浓厚。

转眼又是10年，杨树浦的开发不断推进，母亲住过的洋房或许也已不复存在了。但我会永远铭记这片土地，因为它是我开始研究中国的契机。

三等賞

我是二本人?!

大学特任准教授　大上　忠幸（武漢大学）

「ウォ・スー・アーベンレン！」。笑顔と指文字の二とともに、武漢の人の話し方をまね、元気いっぱいにこう言う。これは留学当時、珍しかった武漢滞在の外国人へのお決まりの質問「どこの国の人？」への私の回答だ。文字にしたら「我是二本人！」になろうか。こう言うと、地元の人が「好（ハオ）！」（いいね）と親指を突き出したり、感嘆の声をあげたりして、決まって笑いが起こる。

武漢の方言か訛りか不明だが、武漢人は日本を「アーベン」という。「二本」の発音に近い。日本語でも「日本」と「二本」は同じ発音だ。だから「にほんじん」は「二本人」。戦争で中国を侵略した日本に少し憎しみを込めて、あるいは小馬鹿にしてこういうのだという説を唱える人もいる。しかし、そんなニュアンスがあったとしても私は武漢人に自分のことを「我是二本人」と言って笑いを取る。

「二本人」と言い続ける私と中国は、つくづく「二二に縁があると感じる。

私は武漢大学に二度にわたって留学した。短期一カ月と長期一年、それぞれの留学で劉先生と朱先生という二人の担任に指導を受けた。お二人から二つのことを教わった。一つはもちろん中国語、もう一つは教育者としての姿勢だ。この二つが、社会に出て教育の現場に立ち続ける私を支え続けてくれている。

劉先生は、まだ中国語を学んで四カ月という私が分かるよう、また自信を持って話せるよう、中国語の語彙を私に合わせて選ぶだけでなく、中国語のレベルアップのため、少し上のレベルの語彙や表現をうまく混ぜて話してくださった。さらに聞き上手だった。私の話す身振り手振り、擬音語・擬態語ばかりの拙い中国語に粘り強くお付き合いくださった。

さらに、長期留学中も個人レッスンをご担当いただいていた。ある日、先生はレッスンの時間より早く来られた。寮の私の部屋の隣に少し用があるとのことで、部屋のドアをノックされた。なかなか隣の部屋の学生が出てこない。私がどうしていらっしゃったのか聞くと、何日か連続して授業を休んでいるから激励しに来たとのことだった。休んで勉強できなかったところを補習しに来たのだという。一人のためそんなにまでと、とても感動した。

1993年、列車での交流、隣の席になった方々と
1993年，在火车上与邻座合影

朱先生は、授業が終わってからも、ずっと学生と一緒にいる面倒見の良い先生だった。会話のクラスのご担当だったが、授業が終わってからが本当の会話の授業のようだった。この会話特別クラスは、大学の授業時間よりも何倍も長い授業だった。

また、学生の学びたいという意欲に応え、土曜日の休日を返上してHSK対策の特別クラスもご担当くださった。

さらに、クラスメート一人ひとりをご自宅に招き、長くおしゃべりにお付き合いくださったり、時に泊めてくださったりもした。

劉先生にお会いして語学の教師を志すようになり、朱先生にお会いして教師にとっての大切なことを学んだ。お二人の恩師に私は語学の教師になることをお誓いし、大学院に進み、言語教育について研究した。

留学を終えてからも、何度も第二の故郷、武漢に帰り、お二人の先生を訪ね、激励を受けた。留学中と変わらない温かい笑顔で、とりとめのない私の話を聞いてくださり、包み込んでくださった。毎回、語学教師になる夢について語り、途中経過を報告してきたが、じっくり耳を傾けてくださり、心から応援してくださった。お二人の励ましのおかげで時間はかかったが、私は言語教育の研究で教育学の博士号を取得でき、お二人と同じように、今、大学の教壇に立つことができた。今、私は留学生に日本語を教えたり、日本の学生に中国語を教えたりする仕事をしている。お二人の恩師も大変喜んでくださっている。

私は中国に二度日本語教師として計二年間赴任した女性と結婚し、二人の子どもを授かった。現在三歳と○歳である。日中二カ国語話せる子に育てと、中国語の絵本を中国語と日本語の二言語で読み聞かせている。

「ウォ・スー・アーベンレン！」。二人の子どもにも、武漢人を目の前ににしたら、こう言うよう耳打ちして教えるだろう。

今、中国では大学をランキングし、「一本大学」「二本大学」等というと聞く。「一流大学」「二流大学」といった訳になろうか。今、中国の人が二本人と聞くと、「ランクの低い人」のような印象を受ける人もいるだろう。しかし私は武漢で一流の二人の恩師に学んだ学生として、一流プラス一流という意味で「二本人」だとして使い続けていきたい。

私の日本の恩師は「恩返しの人生を」と常日頃おっしゃっているが、二人の中国の恩師に再び誓いたい。お二人から学んだ中国語は「还给老师」（＝勉強したことを忘れて先生にお返し）いたしません。お二人と同じ教育の道で人材育成に励み、必ず「ご恩」を「还给老师」（＝お返し）してまいります。平和と勝利のVサイン（二本指）と笑顔とともに。

大上 忠幸（おおがみ ただゆき）

創価大学で中国語を専攻。武漢大学に短期（一カ月＝一九九〇年八月）と長期（一年＝一九九三年三月〜）二度留学。姫路獨協大学（修士）、東京学芸大学（博士）の大学院で学ぶ傍ら、小学校や中国帰国者定着促進センター等で日本語を教える仕事に従事。東京家政大学、創価大学、東京富士大学、東京電機大学等の非常勤講師を経て、現在、大東文化大学国際交流センター特任准教授（創価大学・白鷗大学非常勤講師兼務）。

大上忠幸

毕业于创价大学中文专业。在武汉大学分别有过短期（１９９０年８月开始约1个月）和长期（１９９３年３月开始约1年）两次留学经历。姬路独协大学硕士毕业，东京学艺大学博士毕业。研究生学习期间，在小学及中国归国者定居促进中心等地从事日语教育工作。在东京家政大学、创价大学，东京富士大学，东京机电大学等院校担任特别讲师。现任大东文化大学国际交流中心特聘准教授，兼任创价大学、白鸥大学特别讲师。

我是二本人?!

我常常一边带着笑脸，一边做着“二”的手势，模仿武汉人的说话方式，大声地说着“wo・shi・erbenren!”。

我留学那时，武汉的外国人不太多，每次遇到我，人们都会问:“你是哪个国家的?”,“wo・shi・erbenren!”就是我对这个问题的回答。这个答案写成中文就是“我是二本人”。每当我这么回答，当地人就会对着我竖起大拇指，有的人也会感叹几句，之后大家都会哄堂大笑起来。

不知是武汉的方言还是口音，武汉人把日本读作“erben”。“erben”和“二本”的发音近似。不仅如此，在日语中，“日本”和“二本”也发音相同，「日本人」(日语) 就是「二本人」(日语)。听说这么叫是因为在战争年代，日本曾经侵略过中国，把日本读作二本大多带有一些憎恶的意味，甚至还有一些冷眼相待的意思。可无论其中到底有什么样的含义，我都愿意对武汉人说“我是二本人”，以此和大家取乐。

一直说着“二本人”的我，深切地感受到这个“二”将我和中国紧紧地联系在了一起。

我两次来到武汉留学，为期两个月的短期留学和为期一年的长期留学，每次留学，刘老师和朱老师都是我的指导老师。从这两位老师的身上我学到了两点。第一点当然就是中文了，而另一点则是作为一位真正的教育者该有的态度。这两点，一直支持着我步入社会并坚持从事教育事业。

刘老师为了让刚学了四个月中文的我能听懂，为了让我自信地说出中文，在和我说话时，他不仅仅会特意选择一些符合我水平的简单词汇，而且为了让我进步，他会很好地将相对比较难的词汇和表达混合使用。而且老师很会提问，经常问我一些很好回答的问题让我回答。我回答时，常常手舞足蹈，用夹杂着很多拟声拟态词的拙劣的中文，但是每次老师都是十分耐心地听着、关注着我。

刘老师还担任了我长期留学期间的个人指导。有一天，还没到上课时间，刘老师就来了。好像是有点事要找住在我隔壁宿舍的一个学生，老师敲了很久旁边宿舍的门，但是一直没有回应。我问老师来找隔壁宿舍那个学生有什么事，老师和我说是因为那个学生已经休了很长时间的假了，老师想过来鼓励他回去上课，而且想给他补上他落下的课程。刘老师能够为学生做到如此地步，让我十分感动。

朱老师也是一位课下十分关心学生的好老师。朱老师担任我会话课的老师，每次会话课结束的时候，我都有一种现在真正的会话课才开始的感觉。这个特别会话课的时长，感觉要比大学课程长好几倍。

不仅如此，为了满足学生想要学习的意愿，就连周六休息日，朱老师也会来学校给我们补习HSK的特别课程。

有时，朱老师还会招待学生去自己家，陪学生聊天，有时甚至会把学生留在家里住。

与刘老师的相遇，让我立志成为一名外语老师。与朱老师的相遇，教会了我对于一名老师而言最重要的是什么。正是因为两位恩师，我立誓成为一名外语老师，并考取了研究生，做着与语言教育相关的研究。

留学结束后，我也多次回到我的第二故乡—武汉，看望两位老师，接受老师的教诲。他们每次都会带着和我留学期间一样的笑脸，和我闲话家常。每次聊到我想要成为外语老师的梦想时，他们都十分仔细地听着我所汇报的近况，打心底里为我加油鼓劲。正是因为两位老师的鼓励，虽然花了很长的时间，我最终在语言教育研究领域中取得了教育学博士学位。现在，我和两位恩师一样，活跃在教育第一线，从事着教赴日留学生日语、教日本人中文的工作。

我和一名有在中国任教经历的女教师结了婚，她曾两次去中国在那里任教两年。我们现在育有两个小孩，一个3岁，一个还未满1岁。为了能教育出能说中日两国语言的孩子，我们将中国的图画书用中、日两国的语言读给孩子们听。

同时，我也常常教育孩子，在武汉人面前，一定要说“wo・shi・erbenren!”。

现在，中国的大学都喜欢排名次，流行“一本大学”、“二本大学”等说法。“一本大学”、“二本大学”就是“一流大学”、“二流大学”的意思。现在，有的中国人一听到二本人，就会怀有偏见，觉得这个孩子水平不怎么样。但是，我是武汉一流的两位恩师教导出来的学生，“二本人”这个词我想要用一流加上一流来解释和继续使用它。

我在日本的恩师经常念叨着人生需要学会感恩。在这里我想要向我中国的两位恩师起誓，从两位老师那里学到的中文绝不会“还给老师”（学过的东西又还给老师），我将和两位老师一起在教育的道路上，带着代表和平和胜利的V字手势及笑脸，竭力培育人才，把老师给予我的“恩”“还给老师”（回报给老师）。

三等賞

違いを超えて

会社員　小林　陽子（深圳大学）

「なんで日本人は先輩には『さん』をつけるの？　距離を感じる」「なんで日本人は車の通らない横断歩道でも赤なら渡らないの？　ばかみたい」「なんで日本人は……？」

大学二年次と三年次の二年間、日本への留学生とともに寮生活を送った。毎日彼女らからの「なんで日本人は質問」に、だってそういうものだから、だってそれが日本の習慣だから、と私は答えに窮していた。そしていつも日本人が間違っていると言われているようで、責められているような感覚があった。

日中国交正常化三十周年の二〇〇二年三月、深圳大学へ一年間の留学に旅立ち、今度は私が留学生になった。高校時代の中国語の恩師から成績優秀者にといただいた、まだ真新しい辞書とともに香港の地に降り立った。香港から車で大学へ。道路にはヤシ科の木々が連なり亜熱帯に来たことを感じさせた。そのとき抱いたこれからの留学生活への期待や不安。きっと日本への留学生たちもこんな気持ちだったのかと初めて知る思いがした。初日に連れて行ってもらった中華料理店で、なんだかクリーミーな豆腐だな、と思っていた料理が実は豚の脳みそだったことを後から知り、もう何でも来いという感じだった。中国に来て一、二カ月経ち、仲の良い中国人の友達もできた。

「なんで中国人は初対面でも親の年収を聞くの？」「なんで中国人は道路にごみを捨てるの？」「なんで中国人は……？」。ふと気づくと私も「なんで中国人は質問」を毎日のようにぶつけているではないか。そうか、こんな感覚だったのか。責めているわけではない。今まで自分の習慣になかったものを単純に不思議に思うから質問するのだ。直接的な言い回しになるのも、留学生にとって婉曲の表現は難しいからだ。そのときお互いの文化や習慣にもともと優劣や正誤があるわけではなく、その背景を知ることが異文化理解につながるのだと感じた。

中国の寮では部屋の中まで土足で入れるようになっていた。ただ日本人の私にとって靴は玄関で脱ぐのが習慣となっていたので、靴を脱ぐスペースを作り、自分の部屋には新しく絨毯を買って敷いていた。部屋に入る中国人の友達にも寮母さんにも靴を脱いでもらっていた。ここでもふと思い出した。日本の寮でも靴は靴箱にしまい、スリッパに履き替えることになっていた。留学生が土足のまま部屋の中まで行くたびに「ちゃんと脱いでね！」と注意したものだ。なんで靴を脱ぐ、という簡単なことができないのかと不思議だったが、それもそうである。二十数年間土足のまま部屋にあがる習慣だったのにすぐには脱げない。私が土足のまま部屋に入れないのと同じように。気持ちをわからずに本当にごめん。人は同じ立場になってみないとその気持ちはわからないものだと痛感する毎日だった。

2002年、深圳大学運動会で同級生と
2002年，深圳大学运动会留影

留学中、日本語学科の学生と日本語と中国語を教えあう互相（相互）学習をしていた。特にLさんとは、早起きして授業前に朝ご飯を食べながら勉強したり、お互いの日記の文法を直しあったり毎日のように交流した。彼女との触れあいを通して学んだことは、日本人、中国人という前に同じ人間だということだ。当たり前のことかもしれないけれど、微力ながら世界平和のために貢献していきたいと思う私にとって、一番大切なことを学んだと思っている。

留学を終え帰国し、成田空港から母校に向かうまで逆カルチャーショックを受け続けた。最初は新鮮で不思議だった中国の習慣が、すっかり自分の中で普通のことになっていたのだ。

帰国時には手あかでいっぱいになった辞書の裏表紙には王之渙の詩が記されている。恩師が書いてくれたものだ。

「白日依山盡，黄河入海流。欲窮千里目，更上一層楼」（太陽は山の際に寄っていて沈もうとしており、黄河がはるかかなたの海へ流れ込むばかりの勢いで流れている。千里のかなたまでも眺めつくしたいと思って、さらにもう一階上へと登ったのである）。

恩師はどんな思いでこの詩を書いてくれたのか。私は日中友好のためにさらに努力していきなさいという励ましであると捉えている。

数年前、連絡の取れなくなっていたLさんと東京のど真ん中でばったり再会し、驚きと喜びでいっぱいになった。彼女は日本で働きながら大学院に通っているという。その変わりない努力に感服し、刺激を受けた。

今、直接的に日中友好のために携われているわけではないが、異文化に一時身を置いたことのある人間として、どの国の人も同じ人間なのだから、相手を知ることで必ずわかりあえると伝えていきたい。日中両国は近いからこそお互いに悪い部分も見えてしまうのかもしれない。しかし近いからこそいい部分もよく知っているはずだ。なんだか夫婦関係に似ているのではないだろうか。子の面倒をみてくれ、この原稿を書かせてくれた夫にまず感謝を伝えたい。謝謝！

小林 陽子（こばやし ようこ）

中学時代「大地の子」のドラマで聞いた美しい中国語の音に惹かれ、高校の第二外国語で中国語の学習を始める。大学法学部四年次二〇〇二年三月から翌一月まで中国深圳へ留学。二〇〇四年四月からメーカー勤務。

小林阳子

中学时因为电视剧《大地之子》而喜欢上汉语动听的发音。高中时选修汉语作为第二外国语课程，开始正式学习汉语。2002年2月至2003年1月大学法律系四年级在读期间赴深圳留学。2004年起进入制造业企业工作。

小林 陽子

跨越差异

“为什么日本人要对前辈用尊称呢？这样不是很见外吗？”、“为什么日本人过马路时非要等绿灯呢，明明没车经过，这样不傻吗？”、“为什么日本人……？”

大二、大三的两年间，我曾和来自中国的留学生们同住一间宿舍。每天面对她们“为什么日本人？”系列的连环发问，我翻来覆去只会回答“就是这么回事”、“日本的习惯就是这样”。招架不住，几近词穷。更重要的是，自始至终，这些问题在我听来就像是日本人做错了事正遭受责备一样。

2002年3月，正值日中邦交正常化30周年之际，我踏上了赴深圳大学的一年短期留学的旅程。这回，换做我成为了留学生。高中时我有幸受恩师栽培，中文成绩一直优异。带着一本崭新的词典，我乘坐的班机终于降落在了香港机场。换乘大巴之后，我开始向深圳大学进发。沿途放眼望去，椰林绿影绵延不绝，切实让人感受到了亚热带的气息。那一刻，怀抱着对未来留学生活的期待与不安，我忽然想到，那些来日本的中国留学生们当初就是这种心情吧。第一天，我被带去了一家中餐馆吃饭，席间吃到了一种十分细致的食物。我一直以为是豆腐，后来才得知是猪脑。从那一刻开始，我觉得今后在饮食上不会有更大的挑战了。

刚到中国一两个月，我就结交到了很好的中国朋友。

“为什么中国人刚见面就问别人父母的收入呢？”、“为什么中国人会随地乱扔垃圾呢？”、“为什么中国人……？”那段时间，每当遇到不可思议的事情时，我就会自然而然地抛出“为什么中国人”系列问题。对了，当初那些中国留学生们也是这种心情吧。其实我们并没有指责的恶意，只是单纯地觉得匪夷所思，只是作为留学生还不太会婉转地表达自己的困惑，所以话听起来就有些失礼。就在那一刻，我深刻地认识到，文化习俗本身并没有什么优劣正误之分，了解对方特定习俗背后的成因才是跨越文化差异的关键。

在中国，人们没有换鞋进屋的习惯。可对我这个日本人来说，还是习惯在进门后换好鞋再进房间。为此，我在进门处专门辟出一块换鞋的区域，还在自己的房间铺上了新的地毯。从那之后，无论是舍友的朋友，还是宿管阿姨，进我房间之前都会先换鞋。这让我突然想到，在日本我们则是先把鞋收进专门的收纳柜，在进门处换好拖鞋后再进寝室。因此，当时每当有中国留学生不换拖鞋直接进来时，我都会提醒她们“先换拖鞋吧”。我还很奇怪为什么连换鞋这么简单的事情都不记住，这也是文化差异的一个事例吧。

就和我无法认同穿鞋进屋一样，中国留学生们20多年来已养成了不换鞋直接进屋的习惯，这个习惯也不是马上就能改变的。当时我没能体谅她们的习惯，现在觉得真的很过意不去。在中国的那段时光让我领悟到，人如果不换位思考的话就无法真正理解对方的感受。

留学期间，我曾和日语专业的同学们互学互助，我教她们日语，她们帮助我提高中文。印象最深的是L同学，每天早上去教室前我们都会一边吃早饭一边学习，帮助对方修改日记里的语法错误。在与她的相处中，我认识到无论是日本人还是中国人，在人类最基本的感情上是相通的。说些老生常谈的话，立志为世界和平尽一份自己的微薄之力，便是我在留学过程中最大的收获。

学成刚刚归来，尚在从成田机场回母校的途中，我就经受了一阵文化反冲击的洗礼，某些日本的习惯反而让我觉得陌生。而曾经觉得新鲜又不可思议的中国习俗，已在不知不觉间融入了我的血液，变得习以为常。

回国时，原本崭新的词典经过反复的翻阅，纸张已被我的手摩挲得泛灰。词典的内页，一位恩师为我亲笔提下了王之涣的诗。

“白日依山尽，黄河入海流。欲穷千里目，更上一层楼。”

老师当时是抱着什么样的心情写下这首诗的呢？再读此诗时，我读到的是老师对我为日中友好继续努力的寄望。

几年前，我在东京的市中心巧遇了许久没有联系的L同学，惊喜之情溢于言表。得知她正在日本一边工作一边读研后，在佩服她一如既往的努力之余，我也受到了满满的激励。

目前，虽然我没有直接从事与日中交流的有关工作，但作为一个经历过文化差异的人，我想说无论是哪国人，在人类最基本的感情上都是相通的。只要我们用心去了解对方，就能跨越这些差异。日中两国可能正因为距离太近，反而只关注到了对方的缺点。但正因为距离这么近，更应该加深对彼此的了解，就好像夫妻之间的相处之道一样。在此，顺带感谢我的丈夫帮我照看孩子，使得我有时间写这篇文章。谢谢！

三等賞

中国から伝えたい留学

大学生　坂井 華海（復旦大学）

はじめに

私は日本の近現代史を専攻する日本の大学院生。中国語はあまり分からない。そういうと、日本にいる日本人の友人たちからは心配されるし、中国の友人たちからはたくさん質問される。留学する前に予想していたことが、留学してみて現実になると、日本と中国の歴史を研究するとは、確かに〝むつかしい〟ことでもあるけれど、〝おもしろい〟ことでもあると思うに至ったのである。今回は、留学生活が残り一カ月半となった私自身の気持ちの整理の意味も込めて「忘れられない中国留学エピソード」を綴ってみようと思う。

ひとりで飛び込んでみる勇気

二〇一六年十一月、私は写真部の紅葉鑑賞を兼ねた一泊二日の撮影旅行に参加した。中国に来て二カ月、中国語はまだまだ聞くにも話すにも〝おぼつかない〟状態だった私は、コミュニケーション面で大きな不安を抱えたまま一人で集合場所に向かった。そして、バスに乗り込んで更に私の不安をあおったのは、私しか〝外国人〟がいないという状況。移動中、自己紹介やゲーム、楽しそうなおしゃべりが展開されている中、私は緊張と「わからない、どうしよう……もう帰りたい」という気持ちでいっぱいだった。

そんな私の隣に座って、大学に帰り着くまでの旅程をずっとサポートしてくれた学生がいる。彼女は、旅行のリーダーを務めていて、バスの運転手やガイドが話していることやゲームのこと、会話の内容を〝私が理解できる中国語〟で解釈してくれた。撮影のために景観地を歩く時も、ずっとそばにいてくれたし、険しい場所では腕を引いて歩いてくれた。なかなか自分から話題提供ができないでいる私に、色んな質問をなげかけ、気持ちを和ませてくれたことは今でも本当に感謝している。

晩御飯を食べた後、全員で「人狼ゲーム」をした。私がルールを把握して慣れるまでに、どれだけの時間を要したかは分からない。ただ、私が皆と一緒に大笑いできるようになるのに〝学生の夜〟は十分に長かった。翌朝は早くから山に登り、山頂で記念写真を撮影した。中国語の中に浸り、寝不足と登山の疲労で写真に写る私の顔は笑顔ではなかったが、気持ちは清々しく、何とも言えない自信を感じていた。私の留学生活は、確かにこの旅行をきっかけに変化した。言葉が不自由でも、言葉が不自由だからこそ、飛び込んでみる勇気は大切なのだ。

写真部旅行メンバー、山頂にて記念撮影
摄影社团成员旅行时山顶合照

桜の木の下でおもう日本と中国の歴史

二〇一七年三月、私は江蘇省・無錫市で開催された「二〇一七無錫国際花見ウィーク」に上海からの学生訪問団実行委員として開幕式に参列した。無錫の桜は、毎年無錫を訪れる日本人と無錫市政府との協力によって植樹活動が継続されているもので、今年は三十年の節目の年でもある。

私は実行委員として、七十人の日本人と中国人の参加者との連絡、参加パンフレットの「無錫の歴史」の執筆を担当した。大学院で歴史学を専攻している私にとって、日本語と中国語で〝歴史を記す〟という試みは、願ってもないチャンスだったので気合を入れて取り組んだ。しかし、完成した第一稿を中国人の友人に送ってみて、すぐにこのままでは使えないということに気づかされた。満を持して調べて、私なりの〝考慮〟を加えたつもりの文章は、結局のところ〝日本人的〟だったのだ。

友人と相談を重ねて、日本語で読んでも、中国語で読んでも、日本人が読んでも、中国人が読んでも、〝何の違和感も覚えないだろう文章〟を仕上げた。確かに、学生間で目を通すだけの簡易なパンフレットにすぎないし、完成版だけを見れば、誰にでも書ける〝短くて薄っぺらなもの〟に見えるかもしれない。しかし、執筆を担当した私と相談に乗ってくれた友人にとっては、とても意義深い文章なのだ。

　無錫の桜には、先人たちの「二度と同じような戦争を起こしてはならない」という世界平和への祈念、そして「日中友好」の希望が託されている。三十年前に植樹活動が始まった際、その発起人の中には、中国で戦争を経験した日本人もいたという。戦争は国籍を問わず、勝敗を問わず、すべての人につらく悲しい記憶と経験をもたらす。戦争を知らない世代といわれる私たちが、日本人も中国人も一緒になって桜をたのしめる。このことがどれほど尊いことなのか、私は桜の木の下、皆で食べた花見弁当の味と共に噛みしめた。

これから

　冒頭にも書いたように、日本と中国の歴史を研究するとは、〝むつかしい〟ことでもある一方で、〝おもしろい〟ことでもある。日本と中国の関係は、時に良好で時に厳しい状況にある。しかし、国と国の関係が如何なる状況にあっても、私と中国で出会った多くの友人との関係が変わることはない。私の中国の友人たちも同じことを言っている。

　歴史学の大学院生だからこそ見つめることのできる日中の〝過去〟、中国に留学している経験があるからこそ描くことができる日中の〝未来〟。私は帰国後も、この自分の専門と経験を活かして日本と中国をつなぐ存在であり続けたい。

坂井 華海（さかい はなみ）
熊本県出身。九州大学大学院修士課程在籍中。復旦大学留学（二〇一六〜二〇一七年、中国政府奨学金生）。専門、日本近現代史。

坂井华海
出生于熊本县。九州大学研究生院硕士课程在读。留学于复旦大学（2016年至2017年，中国政府奖学金学生）。专业为日本近现代史。

中国留学报告

开篇的话

我是一名日本近现代史专业的研究生，并不太会说中文。说起来，留学之前曾进行过一番设想，日本的朋友会为我担心，中国的朋友会向我提许多问题等。可实际去留学之后，关于日本和中国历史的感触则是，既体会到了其中的“困难”，又感受到了其中的“乐趣”。因此，心思着将只剩下一个半月的留学生活做个总结，提笔写起了这篇《难忘的中国留学故事》。

鼓起勇气融入到群体当中

2016年11月，摄影部举办了赏红叶活动，我们踏上了两天一宿的摄影之旅。来中国已有两个月，可是对自己的中文听说方面都还缺乏自信，内心充满着不安地走向了集合地点。上车之后更让我焦虑的是，旅行团队里竟只有我一个外国人。旅途中，大家自我介绍、玩游戏，开心地进行交谈时，唯独我一个人十分紧张，心里一个劲儿地想着：“什么也不会，这可怎么办……好想回去啊。”

当时有一个同学坐在我旁边，从出发到返回全程都陪伴着我。她是本次旅行的领队。司机、导游说的话，游戏内容以及大家在聊些什么，她都用“我能够理解”的中文为我解释。在景区里拍照的时候，她也从始至终跟在我的左右。走到稍微危险的地方，她还会主动伸手拉着我的胳膊。她看出来我是个不太会找话题聊天的人，便向我主动搭话，照顾着我的心情，直到如今我的内心里还非常感激她。

晚饭过后，大家玩起了“狼人游戏”。我要掌握并熟悉游戏规则，不知道需要花费多长时间。但是，为了能融入大家的欢声笑语中，我尽享了这个漫长的“学生之夜”。第二天一大早我们就开始登山，在山顶大家留下了纪念照。浸泡在中文的环境里，由于睡眠不足以及登山的劳累，照片里的我并没有露出笑容。但当时的我实际上神清气爽，心里面涌起的是一股无法言状的自信。此次旅行，是我留学生活的一个转折点，尽管我的口语不好，但就是因为口语不好，鼓起勇气融入到群体当中才显得更加重要。

樱花树下对日中历史的思考

2017年3月，江苏省无锡市举办了“2017年无锡国际赏樱周”系列活动，我作为上海学生访问团代表出席了开幕式。每年，无锡政府和到访无锡的日本人都会一同在这片土地上栽下樱花树，该活动已经持续了30年。

我作为代表，负责联系70名日中参会者，并负责撰写活动宣传册中的“无锡历史”部分。对于历史专业的研究生来说，能用两国语言撰写“历史”是一个梦寐以求的机会，所以我十分重视，想把这个任务办好。但当我把初稿交给中国朋友时，立刻被退了回来。着急的我对着自己的文章反复思索之后才明白，文章中加入了许多“个人的看法”，用这样的“日本式思维”来书写，是要不得的。

经过和朋友的反复推敲，最后终于完成了一篇朗朗上口并且双语对照，两国朋友都能够满意的文章。这份活动宣传册在普通人眼中也许并没有什么特别，如果只看结果的话，多数人定会认为：这样的水平随便找一个人都能做到。但对于我以及帮助我的朋友来说意义却不同，这是一份汇集了大家的心血才完成的作品。

“绝不允许战争的再次发生”，无锡绽放的樱花，寄托了前人对世界的和平祈祷与日中友好的期望。30年前的活动发起人中，有的是在中国经历过战争的日本人。战争不分国籍、不论胜负，带给所有人的是痛苦的记忆与无尽的悲伤。我们这一代虽然没有经历过战争，却能够站在前人栽下的樱花树下感受历史的那一页。这份崇高来之不易，在樱花树下，与众人享用着赏樱便当的同时，我也思考着那其中的深意。

从今以后

正如开篇所说的那样，日中历史的研究既让我体验到了“困难”，也让我品尝到了“乐趣”。日中关系想必也是如此，时而浪起，时而风平。但不管国与国的关系如何，我与中国朋友之间结下的友谊永远不会改变。我的中国朋友们，也对我说过同样的话。

正因为我是一名历史学专业的研究生，才能有机会关注到日中“过去”的故事；正因为我有在中国留学的经历，才有勇气去描绘日中“未来”的美好蓝图。回国后，我将把自己的专业和经历结合起来，成为情系日中两国的纽带。

特別掲載

老人留学日記

国際交流協会会員　幾田　宏（雲南大学他、故人）

幾田宏さんは二〇一六年七月、八十九歳で亡くなられた。生前は東京都にお住まいで、一九九二年からは約十年間、毎年夏に中国の大学（計九校）に若者とともに短期留学をしていたという。

本稿は「この度の募集は、夫が生きていたら、きっと投稿したことと思う。遺品に面白い日記を見つけたので、本人に代わりその一部を投稿したい」と妻の保子さんより送られた作品。ここに故人のご冥福をお祈りするとともに、作品を特別掲載させていただく。

一九九六年七月二十九日（七十歳）

雲南大学宿舎近くの文具店へ万年筆を買いに行った店の奥で、外国人が大きな地球儀の荷造りに悪戦苦闘しているのを見兼ね手伝ってあげた。聞けば帰途が同じなので菜館（料理屋）で夕食を共にした。彼は酒も煙草もやらない真面目な青年で、国籍は米国、中国東北地区で十年、今は雲南大学で民俗学を専攻しているとの事。宿舎も偶然同じでそのまま小生の部屋で話し込んだ。

彼の妻はタイ族で、今は西双版納《シーサンバンナ》の生家に帰省しているが「いずれ紹介するから」と、写真を見せてくれた。中国語が堪能な彼が話す日本語は「こんにちは、さようなら、有難う」と簡単な程度、小生の英語もその程度、そんな二人が小生の拙い中国語でコミュニケーションできる事が何となく嬉しかった。言葉の修得はこの歳になると難しいが、便利で楽しいものだ。日付が変わるまで、地図と写真を広げひとしきり話し込んだ。

後日、彼は夫婦で時々、小生の部屋に遊びに来て食事を共にした。小生が研修旅行で、西双版納へ行くと聞き「是非、妻の生家を訪ねてほしい。客人をとても喜ぶから」と、写真の裏に住所と名前、詳細な地図と紹介状（クネクネしたタイ語の手紙）を書いてくれた。他の留学生達とは別行動で、小生は地図と写真を頼りに景洪からバスに乗り半日がかりで、何とか曼烈村の彼女の生家に辿り着いた。紹介状を携えて、突然に現れた異邦人にお母さんは驚いていたが、快くもてなしてくれた。そして娘からの手紙を読んで涙ぐんでいた。二時間程滞在し、写真を撮ったり、タイ語の挨拶や言葉等を教わり、美味しい料理まで頂き、曼烈村を後にした。

八月四日
昆明に着いて一週間、肉体も二千メートルの高地にやっと順応してきたようだ。昨夜、暑さの中を二万歩も歩いたのにそれ程疲れも残っていない。
「順城街」という通りに惹かれ入ってみた。売り子の可愛い娘さんに勧められ焼きたてのレーズン入りのパンとスポンジケーキの様な物を買った。パンは適度な甘さで本当に美味しかった。体調を崩している仲間に差し入れたら、たいそう喜んで、その店を教えてほしいと言われた。

1996年、雲南石林からの帰途。水牛におびえながら
1996年，云南石林，被水牛惊吓后留影

八月五日
ひと休みして宿題にとりかかったが、これが難題。「女性が結婚後も仕事を続けた方がいいか、家事に専念した方がいいか、考えをまとめて発表せよ」と。「どちらもした方が良い」というのが小生の意見であるが、我語学力では一日中考えてもまとまらず、何とか発表はしたが最後は支離滅裂、先生の質問にも答えられなかった。

八月二十二日
最後の授業の日。宿舎裏の散髪屋に行った。タオルを首に巻きハサミは使わずバリカンと櫛だけで十分間足らず、洗髪はせず料金は五元。帰りに八百屋で胡瓜を四本買った。宿舎へ戻り早速、洗髪。そして、胡瓜を刻み醤油とだしの素、乾燥ワカメで、即席の胡瓜漬を作り昼食に出したら、日本を離れて一カ月、日本食の味を忘れかけていた為、大好評だった。夕食後、留学仲間の女子大生が皆に哈密瓜《はみうり》（フユメロンの一品種）を一切れ差し入れてくれた。親の脛をかじっている若者もいる中、彼女は留学費用もアルバイトをして準備したと言う。その大切なお金で哈密瓜を買い皆に配る等という心遣いに感心した。

中国留学中に再会した諸先生

《A先生＝四年ぶりの再会》 小生が、自宅近所の公園で、中国語の本を読んでいた時に話しかけてこられたのが、日本の消防大学に留学中のA先生だった。日本語や書にも堪能で真面目な人柄、日本が大好きで我が家に遊びに来られた時には、大きな声で「富士山」の歌を歌われた。小生が「中央民族大学」留学中には、三時間かけて会いに来て下さった。

《北京師範大学・B先生他三人＝十年ぶりの再会》 最後の中国留学を終え、一年目と二年目の留学時にお世話になった先生方とご家族を夕食に招待した。先生のお子さん達も大学生になり、見事な歌で迎えてくれた。小生の中国語の挨拶が面白かったらしく、皆で大笑いしている写真がある。日中の歌謡曲を歌い、小生と妻は中国青海民謡「草原情歌」を披露し、和やかなひと時を過ごした。

《吉林大学・C先生＝四年ぶりの再会》 日本国際交流協会で知り合ったC先生親子に、小生は日本語指導のボランティアをしていた。留学中の「東北師範大学」にまで迎えに来て下さり、自宅に招待された。日本の小学校の運動会で一等をとった少女は聡明な娘さんになり「結婚する時はお知らせします」とサインをしてくれた。

《北京大学・D先生＝四年ぶりの再会》 小生宅近くの郵便局で知り合ったD先生からは、語り尽くせない程の多くの知識や夢を頂き感謝している。著書の中に、我々夫婦との交流を記して下さった。北京空港での別れの時を忘れる事はできない。謝謝。

（原文ママ）

幾田 宏（いくた ひろむ）
日中留学協会 夏休み短期グループ研修会会員。国際交流協会会員。その他にも、四川大学、ウイグル大学に留学経験あり。二〇一六年七月、永眠（八十九歳）。
代筆 妻 幾田保子（いくた やすこ、八十七歳）。

幾田 宏

老人留学日记

几田宏先生于2016年7月去世，享年89岁。生前居住在东京，1992年起大约十年间，每年夏天都与年轻人一同赴中国的大学（共计9所学校）短期留学。

本文由先生的夫人几田保子寄送，夫人说道："如果丈夫还在世的的话，一定会积极响应此次征文活动。在丈夫的遗物中发现了一些有趣的日记，代替他本人将其中的一部分投稿应征。"本社在此也对几田先生的仙逝表示沉痛的悼念，将这篇文章特别刊载。

1996年7月29日（70岁）

寻思着去云南大学附近的文具店买支钢笔，瞧见店内有一个外国人在十分吃力地打包一个硕大的地球仪，我便走上前去给他搭了把手。经过一番询问，才知道两人目的地相同，于是找了个菜馆，共进了晚餐。他是个烟酒不沾的好青年，来自美国，在中国东北生活过10年，现在在云南大学研究民俗学。碰巧我俩的宿舍又在一栋楼，便邀请他到了我屋里继续聊了起来。

他的妻子是傣族人，近来回了西双版纳的娘家。说话时还递给我看了照片，说要给我好好介绍。他的中文流利，但是说起日语来，只会"你好、再见、谢谢"等，跟我的英语水平半斤八两。就是这样的两个人，用中文能够聊起天来，当时的心中别说有多么高兴了。这把年纪，学习语言虽然艰难，但想学的话也是十分方便、充满乐趣的。我们摆弄着地图，传阅着照片，不知不觉竟聊了个通宵达旦。

后来，他们夫妇两人经常到我屋里来玩，一起吃饭。听闻我要去西双版纳做研修旅行，他便对我说："一定要去我妻子的娘家看看，他们十分热情好客。"说着便在照片的背面将地址和姓名等写了上去，并给我画了地图，写了一封介绍信（用弯弯曲曲的傣族语写的）。与其他的留学生分头行动后，拿着地图和照片，我驱车从景洪出发，半小时后到达了曼烈村，这里就是他妻子的娘家。当我把介绍信递过去时，他妻子的老母亲着实被眼前这个外国人吓了一跳，但很快便热情地款待了我。边读着女儿的来信，老母亲也忍不住流下了泪水。我在那儿停留了两小时，拍摄了美丽的照片，学习了傣族的语言和问候，享用了美味的佳肴之后离开了曼烈村。

8月4日

抵达昆明一周后，身体总算渐渐适应了海拔2千多米的高原环境。昨天在酷暑中行走了2万多步也没有感到特别疲惫。

被一条名叫“顺城街”的小道吸引，忍不住进去逛了逛。卖东西的姑娘好是俊俏，给我推销了刚出炉的葡萄干面包和酥软小蛋糕。买了一些尝了尝，甜度恰到好处，确实符合我的胃口。给最近身体欠佳的朋友捎去了些，朋友也十分高兴，还问我是在哪里买的。

8月5日

今天在家休息，我便开始琢磨老师给我留的作业。“女人结婚后是继续工作好，还是专注家务好，概括一下自己的意见并且进行发表”这个题目真是把我给难住了。我的回答是：“工作和家务最好能够兼顾”。但苦于我的中文水平有限，绞尽脑汁了一天也没能把自己的看法总结好，勉勉强强做了个发表，最后连老师提的问题也没能回答上来。

8月22日

学期末最后一天。去宿舍后面的理发店理了个头。理发师在我脖子上搭了一块毛巾，没用剪刀，光用推子和梳子不到10分钟就给我理好了，也不给洗洗头，费用是5元。回去的路上在菜市买了4根黄瓜，回到宿舍后第一件事当然是洗头。然后又把黄瓜切好撒上酱油和料酒、还有晒干的裙带菜等等做了一道腌黄瓜。中午饭的时候把这道菜端出来，因为大伙离开日本快一个月了，看到久违的“日本味道”，人人都竖起了大拇指。晚饭后，一同来留学的女大学生给我们每人送上了一块哈密瓜。在这个啃老的年代，听她说自己的学费都是打工攒下来的。享用着她的辛苦钱给大家买来的哈密瓜，心中也被女孩的这份心意所感动。

在华留学期间与各位老师的再会
（时隔四年，与A老师重逢）

在我家附近的公园里看书的时候，A老师上前跟我打招呼，那时候A老师在日本的消防大学留学。他精通日语和书法，喜欢日本。记得来我家做客的时候，还高声吟唱了一曲《富士山》。我在中央民族大学留学的时候，A老师特意花了3个小时前来看我。

（时隔十年，与北京师范大学的B老师等四位老师重逢）

在留学生活的最后，我招待了在留学前两年关照过我的老师和他们的亲属，邀请他们到家里共进晚餐。老师的孩子们也读大学了，将曼妙的歌曲送给了大家。我的中文寒暄貌似有些滑稽，引得大家哄堂大笑。这一美好的瞬间也被照片记录了下来。饭后茶余，诸位尽兴地唱起了两国的歌谣，我与妻子献上了一首青海民谣《草原情歌》，与大家一同度过了温馨美好的时光。

（时隔四年，与吉林大学的C老师重逢）

我曾经担任日语教学的志愿者，与C老师父女二人在日本国际交流会上相识。在东北师范大学留学时，曾受他们的接待，并邀请我去家里做客。女孩在日本的小学参加运动会曾获得一等奖，现在已经长大成了一个聪明伶俐的姑娘。离别的时候还对我说她结婚的时候要通知我。

（时隔四年，与北京大学的D老师重逢）

与D老师相识于自家附近的邮局，他给我分享过数之不尽的知识，带给了我美好的梦想，为此我一直都对他充满感激。他还把与我们夫妇二人的交流写进了他的书里。在北京机场离别时的情景我会永远铭记。谢谢。

几田宏

日中留学协会暑期短期留学小组研修会会员，国际交流协会会员。曾留学于四川大学，新疆大学等。2016年7月去世，享年89岁。
本文由其妻子几田保子（87岁）代笔完成。

後書と謝辞／后记与谢辞

日本僑報社代表　段躍中

日本僑報社は、日中国交正常化四十五周年の節目の年に当たる二〇一七年、これを記念して、中国留学経験者を対象とした第一回「忘れられない中国留学エピソード」コンクールを開催しました。

中国政府の発表によると、中国は一九六二年から日本人留学生を受け入れており、これまでに累計約二十三万人（うち中国政府奨学金を受けた留学生は計七千人余り）に上るそうです。

また二〇一五年時点で、中国国内で学ぶ日本人留学生は一万四千八十五人を数え、これは世界二百二カ国・地域にわたる計三十九万八千人の日本人留学生のうち、国・地域別で第七位という上位にランクされています。

駐日中国大使館が二〇一五年、二〇一六年と二年にわたり、中国に留学した日本人卒業生を対象にした交流会を開催したところ、卒業生たちがそれぞれに留学の思い出話に花を咲かせ、大いに盛り上がったといいます。

そこで、二十三万の中国留学経験者の一人ひとりが必ず持っているだろう「忘れられない中国留学エピソード」を全国から募集しました。留学時代のとっておきのエピソード――中国との出合い、恩師とクラスメートなどとの思い出をはじめ、現在の中国とのかかわり、知る人ぞ知る中国の魅力、そしてこれからの日中関係にプラスになるような提言といった、国交正常化四十五周年を記念するにふさわしい幅広い内容のオリジナリティーあふれる作品を、と呼びかけたのです。

応募作は、厳正な審査の上で国交正常化四十五周年に合わせて原則として四十五作品を入選作として選びました。いずれもかけがえのない留学体験に基づいた力作、秀作ぞろいで甲乙つけがたく、選考にあたっては主催者側の審査員たちも大いに頭を悩ませました。その中でも上位に選ばれた作品は、（一）「忘れられない中国留学エピソード」というタイトルにふさわしく、具体的かつ印象的なエピソードが記されていた（二）テーマ性、メッセージ性がはっきりしていた（三）独自の中国留学体験から、読む者に勇気や希望、感動を与えてくれた――などの点が高く評価されました。

これらは経験者以外あまり知られていない中国留学の楽しさ、つらさ、意義深さ、そして中国の知られざる魅力などを紹介するユニークな作品の数々です。これをより多くの方々、特に若い世代の皆さんに伝えたいと思い、一冊の作品集としてまとめて小社から刊行する運びとなりました。

受賞者名簿などは付録①～④（募集要項、応募集計結果、受賞者名簿、中国語翻訳者名簿）をご参照ください。

主催者にとっては、中国留学に関する作品の初めての募集となりました。また募集発表から応募締切まで約四十五日間ときわめて短期間であったにもかかわらず、応募総数は延べ九十三本、留学先の大学・学校は延べ五十二校で中国のほぼ全土にわたる多様さを誇ることが明らかとなりました。たくさんのご応募、誠にありがとうございました！

駐日中国大使館にはご後援をいただいたほか、一等賞の受賞者十名に対し、副賞として中国大使館主催の中国旅行にご招待いただきました。

とりわけ程永華大使には、本コンクールに格別のご理解を賜り、この受賞作品集に対して素晴らしい「序文」をお寄せいただきました。程永華大使をはじめ中国大使館関係者の皆様には、心より感謝申し上げます。

中国教育部のご支援にも心より御礼を申し上げます。また、福田康夫元首相からも本作品集に対し、心に残る素晴らしい「序文」をお寄せいただきました。ここに改めて厚く御礼を申し上げます。

近藤昭一衆議院議員、西田実仁参議院議員は大変お忙しい中、ご寄稿くださいました。心より御礼を申し上げます。

ご後援をいただいた、公益財団法人日中友好会館、一般財団法人日中文化交流協会、日中友好議員連盟、公益社団法人日中友好協会、一般社団法人日中協会、日本国際貿易促進協会、一般財団法人日中経済協会（順不同）の日中友好七団体の皆様にも、深く感謝を申し上げます。各団体の皆様には、それぞれの機関紙（誌）、会報などの媒体を通じて、本コンクールの開催を広く告知し、大いに盛り上げていただきました。

マスコミ各社のご協力にも厚く御礼を申し上げます。本活動については毎日新聞、読売新聞など全国大手紙をはじめ、東京新聞などブロック紙、地方紙、新文化や読書人など業界紙、中国の新華社などにより計18件もの報道をしていただきました。最後になりますが、ご応募くださった皆様にも改めて御礼を申し上げます。募集を始めてから、予想以上に多くの問い合わせもいただきました。短期募集であったため「思い出の整理ができない」という方、「今年は間に合わなかったが、来年は書きたい」という方、「自分の子や孫に中国留学をしてもらいたい」という方、「留学経験者の集いに参加したい」という方など。そうした様々な声からは、中国や中国留学への温かな気持ちが強く感じられました。

そして予想以上に多くの作品が寄せられ、主催者側は、率直かつ深い思いが込められた、また前向きで建設的な意見が綴られたそれぞれの留学エピソードに深くうなずき、感動を覚えるとともに励まされる思いがしました。

この作品集は一層の日中相互理解に役立つものと確信し、中国側読者も考慮して日中二カ国語版として刊行することになりました。

日本と中国の関係においては、今年の国交正常化四十五周年、来年の平和友好条約四十周年の重要な機会を生かして、一層の関係改善を図ろうとする期待が高まっています。

こうした中で、本事業が微力ながら、日中両国の相互理解と文化・教育交流の促進に役立つものとなることを願ってやみません。

まだまだ至らぬ点もありますが、さらなる努力を重ね目標を実現してまいりたいと存じます。引き続き、ご支援、ご協力のほどよろしくお願い申し上げます。

二〇一七年十一月吉日

日本侨报社代表　段　跃中

后记与谢辞

据了解，自１９７９中日两国政府间留学生交流恢复以来，累计有23万日本人留学中国，来日本留学的中国人则超过１００万。他们在各个领域为中日两国的友好和交流合作发挥了积极的作用。

２０１５年和２０１６年，驻日中国大使馆连续两年举办了日本赴华留学生交流会。从中国留学回来的朋友们欢聚一堂，回顾留学时代的美好经历，畅谈中日友好的未来，现场氛围热情高涨，很受感染。受此启发，为纪念２０１７中日邦交正常化45周年，日本侨报社以留华生为对象，举办了首届以〝难忘的中国留学故事〟为主题的征文活动。虽是首次举办，且时间十分仓促，却得到留华生朋友们的积极响应。从征集启事发布到征稿时间结束，短短45天里就收到了93篇应征文章。投稿者中既有已经退休的老人，也有仍在中国留学的青年学生；既有经济界人士，也有知名的国会议员。他们曾经留学过的52所大学，遍布中国各地。文章的内容更是丰富多彩——有的记录了因留学与中国的相遇结缘、与中国恩师和同学的交流、与当今中国的联系，有的讲述了结识的朋友与感受到的中国魅力，还有的提出了关于日中关系发展的积极建议。

经过严格的评审，取纪念中日邦交正常化45周年之意，评选出45篇优秀作品。这些优秀作品主要具备以下三个特征：一是符合〝难忘的中国留学故事〟征文主题，形象具体地介绍了各自的留学故事。二是独特的留华体验，能够带给读者感动、勇气与希望。

为了能让更多的人们分享留华朋友们在中国留学生活的喜怒哀乐和尚未被人所知的中国魅力，日本侨报社特将这些获奖优秀作品结集出版。在此对参与征文活动的各位表示感谢！

本次征文活动，得到中国驻日大使馆、中国教育部以及日本日中友好会馆、日中文化交流协会、日中友好议员联盟、日中友好协会、日中协会、日本国际贸易促进协会和日中经济协会等机构和团体的大力支持。特别是中国大使馆为10名一等奖获得者提供了赴华短期访问的副奖，中国教育部为文集翻译成中文提供了重要的帮助。更让我们十分感动的是程永华大使和福田康夫前首相还专门为《难忘的中国留学故事》一书提笔作序。在此谨向程永华大使和福田康夫前首相，向中国教育部和中国大使馆以及日本方面各支持团体表示衷心的感谢！

日本众议院议员近藤昭一先生、参议院议员西田实仁先生在百忙中特别撰写了各自的留学故事，在此一并表示感谢！

还要特别感谢每日新闻、读卖新闻、东京新闻和新华社等日中两国著名媒体对本次征文活动给予的热情报道。

通过这次征文及编辑出版，日本侨报社收获了许多积极且富有建设性的意见，感动的同时也感到深受鼓舞。有的朋友反映〝留学经历的太多，２０００字难以讲清自己的留学故事〞，有的朋友苦恼〝今年已经赶不上，希望明年应征〞，有的朋友谈到〝想让自己的子孙去中国留学〞，还有的朋友表示〝想要加入到留学经验者的队伍中〞等等。这些亲切真诚的声音，让我们深刻地感受到了各位对中国以及中国留学的满腔热情。

为便于中日读者阅读，本次征文作品文集以中日双语对照版形式出版。希望这部文集能够为促进中日两国人民的相互理解起到良好的作用。

明年是中日和平友好条约缔结40周年，我们热切期待两国的关系能够得到进一步的改善和发展，中日友好事业取得更加显著的成果。

限于水平，本次征文活动和作品集的编辑出版还有很多不周之处，还请各位多多批评指正。我们将继续努力，为促进中日两国的相互理解，加深文化、教育领域的交流作出更大贡献。衷心期望各位能够一如既往地提供支持和协助。

再次感谢大家！

２０１７年11月吉日

付録① 募集要項

内　容　忘れられない中国留学エピソード
※中国留学の思い出、帰国後の中国とのかかわり、近況報告、中国の魅力、今後の日中関係への提言など。中国留学の忘れられない思い出に触れつつもテーマ性を明確にしてください。
主　催　日本僑報社
後　援　駐日中国大使館
（公財）日中友好会館、（一財）日中文化交流協会、日中友好議員連盟、（公社）日中友好協会、（一社）日中協会、日本国際貿易促進協会、（一財）日中経済協会
対　象　中国留学経験者
※原則として日本人。現役留学生可。
入賞数　四十五名（作品）
文字数　四百字詰め原稿用紙五枚（二千字）＋掲載用略歴二百字以内
写　真　留学時の思い出の写真、筆者の近影　計二枚
特　典　入選作品は単行本として日本僑報社から刊行。
※入選作品から、一等賞十本、二等賞十五本、三等賞二十本を選出。
一等賞の受賞者は中国大使館主催の中国旅行に招待。
二等賞と三等賞の受賞者にはそれぞれ二万円相当と一万円相当の日本僑報社の書籍を贈呈。
応募期間　五月八日（月）～三十一日（水）
入選発表　六月三十日（金）

付録② 応募集計結果

応募期間は、5月8日（月）～31日（水）までの3週間余り。

集計の結果、応募総数は延べ93本（以下いずれも延べ数）。留学先の大学・学校は延べ52校で中国のほぼ全土にわたる多様さを誇りました。

男女別では男性45人、女性48人。年代別では20代から80代までと幅広い年齢層に及びました。

国・地域別では北海道から九州地方まで日本各地にわたったほか、中国各地・アメリカ在住者からの応募もありました。

中国留学先で多かったのは、北京市54人、上海市20人、

また遼寧省7人、陝西省6人など。ほかに香港・台湾留学経験者からの応募もあり、バラエティー豊かな力作がそろいました。

「中国留学エピソード」応募者の留学先大学の統計は、以下の通り（複数回答あり、いずれも延べ数。短期留学及び在学中を含む）。

■［華北］

北京市（延べ54人、延べ14校、順不同）

北京大学（13人）、北京外国語大学・元北京外国語学院（4人）、北京語言大学・元北京語言学院・元北京語言文化大学（17人）、中央戯劇学院（2人）、北京林業大学（1人）、清華大学（3人）、首都師範大学・元北京師範学院（4人）、中央民族大学（1人）、北京師範大学（2人）、北京理工大学（1人）、北京電影学院（3人）、中国人民大学（1人）、語学学校（1人）、北京聯合大学（1人）

天津市（2人、1校）南開大学（1人）、不明（1人）

山西省（3人、2校）太原師範学院（1人）、山西大学（2人）

■［東北］

遼寧省（7人、5校）

大連外国語大学・元大連外国語学院（1人）、大連理工大学（1人）、渤海大学（2人）、遼寧大学（2人）、遼寧師範大学（1人）

吉林省（2人、2校）東北師範大学（1人）、長春師範大学・元長春師範学院（1人）

黒龍江省（1人、1校）黒龍江大学（1人）

■［華東］

上海市（20人、9校）

上海外国語大学・元上海外国語学院（5人）、上海外国語大学付属外国語学校（1人）、上海交通大学（1人）、華東師範大学（4人）、復旦大学（5人）、同済大学（1人）、上海師範大学（1人）、上海大学（1人）、上海対外経貿大学（1人）

江蘇省（1人、1校）南京大学（1人）

浙江省（2人、2校）浙江大学（1人）、中国美術学院（1人）

江西省（1人、1校）江西師範大学（1人）

■［華中］

湖北省（3人、2校）武漢大学（2人）、華中師範大学（1人）

■［華南］
広東省（2人、2校）深圳大学（1人）、中山大学（1人）

■［西南］
重慶市（1人、1校）重慶大学（1人）
四川省（3人、2校）四川大学（1人）、四川師範大学（2人）
雲南省（1人、1校）雲南大学（1人）

■［西北］
陝西省（6人、3校）
陝西師範大学（4人）、西北大学（1人）、西安交通大学（1人）
新疆ウイグル自治区（1人、1校）新疆大学（1人）

■香港（3人、2校）香港中文大学（2人）、香港大学（1人）

■台湾（1人）

国・地域（都道府県）別（執筆時）

■日　本……77人
北海道地方　1人（北海道1人）
関東地方　49人（茨城県3人、栃木県1人、埼玉県11人、東京都26人、神奈川県8人）
中部地方　13人（福井県1人、長野県2人、岐阜県2人、愛知県8人）
近畿地方　11人（三重県1人、大阪府8人、兵庫県2人）
中国地方　2人（岡山県1人、広島県1人）
九州地方　1人（福岡県1人）

■中　国……15人

■アメリカ……1人

付録③ 受賞者名簿

日本僑報社は7月3日、厳正な審査の結果、次の通り各賞受賞者を決定しました。

（氏名、居住地＝執筆時、留学先大学）

［一等賞］（10名）
①堀川英嗣（中国山西省、太原師範学院）
②五十木正（東京都、北京大学）

③中村紀子（中国湖北省、北京外国語学院）
④小林雄河（中国陝西省、陝西師範大学）
⑤山本勝巳（愛知県、中央戯劇学院）
⑥高久保豊（埼玉県、北京大学）
⑦岩佐敬昭（東京都、北京大学）
⑧西田　聡（中国北京市、北京語言大学）
⑨市川真也（東京都、北京大学）
⑩宮川　咲（神奈川県、上海外国語大学）

【二等賞】（15名）

⑪林　訑孝（東京都、四川大学）
⑫千葉　明（米国ロサンゼルス、北京大学）
⑬鶴田　惇（茨城県、北京林業大学）
⑭林　斌（神奈川県、山西大学）
⑮小林美佳（埼玉県、上海外国語学院ほか）
⑯山口真弓（埼玉県、首都師範大学）
⑰伊坂安由（東京都、重慶大学）
⑱高橋　豪（東京都、北京大学）
⑲吉田咲紀（埼玉県、武漢大学ほか）
⑳細井　靖（神奈川県、北京語言学院ほか）
㉑浅野泰之（中国浙江省、首都師範大学ほか）
㉒宇田幸代（東京都、北京師範大学ほか）
㉓瀬野清水（埼玉県、北京語言学院ほか）
㉔田中信子（中国遼寧省、渤海大学）
㉕桑山皓子（岡山県、上海交通大学）

【三等賞】（20名）

㉖廣田　智（東京都、北京語言学院）
㉗岩本公夫（大阪府、北京語言学院ほか）
㉘稲垣里穂（岐阜県、華東師範大学ほか）
㉙井上正順（東京都、北京語言大学）
㉚平藤香織（神奈川県、北京師範大学ほか）
㉛畠山絵里香（中国四川省、華東師範大学ほか）
㉜矢部秀一（東京都、北京語言学院）
㉝吉永英未（中国上海市、復旦大学）
㉞平岡正史（中国浙江省、浙江大学）
㉟池之内美保（大阪府、北京外国語学院）
㊱石川博規（愛知県、清華大学）
㊲井本智恵（東京都、大連外国語学院）
㊳中根　篤（東京都、華東師範大学）
㊴宮脇紗耶（広島県、西安交通大学ほか）
㊵遠藤英湖（東京都、北京語言大学）

㊶塚田麻美（愛知県、新疆大学）
㊷根岸智代（大阪府、南京大学）
㊸大上忠幸（埼玉県、武漢大学）
㊹小林陽子（東京都、深圳大学）
㊺坂井華海（中国上海市、復旦大学）

付録④　中国語翻訳者名簿

中国語翻訳に当たっては、次の皆さんに担当していただきました（それぞれ担当した作文の番号は付録③参照。敬称略）。

謝林（福田元首相の序文、③、④、⑤、⑥、㉓、㉔、㉝、㊺、特別掲載の原稿）、郭可純（⑫、⑬、⑮、⑯、⑰、⑲、⑳）、張凡（近藤議員、西田議員の特別寄稿、㉒、㊹）、董旻（①、②、⑨、⑩）、李坤（⑦、⑧、⑪）、朱杭珈（㉑、㊷）、黄倩榕（㉕、㊶）、張君恵（③）、方淑芬（⑥）、羅暁蘭（⑭）、高橋豪（⑱）、呉婷婷（㉔）、周姍姍（㉓）、袁亜蘭（㉖）、伏瑶（㉗）、劉可（㉘）、杜文博（㉙）、王瑛迎（㉚）、陳思雨（㉛）、李美（㉜）、張晶（㉞）、劉偉欣（㉟）、李琢斐（㊱）、鄒嘉懿（㊲）、郭良超（㊳）、王華娟（㊴）、葛路遙（㊵）、雷雲恵（㊸）

中国大使館教育処の皆様、湖南大学の張佩霞教授、中国伝媒大学の趙新利副教授、北京第二外国語大学の韓福艶さんにもご協力いただきました。また、段躍中と謝林さん、郭可純さんはすべての訳文を校正しました。

皆様のご協力に心から感謝いたします。

編者略歴

段 躍中（だん やくちゅう）

日本僑報社代表、日中交流研究所所長。

1958年中国湖南省生まれ。有力紙「中国青年報」記者・編集者などを経て、1991年に来日。2000年新潟大学大学院で博士号を取得。

1996年日本僑報社を創立。以来、書籍出版をはじめ、日中交流に尽力している。

2005年から日中作文コンクールを主催。2007年8月に「星期日漢語角」（日曜中国語サロン）、2008年9月に出版翻訳のプロを養成する日中翻訳学院を創設。

1999年と2009年の2度にわたり中国国務院の招待を受け、建国50周年・60周年の国慶節慶祝行事に参列。

2008年小島康誉国際貢献賞、倉石賞を受賞。2009年日本外務大臣表彰受賞。

北京大学客員研究員、湖南大学客員教授、立教大学特任研究員などを兼任。

主な著書に『現代中国人の日本留学』『日本の中国語メディア研究』など多数。

詳細：http://my.duan.jp/

The Duan Press

日中対訳

忘れられない中国留学エピソード　　难忘的中国留学故事

2017年12月28日　初版第1刷発行

2018年 1 月22日　初版第2刷発行

著　者　近藤昭一・西田実仁など48人

編　者　段 躍中（だん やくちゅう）

発行者　段 景子

発売所　日本僑報社

〒171-0021 東京都豊島区西池袋3-17-15

TEL03-5956-2808　FAX03-5956-2809

info@duan.jp

http://jp.duan.jp

中国研究書店 http://duan.jp

Printed in Japan.

ISBN 978-4-86185-243-5

中国人の日本語作文コンクール受賞作品集

①日中友好への提言2005　段躍中編
②壁を取り除きたい　段躍中編
③国という枠を越えて　段躍中編
④私の知っている日本人　段躍中編
⑤中国への日本人の貢献　段躍中編
⑥メイドインジャパンと中国人の生活　段躍中編
⑦甦る日本！今こそ示す日本の底力　段躍中編
⑧中国人がいつも大声で喋るのはなんでなのか？　段躍中編
⑨中国人の心を動かした「日本力」　段躍中編
⑩「御宅」と呼ばれても　段躍中編
⑪なんでそうなるの？　段躍中編
⑫訪日中国人「爆買い」以外にできること　段躍中編
⑬日本人に伝えたい中国の新しい魅力　段躍中編

習近平主席が提唱する新しい経済圏構想「一帯一路」詳説　王義桅

中国政治経済史論　毛沢東時代　胡鞍鋼

SUPER CHINA〜超大国中国の未来予測〜　胡鞍鋼

中国の百年目標を実現する第13次五カ年計画　胡鞍鋼

中国のグリーン・ニューディール　胡鞍鋼

中国の発展の道と中国共産党　胡鞍鋼他

日本人論説委員が見つめ続けた激動中国　加藤直人

日本人の中国語作文コンクール受賞作品集

①我們永遠是朋友（日中対訳）　段躍中編
②女児陪我去留学（日中対訳）　段躍中編
③寄語奥運　寄語中国（日中対訳）　段躍中編
④我所知道的中国人（日中対訳）　段躍中編
⑤中国人旅行者のみなさまへ（日中対訳）　段躍中編
⑥Made in Chinaと日本人の生活（日中対訳）　段躍中編